完本 アイヌの碑

萱野　茂

朝日文庫

『アイヌの碑』は一九八〇年三月に四六判・一九九〇年十二月に文庫判として、また『イヨマンテの花矢　続・アイヌの碑』は二〇〇五年十一月に四六判として、いずれも朝日新聞社より刊行されたものです。

完本　アイヌの碑　●　目次

アイヌの碑

完本　アイヌの碑

アイヌの碑

わが二風谷

空にはちぎれ雲ひとつなく、紺碧の大空が広がっています。沙流川《さるがわ》対岸の松林はやや黒ずんで見えますが、それ以外の大地は雪に覆われて全くの純白です。

このような北海道の冬景色を初めて見る南国の人は、きっと、この大地に足を踏み入れるのがもったいないと感じるにちがいありません。なぜなら、わたしが南の国へ行ったとき、一面みどりの草を靴で踏みつけるのがためらわれたことがあったからです。

わたしは、抜けるような青い空、黒ずんだ対岸の松林を遠くに見ながら、ぎゅっぎゅっと、真っ白な雪を踏んで、近所の九十歳になる貝澤《かいざわ》とぅるしのさんの見舞に出かけました。

とぅるしのさんの家の前に来た私は、玄関の右上にフレアュシニ（木いちごの枝）が一本刺してあるのに気がつきました。このフレアュシニは、風邪避《よ》けの呪《まじな》いです。わたしが子供のころ、どこか近くの村で風邪が流行《はや》っているという噂が伝わると、わたしたちアイヌの家では一軒のこらず、萱葺《かやぶ》きの家の入口や窓にこのフレアュシニを刺したものです。

とぅるしのさんの家は、どこのアイヌの家もそうであるように、耐寒ブロックの現代風の建物です。それなのに、九十歳を過ぎたとぅるしのさんは、もはや忘れ去られてしまったと思っていたこの風習を、なんの躊躇《ためらい》もなく行っていたのです。わたしはその一本のフレアュシニを見た途端、思いは四十数年前のわが家に戻ってしまいました。

昭和七、八年ごろの二風谷《にぶたに》のわが家は、アイヌ家屋特有の萱の段葺《だんぶ》きの屋根に板囲いでした。壁がわりの板囲いも、三分板(厚さ一センチの板)を一重に外側から打ちつけてあるだけ。しかもその板は反《そ》り返り、おとなの握りこぶしが楽々通るぐらいの隙間《すきま》があいていました。ですから冬が近づくと、母と姉が大量に糊をつくって、新聞紙などを板壁の内側に貼り、隙間風や雪の入ってくるのを防ごうと努めたものです。

時代はややくだりますが、昭和十四年に冬の二風谷を撮った写真があります。撮影者はイタリアの民族学者フォスコ・マライニ氏です。その写真に写っているわたしの家は、いわゆる母屋のほかにには、食物の貯蔵小屋はもちろん、物置ひとつありません。ただ家の外には便所がぽつんとあるだけです。

そういう貧しい寒い家でしたが、わたしたち兄弟は元気で雪の中を跳びまわり、そり遊びに夢中になったものです。着ているものはといえば、股の割れたメリヤスの股引《ももひき》を

昭和14年の二風谷。中央の家が著者の生家（フォスコ・マライニ氏撮影）

はいてはいましたが、夏の着物に冬着を重ねただけでした。

そんな格好でそり遊びに夢中になり、急な坂などを滑り降りると、着物の前がはだけ、股引の割れ目から雪が入り、おちんちんにかかって、「えっえっ」と息が詰まったものです。遊びほうけているうちに、だんだん寒くなり、手はかじかみ、小さなおちんちんはますます小さくなり、とらまる（豆の一種）ぐらいになってしまいます。

そのころになってはじめてわが家を思い出し、両手を口に入れて温めたり、はあはあ息を吹きかけながら、一目散に駆けて帰ります。そして家が見えると、わっと泣き出したものです。すると泣き声を聞きつけた母が家から出て来て、着物の裾《すそ》や尻のところに凍りついた雪をはらい落としてくれるのです。そして真っ赤になって氷のように冷たくなったわたしの手を、母は自分の胸に入れて、おっぱいの間にはさんで温めてくれました。

そのころのわが家には、嘉永三年（一八五〇）生まれの祖母と、父と母、姉、二人の兄、そしてわたし、それに二人の弟の九人家族でした。一〇坪ほどの家にこれだけの家族がいるのですから、なかなかにぎやかなものでした。

家の中には幅三尺（約九〇センチ）、長さ六尺（約一八〇センチ）ほどのいろりがあって、横座の両方の隅には直径一〇センチの皮つきのえんじゅの木が埋めこんでありました。それは彫り物をするときの削り台で、横座に座った父はその削り台で、いろいろな生活用具を作っていました。

この削り台は、何年も使って減ってしまうと、父がいろりからそれを引き抜き、家の外にある祭壇へ持ってゆき、ひえや煙草などを供え、「これをお土産に神の国にお帰りください」というような趣旨の祝詞《のりと》をあげて、お祈りをしました。新しい削り台はこの儀式を終えてからしつらえられました。

いろりの上には火棚が吊り下げられてありました。火棚はいろりと同じくらいの大きさで、その役目は、いろりの火の粉が舞い上がって屋根裏に燃え移らないようにすることと、もうひとつ、その上にひえとかあわの穂を載せて乾燥させることでした。

この火棚は六、七歳の子供の頭がぶつかるぐらいの高さにありましたので、そのころ

わたしも急に立ち上がって、ごつんとやることがときどきありました。すると祖母や両親が笑いながら、

「背が高くなってよかった。痛いのは火棚も同じだ。ぶつかった所へ息を吹きかけて痛いのを治してあげなさい」

などと言うのです。そう言われると、わたしは痛さをこらえ、目にいっぱい涙を溜めながら、火棚のぶつかった所に、ふうー、ふうーと、息をかけたものです。

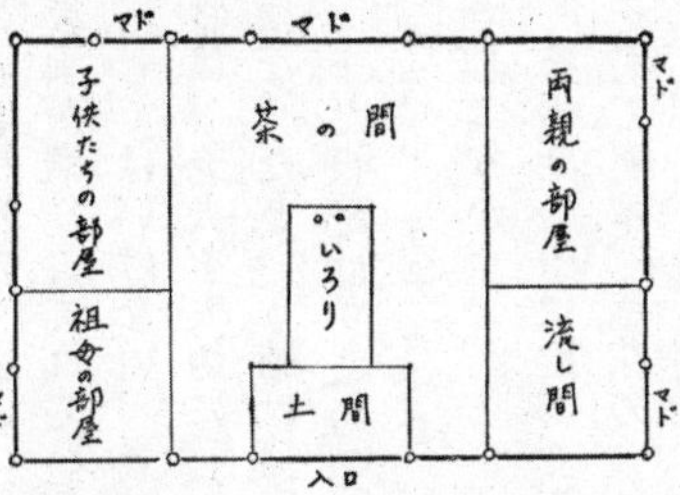

貝澤家の間取り

祖母の座り場所もきまっていました。父の横座から入口に向かって右側のいろり縁《ぶち》の中間あたりです。その祖母が座っている前のいろりには、カニッ、つまり二股になった糸巻き棒が立ててありました。祖母は指先で撚《よ》った糸をカニッに巻きつけながら、わたしたち孫たちにウウェペケレ（アイヌの昔話）を聞かせてくれるのでした。もちろんアイヌ語でです。

祖母は、わたしが特別可愛いらしく、「しめる」（祖母は茂《しげる》と発音できませんでした）と、まずわたしの名前を呼びます。わたしの返事が聞こえると、糸を撚る手を休めもせず、ウウェペケレをゆっくりと話しはじめるのでした。そ

の昔話にはたくさんの種類がありましたが、話の中にはいろいろな生活の知恵や人生の教訓が織りこまれているのです。立ち木はみだりに伐《き》るものではない、流れている水は汚してはいけない、鳥でも獣でも大切にしてやると必ず恩を返してくれるものだ、等々。特に、老人を大切にした子供が、他人からも神様からもほめられて、立派で幸福な人間になったという話は何度も何度も聞かされました。

また祖母は、このアイヌの昔話「ウウェペケレ」のほかに、アイヌの神様たちの話「カムイ・ユカラ」もいっぱい話して聞かせてくれました。その数はどのくらいあったでしょうか。

その話の中に出てくる大地——二風谷のずうっと遠くに見える山々、流れている水、そして樹木、草花の一つ一つには神が宿っており、その神々は神の国では全く人間と同じ姿をし、同じ言葉を話し、夜は眠り昼は起きて働く、というのです。子供のわたしは、祖母が話すその神々の話をなんの疑いなくほんとうのこととして聞いたのです。この祖母は昭和二十年に九十五歳で亡くなるのですが、子供のわたしにとっては、またとない一流の家庭教師でした。わたしがいまアイヌ語を不自由なく話すことができるのは、この祖母のおかげですし、自分の民族の誇りをこれだけ持つことができるようになったのも祖母のおかげです。

わたしが四、五歳のころ、半道ほど離れた親戚の家へ行く途中、二風谷共同墓地の下

のケナシパオマナイの小沢《こさわ》にさしかかったときのことです。祖母が、

「クコロンヨン　ポンノエンテレ（孫よ　少し待ってくれ）」

と声をかけるのです。

わたしが立ち止まると、祖母は杖を傍においで沢の縁《ふち》に座り、黒布の被《かぶ》り物をはずし、両手と顔を沢の水できれいに洗いました。そしてわたしのほうを向いて、

「しめる、いい、お前も洗いなさい」

と言うのです。わたしは言われるとおり、手と顔を洗いました。すると祖母は、

「しめるが大きくなり、フチ（祖母）は死んでしまう。自分が死んだあと、この沢を通ったときには、フチと一緒に顔を洗った沢だったなあと思い出してくれ」

と幼いわたしに話すのでした。

（現在、ケナシパオマナイの沢のへんの道路は完全舗装になり当時の面影は全くありませんが、あれから五十年もたったいまでも、そこを通ると、私は必ず祖母のことを思い出します。その意味では、肉体は滅しても孫の心の中でいつまでも生き続けたいという祖母の願望はみごとに達せられたといえましょう）

わたしが貧しいながらも心豊かに育った二風谷は、詳しくいうと、北海道の日高支庁にある沙流《さる》郡平取《びらとり》町二風谷《にぶたに》というところです。苫小牧《とまこまい》から襟裳《えりも》岬のほうに向かう国鉄日

高本線の富川駅から国道二三七号線で二〇キロほど内陸に入ったところにあります。

ここは、北海道では一番雪が少なく温暖な地方です。付近を沙流川が貫流し、水田も広がっています。かつてはこの川であきあじ（鮭）がたくさん獲れましたし、付近の山では鹿や野兎などもいっぱい獲れました。

このように温暖で豊かな自然条件に恵まれた沙流川流域には、相当古い時代からアイヌが住みつき、アイヌ・コタン（集落）が点々とありました。わたしはこの沙流川こそがアイヌ文化発祥の地だと思っています。というのは、「カムイ・ユカㇻ」に沙流川はオキクルミ・カムイ（オキクルミの神）が住まわれた土地だとあります。オキクルミ・カムイというのは、家の建て方、魚の獲り方、ひえ・あわなどの生育の仕方など、アイヌに生活文化を教えた神様です。その神様が住んだ地はアイヌ文化の発祥の地でもあるわけです。

わたしたち沙流川のアイヌは、オキクルミ・カムイが住んでいた土地に生まれたということを誇りに思っていました。だからたとえば、隣りの胆振《いぶり》や十勝《とかち》のアイヌのところへ行って挨拶する場合、まず、

「わたしは、オキクルミ・カムイという、天国から降りてきてわたしたちアイヌに生活文化を教えてくれた神の村、その村に住まい、生活している何の誰それというアイヌです」

と名乗るのです。すると相手は、懐かしそうに一歩前へ出て、

「ああ、オキクルミ・カムイの住んでおられた村からおいでになった誰それ様か」

と言って、わたしたちを丁重《ていちょう》に迎えるのでした。

ところで、この沙流川の中流にある二風谷の地名の由来ですが、わたしはつい最近まで知りませんでした。このあいだ知人の長井博さんが持ってきて見せてくれた明治二十五年の地図に、二風谷付近がニプタイと書かれてありました。ニプタイ、つまりニタイ。それはアイヌ語で、林、森、密林という意味です。その地図を見て、わたしは二風谷の語源に納得することができたのです。

二風谷が森、密林であったという証拠の一つに次のようなことがあります。

二風谷から六キロほど離れた平取本町に藤原食堂というそば屋があります。その藤原食堂の先代・藤原勘一郎さんは平取に木材屋として入ってきた人です。勘一郎さんは、

「あちこちで木を伐ったうちでも二風谷の桂《かつら》は北海道一であった。目通り七尺（約二メートル一二センチ）ぐらいのものは珍しくなかった。あまりにもいい桂ばかりあるので、記念に木挽《こび》きに板を挽かせ、その板で飯台をつくった」

と話してくれたものです。幅五尺に近い一枚板の飯台が、いまでも藤原食堂にあります。

その桂板の飯台を見ただけで、のちに述べますが二十年間山子《やまご》（木こりなどの山仕事

をする者）を経験したわたしには、二風谷の裏山が密林であったということが目に浮かんできます。桂の木の密林、そしてその中にはたくさんの鹿が群れをなしている。アイヌが肉を必要とする時は、いつでも林に入ってゆき、弓矢で好きなだけの鹿を獲る……。そしてときには、サカンケカムという鹿の乾燥肉をつくり貯蔵する。またその美しい桂の林の山の下を流れる沙流川には澄んだ水が流れ、秋になると、あきあじが川水を盛り上げて遡る……。そしてアイヌは自分たちに必要なだけのあきあじを獲り、内臓を取り除いて開いて干し、あるいは燻製《くんせい》をつくって保存する……。

わたしの生まれるずっと以前の二風谷は、このように恵まれた大地でした。

しかし、江戸時代にシャモ（和人）が、この地に入ってくると、この恵まれた大地に住むアイヌに目をつけ、漁場の労働に強制的に連行したりしました。また明治になると、本格的にシャモが侵入してきて、アイヌが自然の摂理に従って守っていたきまりを無視し、勝手に「法律」なるものをおしつけ、二風谷の美しい林も、「日本国」や財閥に強制的に収奪されてしまいました。そうなってくると、この二風谷の大地も半分は楽しい土地とはいえなくなったようです。アイヌが強いられたこのような歴史については、おいおい述べてゆくつもりです。

コタンの四季

わたしがものごころがついた昭和五、六年ころ、二風谷のアイヌの子供たちの四季の遊びは、次のようなものでした。

まず春。春一番に芽を出すのは、マカヨ（ふきのとう）です。マカヨの次はクナウノンノ（福寿草）です。このクナウノンノはほんとうに強い植物で、大地がまだ完全に凍っているのに花を咲かせます。この花は匂いはよくないのですが、色は全くすばらしい黄金色です。アイヌはこの花の色を良いものとみていたらしく、第一級の宝物をいう場合、クナウペトゥムワ　アプスアペコロアン　カムイイコロ（福寿草の花の滴《しずく》の中から掘り出したような　神の宝刀）と表現しました。おとなたちがそのように表現する花を、わたしたちはたくさんむしり取って、木の枝に刺して遊んだものです。

この季節、四月上旬ごろにはまだ霜が降り、氷が張ることもあります。その寒さを利用して、アイスキャンデーを作るのです。いたやの木に、ゴムの木につけるような斜めの筋溝をいれ、木から出る乳白色の甘い樹液・ニトペが、たちっ、たちっ、と落ちるのを枯れたいたどりの茎《くき》を筒にして受けて置く。朝早く行ってみると、その筒に溜まったニトペは凍っています。いたどりの筒を割って、中のアイスキャンデーを取り出してなめる――という具合でした。

ところで、ニトペは、ニは木、トペは乳液のことをいうアイヌ語です。このニトペの出るいたやの木はアイヌ語でトペニと名づけられています。いたやの樹液だけが甘いのです。この樹液ニトペを三升（五・四リットル）ほど採取して、それを火で煮つめると、一合（〇・一八リットル）ぐらいの飴《あめ》ができます。この飴をなめるのも春の楽しみでした。

春先に腹をすかせていたわたしたち子供の楽しみにもうひとつ、ペネエモ（潰れたじゃがいもの意）拾いがありました。これは前年の秋に収穫し終えた馬鈴薯《ばれいしょ》畑に行き、収穫を見落とされたいもを拾い集めることです。一冬雪の下で過ごしたじゃがいもは、一度凍ったので春になって溶けると、ぴしゃっと潰《つぶ》れて顔を出しているのです。このペネエモは、きちんと掘った畑にはそんなに残っていません。小さなサラニプという袋に二十～三十個も拾えればいいほうであったでしょうか。

拾ったペネエモはまずきれいに水で洗います。そうしてから指先で皮をむきます。むいたペネエモを臼《うす》でつき、焼いて食べるというわけです。また、皮をむいてそのまま乾燥させて置き、必要なときに水でもどして食べるという方法もありました。これは食べ物を粗末にできない時代に考えた一種の保存食といってもよいでしょう。

本州からきた開拓者の中には、じゃがいもをこのようにして食べる方法をアイヌから教えられた人がかなりいたはずです。このペネエモをわざわざこしらえるため、鍬《くわ》で傷ついたものや小粒のものを畑に広げておいたり、小屋の屋根の上に載せておいたりして凍らすこともありました。

いもといえば、この季節にはプタエモというものも掘りました。これは野生の草の球根で、さつまいもを小さくしたような形をしていました。遊び歩いて腹がすくと、わたしたち子供はみんなでプタエモを掘り、生のまま、かりっ、かりっと、かじって食べたものです。野生のもので生のまま食べられるものとしては、おいしい部類に入るかもしれません。

また、このプタエモの茎の表皮をはぎ、白い鉛筆ほどの太さの中身を三センチぐらいに切って口にくわえ、唾液《だえき》でしめらせ、口の中で、すぽん、すぽんと鳴らしたものです。わたしたち子供は、この茎をスポポンと名づけていました。

五月に入ると、ふきのとうも一五センチから二〇センチぐらいまで伸びます。それをむしりとって、根元のほうからさっと皮をむき、がりがり食べます。少しにがみがあるのですが、柔らかくておいしいものです。これを食べると、口の縁が渋で黒くなります。黒くなっても、友達という友達の口がみんな黒いのですから、平気なものでした。

このころ、沙流川右岸の畑では、農耕具のブラオで畑耕しがはじまります。わたしたちは、このブラオの後ろをついて歩き、ねっきり虫を拾います。そしてこの虫を餌にして延縄《はえなわ》を仕掛け、赤腹《あかはら》と呼ぶ大形のうぐいをたくさん獲ったものです。延縄は一本の幹縄に適当な間隔で三〇センチほどの釣糸を結び、その先にそれぞれ鉤《はり》を縛り、それにねっきり虫をつけるわけです。兄たちがこの仕掛けをやり、わたしは見回りに行かされました。獲れたうぐいは、骨まで細かく切りきざんで、汁に入れて食べたものです。うぐいは四月半ばから五月いっぱい獲れました。

六月に入ると、雀の最初のひなが孵《かえ》ります。巣立ちの日が近くなるころ、萱屋根によじ登り、萱の中の雀の巣に手を入れ、生あたたかい巣の中から子雀を取り出し、その子雀の頭の毛を指先でつまんでぶら下げて言います。

「エコタヌタプカラキーキ　サポタプカラキーキ（お前の村の踊りを踊れ　お前の姉の踊りを踊れ）」

子雀は頭の毛をつままれてせつないものですから、羽根をばたばたさせながら、身体をくるっくるっとまわします。親雀は、子雀をいたずらしているわたしたちのまわりを、ちゅっ、ちゅっと、鳴きながら飛びます。そういういたずらを親にみつけられると、今度はわたしたちが頭の毛を引っぱられ、手足をばたばたさせるはめになるのでした。

しかしアイヌの子供は、雀を殺さずに巣へ戻します。おもちゃがわりにしすぎて、死んだ場合は、ひえやあわをそえて外の祭壇に置き、「これをおみやげに神の国へお帰りください」とお祈りしたものでした。

このころ（昭和七、八年）、わたしたち子供の遊びは、シャモ（和人）の遊びとそう変わってはいません。たとえば、輪まわし。輪は古い馬車の心棒の外側をしめていた輪や、古い自転車の車輪を手に入れなければなりません。しかし、これらの輪はいずれもすぐ手に入るわけではなく貴重なものでした。特に自転車の輪などはわたしたち子供にとっては宝物扱いでした。なにせ、そのころ二風谷村で自転車のある家は、二谷《にたに》国松さん、貝澤松雄さん、貝澤善助さん、松崎商店ぐらいでしたから。

自転車や馬車の輪はなかなか手に入らないので、たいてい樽を締めている竹製の輪を利用したものです。輪まわしの方法は、太めの針金の先を？マーク形に曲げ、それを輪の曲線部分に当て、歩いたり走ったりしながら押して輪をころげ回すわけです。

そのほか、高馬《たかうま》という遊びがありました。これは竹馬のことですが、太い竹のない北海道では高馬と言っていました。背が高くなるので高馬というのだとばかり思っていました。材料は木材で、近くの山から必要な太さのものを自由に伐ってきました。

女の子はゴムまりつきをしました。まりつきの数え唄は、

〽一列談判破裂して
　日露戦争はじまった

さっさと逃げるはロシアの兵
死んでも尽くすは日本の兵
五万の兵を引き連れて
六人残して皆殺し
七月八日の戦いは
ハルビンまでも攻め行って
クロパトキンの首を取り
東郷元帥ばんばーんざい

この唄は、当時日本全国で歌われていたものでしょうが、わたしたちも歌ったものです。それからもう一つのまりつき数え唄に、次のようなものがありました。

〽一銭、新潟、三河、信州、神戸、武蔵、名古屋、函館、九州、東京、京都、大阪、桃山、奈良、見物三つの四《みよ》

竹割りという遊びもありました。前述しましたが、北海道では太い竹は生えていません。そこで、古くなったほうきの柄や旗竿を長さ二五センチほどに切り、それを幅一・五センチから二センチに割り、ささくれが手に刺さらないようにきれいに削ります。それを四本一組とし、一組をきっちりと握って空中に投げ、ばらばらにならないようにして何回も受けるという遊びです。これにも数え唄がついており、

〽一投げ、二投げ、味噌屋の、嫁さん、いつ来て……

あとは忘れてしまいましたが、こんな素朴な遊びをして過ごしました。また縄跳びや石けり遊びもよくやったものです。

いままで述べてきた遊びはアイヌの子供特有というものではありません。しかし、次の遊びはわたしたちアイヌだけのものだったかもしれません。

それは、雪が解けた春の沢で作って遊ぶパッタリです。これはいわゆる鹿《しし》おどしのようなもので、いたどりの空洞の茎を利用して作り、沢の水が入ってきて溜まると、その重みでかたんと端を地面に落とすわけです。

当時、二風谷小学校の東側にあるポンオサッの沢では、実用の本物のパッタリが十か所以上もあったものです。ひえとかあわをこのパッタリで搗《つ》いていました。

それから、セイピラッカ（貝下駄）という遊びもありました。これはほっき貝の殻に穴をあけ、その穴にやや太めの縄を通し、その貝殻の上に足を載せ、足の親指と人差し指で縄をはさんで、下駄のようにして歩いたり走ったりします。すると、かばっ、かばっと、馬のひづめの音のように聞こえるので、馬だ、馬だと言って遊んだものです。

貝殻に穴をあける方法は、生の萩《はぎ》を火にくべ、赤くなったその先を貝殻におし当て、ふうふうと息をかけ、何度も何度もくりかえすと、火をあてたところが白くなってもろくなります。そこへ釘を当て、こんこんと軽くたたくと、ぼろんと穴があきます。このやり方は、おとなたちがひえやあわの穂をちぎるピパ（貝包丁）をつくるときにする方法で、わたしたち子供はそれを真似たのでした。

春が過ぎ夏になると、なんといっても一番楽しい遊びは、沙流川でやる丸木舟乗りでした。当時、貝澤金次郎さんという渡し守のおじいさんがいましたが、年上の子供がいると、舟乗りの練習にと渡し舟を無条件で貸してくれました。

金次郎さんは水かさが少ないときは舟を貸してくれるのですが、長雨のときやどしゃ降りで急に水量が増すときなどは、絶対に貸してくれません。特にそのころ貝澤信男という小学生がふとしたことで溺れ死ぬという事故があったため、なおさら借りることができなくなりました。

それでもわたしたちは舟に乗りたくて、こっそり舟を流れに押し出し、それに乗って遊びました。年上の子は、ちょうどいい深さのところまでくると、泳げない子をつかまえて川に投げ込みます。泳げない子は、あっぷあっぷしながら手足をばたつかせていると、すぐ浅瀬に流れつきます。こういう泳ぎの教え方はめちゃくちゃに思えますが、手取り足取りされるよりも、よほど早く上達するものでした。アイヌの子はこのようにして、舟を操ることも泳ぐことも身につけたのです。

また夏には沙流川で鱒《ます》を獲りました。海から遡上してきた鱒は小沢にのぼってゆくまでは沙流川の本流の深い所にいます。その鱒をとるために、おとなたちは自分の背も立たない深みに網を持っていき、網の端を浅瀬の一人が持ち、もう一方の端は別の人が深みに泳いで持ってゆき、巻くようにして鱒を網におい込むのでした。

鱒のような大きな魚だけでなく、チェプポスナンカラ、つまり小魚を獲るのも楽しみでした。まずペラアイという矢をこしらえます。矢柄は普通の萱の太めのものを使い、その先に木の板でつくった幅四、五センチのへらをつけます。夜になってから、そのペラアイの矢をもって小沢に行き、樺の木の皮でつくった松明《たいまつ》に火をつけ、それを明かりに沢下から沢上へ水の中をゆっくり歩きます。すると、寝込みを襲われたうぐいやかじかやどじょうなどは動作が緩慢で松明の火に照らしだされます。そこをねらって、ペラアイで魚をぱしっぱしっと打って獲るのです。この獲り方はスネ（明かりという意味）と言い、夏の夜の楽しい遊びでもありました。

二風谷のコタン（集落）の夏は短く、あっという間に秋がやってきます。秋になると、アイヌの本領を発揮するあきあじ（鮭）獲りがはじまります。

その昔のシシリムカ（沙流川の古名）に、どれほどの鮭が遡上してきたものか、今のわたしには想像もできません。祖母が聞かせてくれた「カムイ・ユカラ」には、シシリムカにのぼってくる鮭は「水面近くを泳ぐものは天日で背が焦げ、水底近くを泳ぐものは石で腹が擦りそげるほどに」なって、水面を津波のように盛り上げながらのぼってきたと表現されています。

わたしがものごころついた昭和七、八年ごろには、もうそんなにたくさんの鮭がのぼってくることはありませんでした。それでも、アイヌが毎日食べても、まだ余るくらいの鮭を獲ることはできました。といっても、わたしたちは余るような鮭の獲り方はしませんでしたが。

漁獲法は網と鉤《かぎ》でした。網は太い六号綿糸で作られてあり、幅が四尺五寸（約一メートル三五センチ）、長さが九尺（約二メートル七三センチ）の大きさでした。その網の両端に太さ一寸（約三センチ）、長さ七尺（約二メートル一二センチ）の棒を縛りつけ、二艘の丸木舟にそれぞれ二人が乗って、一人が舟を操り、一人は網の棒をもち、川上から川下に二艘の舟を「ハ」の字型に開いて下りながら網を流すのです。そして鮭が入ると二艘の舟をぴたりとつけて、網を上げしぼってゆくと、網はハンモックのようになり鮭が獲れるというわけです。この方法はヤシ（掬《すく》う）と言いました。これ以外にもいろいろな漁獲法がありました。

わたしの父、貝澤清太郎（明治二十六年生まれ、昭和三十一年没）は、とても鮭獲りの好きな人でした。好きといっても、鮭を獲って食べなければ一家は生きてゆけないのですから、必死だったのかもしれません。

父は、その年はじめて鮭が獲れると、鮭を俎板《まないた》に載せていろりの横座に置き、頭を火のほうに、腹を左座のほうに向けます。父は右座に座り、最初に鮭のほうに向いて、ていねいに礼をし、アイヌ語で、

「今日はこの家においでくださって、ほんとうにありがとう」

と言います。次にいろりの火に向かって、火の神に、

「今年になって今日はじめて鮭を獲ってまいりました。どうぞお喜びください。この鮭このものは、わたしども人間が食べるばかりでなく、神々と共に食べ、そして虫のように小さいわたしの子供たちとも食べるものです。どうぞ今後たくさんの鮭が獲れますようお守りください」

とお祈りするのです。

お祈りが終わると、その鮭をぶつ切りにして、大きな鍋に入れて煮ます。鍋に入れるのに合わせて、わたしたち兄弟を近所のお婆さんたちを呼びに走らせます。時によっては、真夜中の一時、二時の真っ暗な中を使いにやらされることもありました。

「お婆ちゃん、家《うち》のお父っざんがなあ、いまあきあじ獲ってきて煮ているから、すぐ食いに来いとぉ」

わたしたち兄弟がそう叫びながら何軒かの家を回ってわが家に帰ってくると、早い人はもう家に来ていろりのそばに座っていました。そして、家中の者も近所の人もいろり

を囲んで鮭を食べ終わるころには、もう東の空が白々と明けるということがたびたびでした。食べ終わってお婆さんたちが帰っていくとき、たくさん獲れた場合には、父は鮭を一本ずつ持たせ、あまり獲れなかった場合には、一串分ぐらいでも持たせ、「あなたの家の火の神を通じて神々に分け与えてください」とアイヌ語で話すのでした。

父ははじめての鮭にかぎらず、鮭獲りに行けないお婆さんたちにはよく分けて食べさせました。こんなことをいうと、近所にお婆さんばかりいたように思われますが、確かに多くいたものです。

そんなわけで、貧乏なわが家ではありましたが、この鮭の季節は家中に活気がみなぎり、食卓にも、日ごろ全く口に入らないすじこもご飯のおかずに乗ります。そして、チポロサヨというおかゆを食べることもできるのです。チポロサヨというのは、米とひえとを混ぜて煮て、そこへすじこをたっぷり入れてつくるおかゆです。さっと塩味をきかせたチポロサヨの薄紅色のすじこを一粒一粒、箸ではさんで食べます。よくみると、すじこの中に一か所だけぽつんと赤味が残っています。子供心になぜ全部が紅色にならないのかなあと不思議に思ったものでした。

また、あまり多くは作らなかったものですが、鮭の浮き袋にすじこを詰めた食べものがありました。これに入れるすじこは、マロッケチポロ、俗にぞろりこといわれる産卵直前のものです。マロッケチポロは連なっておらず、一粒一粒がばらばらになってしまうのです。それを甘塩加減にして、浮き袋に詰め込むわけです。これはいろりの上の火棚の上に載せて乾かします。乾し上がった袋詰めのすじこは、お菓子がわりにして、一粒一粒食べたものです。考えてみれば、これはとてもぜいたくなお菓子であったと言わねばなりません。

アイヌの昔話「ウウェペケレ」の中に、この乾しすじこを、アイヌに化けてきた狐に食べさせるという話があります。人間は食べなれているから、一粒ずつ口へ入れて食べますが、食べたことのない狐は袋ごと一度に口へ入れる。するとすじこが歯にねばりついて、とうとう狐の正体を現すというわけです。

この季節にたくさん鮭が獲れると、米と取り換えることもできましたし、わたしたちにとって楽しいうれしい毎日でありました。

楽しい秋がすぎ十一月半ばともなると、霙《みぞれ》が降り出し、その霙が雪に変わります。霙が降るたびに、一日一日と寒さが加わり、冬が真近になります。

この季節、わたしの母は近くの原っぱに行き、萱を刈り集め、それを家に運びます。そして冬の風と雪を除ける囲いをその萱で家のまわりにつくるのでした。それと冬を迎えるためにもうひとつ大事な仕事がありました。それは便所を新しく作ることです。北国の外便所は、たちまちのうちに凍って盛り上がってくるので、冬になる前に深い深い穴を掘って新しい便所を作っておかねばなりませんでした。

もうこの頃になると北国の本格的な冬がやってきます。冬でのわたしたちアイヌの子供の話は、本書の冒頭のほうで述べましたので、ここでは繰りかえしません。

以上述べたように、わたしは、小学校の低学年のころには、豊かな自然と貧しくとも心やさしい人たちに囲まれて育ったのです。

和人の奴隷だった祖父

わたしの姓は萱野《かやの》といいますが、わたしは貝澤清太郎・はつめ夫婦の三男として、大正十五年（昭和元）六月十五日に生まれました。わたしの姓が両親とちがうのは、生まれるとすぐ、父の姉の嫁ぎ先の萱野家の養子となったからです。しかし、どういうわけか萱野家には連れていかれず、貝澤の両親のもとで育てられました。

ここでわたしの祖先のことについてふれてみたいと思います。父から聞いた話によりますと、わたしの祖先は十勝のほうから日高にやって来て、静内《しずない》とか波恵《はえ》に住んだそうです。静内は、江戸時代、松前藩の圧制にアイヌが立ち上がったシャクシャイン（サムクスアイヌ）の乱が起こった所です。その日高にやって来た人たちなのか、その子供たちなのかはっきりしませんが、三人の兄弟が静内を離れて別々に暮らすこととなりました。三人は別れるに先だち、十勝で使っていたアイシロシ（矢尻に刻み込む印）と別に新しいものを考えようと話し合いました。

このアイシロシは、熊とか鹿を獲る仕掛け弓用の毒矢の矢尻に刻み込む印のことです。

なぜこの印が必要かというと、仕掛け矢に当たった熊などは即死するわけではなく、矢毒が徐々に効いてきて仕掛けから遠く離れたところで死にます。誰の仕掛けにあたって死んだのかは、その熊を解体してみて、出てきた矢尻の印で判明することになります。だからこの印は是非とも必要であったのです。

三人の兄弟は協議した結果、日高の海岸で漁生活もしたことだし、アシペノカ、つまり魚の背びれを模そうと意見が一致しました。そして背びれは背びれでも、鯨でも切り殺すほど強靭な鯱《しゃち》の背びれにしようということになったのだそうです。

一番上の兄は横一本筋の背びれ、。二番目は横二本筋の背びれ、。三番目は横三本筋の背びれ、と、三人のアイシロシを決めました。そして、この印に出合ったときには、先祖が同じであることを確認して、お互いに助け合うことを約束したといいます。

その三番目のアイシロシをもった一番下の弟が、このシシリムカ（沙流川）にやってきた。それがわたしの家の祖先です。つまり、わたしの家のアイシロシは、横三本にアシペノカ、鯱の背びれなのです。

三本横筋に背びれのアイシロシをもった若者は、ある日沙流川をさかのぼって、このピパウシ（二風谷の古名の一つ）・コタンまでやって来ました。コタンの長老たちはこの若者を見て、なんとなく見所のある男だ、嫁を与えてこのコタンに落ちついてもらおうということになりました。こういう話は、メノコエペカ・アエハム（妻を与えて足を止めさせる）と言い、そう珍しいことではなかったのです。

その若者は、村人の期待にたがわず、狩りがたいへん上手で、しかも類稀《たぐいまれ》なる雄弁家でもありました。

あるとき、ちょっとしたことから、このピパウシ・コタンと他のコタンとの間にもめごとが起こり、ウコチャランケが始まった。ウコは「互いに」、チャランケは「言葉を降ろす」の意で、つまり、とことんまで議論をして、もめごとを解決するというアイヌの習わしです。

チャランケには、道理にかなった物の言い方ができる才能と、何日間でも座って議論できる体力とが必要です。アイヌはもめごとを暴力で解決をしないということでもあります。のアイシロシをもった男が選ばれたのです。ピパウシ・コタンのチャランケの代表に、三本横筋に背びれのアイシロシをもった男が選ばれたのです。男は雄弁の才能と体力の両方を兼ねそなえていたからでしょう。

そしてこの男は、六日六晩、倒れることもなくウコチャランケをやり通し、もめごとを円満解決に導いたのです。村人の喜びようはたいへんなものでした。この男の正式のアイヌ名はわかりませんが、このウコチャランケが終わってから、コタンの人は男を、アワアンクㇽ（座っている人）と呼び、その雄弁と体力を称えたということです。

このアワアンクㇽが、わたしから数えて五代前の先祖にあたる人なのです。わたしはアワアンクㇽについては、これくらいしか聞いていません。

このアワアンクㇽには、イニセテッ（物を掬う手の意）という息子がいました。このイニセテッの名が、安政年間に沙流川すじを踏査した松浦武四郎の『左留日誌』（安政五年・一八五八年）に記されています。

「乙名（萱野注・村長《むらおさ》のこと）、イニセテッ六十歳、妻イラペカラ五十一歳、倅アエトク二十四歳、嫁アクサケ二十歳、弟トッカラム十二歳、弟イコロハシウ十歳、妹イカトシン七歳、弟ランハレハ五歳等八人にて暮し、其内倅夫婦と弟トッカラムは雇にとられたり」

これは『左留日誌』のピパウシ・コタンについての条からの抜き書きです。この中で、「倅夫婦と弟トッカラムは雇にとられたり」と記述されているトッカラムこそがわたしの祖父なのです。「雇にとられたり」のことはのちにふれます。

トッカラムは、トッは「育つ」、カは「それ」、ラムは「思う」の意で、「良く育つように」という願いがこめられた名です。トッカラムが生まれたのは弘化四年（一八四七）一月十八日です。死亡したのは大正八年十二月二十日ということで、わたしが生まれる以前に死んでいますから、わたしは祖父のことは直接には何も知っていません。

しかし、わたしの祖母てかってが、祖父トッカラムのことについて、「イテキ・エオイラプネナ（この話は忘れてはならない）」と言いながら教えてくれた話があります。

それはさきほど引用した松浦武四郎の日記にある「雇にとられたり」に関する次のような話です。

トッカラムは、村人の人望も厚く、雄弁な村長《むらおさ》のイニセテッを父とし、やさしい母イラペカラの二男として生まれ、兄一人、弟二人、妹一人の兄弟とともに、恵まれた自然環境の中ですくすくと育っていました。しかし、このころのアイヌの親は、子供が大きくなることが悲しみでもありました。というのは、子供が少し大きくなると、海辺へ来ていたシャモ（和人）がその子供を働き手として強制的に連れていくからです。

江戸時代、北海道は蠣崎《かきざき》氏（後に松前氏）の藩制下にありました。松前藩の領地には米がとれなかったので、家臣に禄米のかわりに土地を給した。その土地を「場所」といい、「場所」をもらった知行主たちは、その「場所」の経営を商人たちなどに請負わせました。「場所」は漁場だったり、海産物の産地だったりしたのですが、この場所の請負人たちが、労働力として強制的にアイヌを徴用したのです。その報酬は全く微々たるもので、シャモの七分の一から五分の一くらいであったといいます。ここではアイヌは全くの奴隷でした。

当時、二風谷のアイヌが奴隷として連れていかれた「場所」は厚岸《あっけし》でした。厚岸は釧路と根室の中間よりもやや根室寄りにありますが、二風谷からは、八八里、三五〇キロ以上もありました。道路が発達したいまでも、最短距離で二九三キロもあります。当時この厚岸場所は道東の拠点で、労働力はもっぱらアイヌでした。地元の厚岸アイヌは強制労働で死亡したりして減ったので、沙流や勇払《ゆうふつ》のアイヌを徴用したのです。

村長《むらおさ》イニセテッが心配していたことがやってきました。ある日のこと、「トゥタムウカエオッテ　サパハタパシクル　ロシキロシキ　ペコロオカシサムウタラエッヒネアポホウタラ　トゥラルスイ（腰に刀を二丁重ねて　差し　頭に烏《からす》がとまっているような姿をした和人たちが来て　村人や息子たちを〈厚岸に〉連れて行く）」と言うのです。それまでにも厚岸に連れて行かれて、酷使されて死亡し、ふたたび帰って来ない人もいたので、イニセテッは、通訳のアイヌを通じて、その不法な申し出を断りました。

するとと和人の武士たちは、刀の柄に手をかけいまにも抜きそうな格好をして、アイヌを出さなければ村人を皆斬り殺すと脅しました。イニセテッは泣きながらそれを受け入れ、長男アエトクとその嫁の二人を行かせることにしました。それでも武士は承知せず、まだ年かさのいかないトッカラムも出せというのです。

イニセテッは、かぞえ十二歳の、しかも身体の小さな子供を連れて行っては足手まといになるだけだ、とトッカラムを残すように武士に頼みました。しかし武士は、子供でも鮭一本ぐらいは背負うことはできると言って、イニセテッの哀願を拒否しました。そして、とうとうトッカラムも厚岸に連れて行かれることになったのです。

行くと決めると、武士はその日のうちに出発するというのです。翌日とか翌々日の出発では、その間にアイヌが山へ逃げ込んでしまうことをたびたびの経験で知っていたのでしょう。だから〝アイヌ狩り〟をするシャモは、村人の寝込みを襲うように突然、コタンに現れたのだそうです。

さきに引用した松浦武四郎の『左留日誌』によれば、安政五年、ニブタニ、ピパウシ、カンカンのコタンには、合わせて二十六軒、村人百十六人です。そのうち男女を問わず半数近い四十三人が「雇」という強制徴用で連れ去られています。その中でも私の祖父トッカラムが最年少の十二歳です。

ここで、『左留日誌』の中の現在の二風谷に関する節を左に引用します。引用がやや長くなりますが、強制徴用の様子がわかりますのでお読みください。

ニブタニ、ホンニフタニ、人家ニフタニ村といへる者二十七軒有る内、此処に九軒有、上陸して休む。家主カシテクシ婆四十七歳、倅ウカリクシ十八歳、弟アリカッテ十三歳、弟トテケウリ十二歳、妹チペク十歳、姉ハルトシカ三十二歳、娘ヒラシテアン七歳、等家内七人、其内倅と弟と二人雇にとられたり。また其隣、

家主ハケアンリル四十八歳、妻ウテオサヌ四十八歳、倅ウラヘンカ十三歳、弟エケクシテ九歳、妹シムクシテ七歳、弟ウエカサン五歳、養子カフトクパ十歳、等家内七

人にて暮す。其内家主と倅は雇にとられたり。また其隣、家主ハルトキ母六十七歳、倅ハシック三十八歳、嫁サラヱ二十七歳、倅男子三歳、等家内四人にて暮しぬ。其内家主は雇にとられたり。また其隣、

家主タラヱシ婆七十四歳、養女ウサマッテ三十九歳、養男イタクノア十九歳、等家内三人にて暮し其内養子イタクノアは雇にとられたりと。また其隣、

家主シリマウシ爺六十四歳、倅イトヱマヌ三十七歳、嫁カンルシュヱ二十八歳、倅アシクニハ四歳、妹一人三歳、等家内五人にて暮し、其内倅は雇にとられたり。また其隣、

家主トウシロ四十五歳、妻ヤヱトヘ四十四歳、二人で暮しけり。其家主は雇にとられたり。また其隣、

家主ホソロ四十五歳、倅トシロク二十八歳、嫁シユタレロ二十五歳、妹モケアンテ二十五歳、妹シヌトン二十四歳、ハヱメキ十八歳、ハヱブシカル十歳、等家内七人にて暮し、其内倅夫婦に妹三人と雇にとられ、家には母と末女とのみ残りたり。また其隣、

家主レンカフアイノ四十六歳、妻カトレヌ四十八歳、倅マウエチャシヌ十三歳、等家内三人にて暮す。其内家主は雇にとられたり等、いづれも残りの者に針糸を遺し置出立す。

ピパウシ　人家此処に十五軒有

乙名、イニセテッ六十歳、妻イラペカラ五十一歳、倅アエトク二十四歳、嫁アクサケ二十歳、弟トッカラム十二歳（注・萱野茂の祖父）、弟イコロハシウ十歳、妹イカトシン七歳、弟ランハレ八五歳等家内八人にて暮し、其内倅夫婦と弟は雇にとられたり。また其隣、

家主ムッコラン婆五十二歳、娘アシリカウシ三十一歳、倅エタマカウ五歳、弟一人二歳、アシリカウシの弟トンラムク二十三歳、嫁ウヱアシ二十一歳、等家内六人にて暮し、其内トンラムク夫婦は雇にとられたり。また其隣、

家主イクルカサン四十二歳、妻タネハレ二十七歳、倅トレカアイノ九歳、妹アタノ八歳等家内四人にて暮し、其内家主は雇にとられたり。また其隣、

家主エサハアイノ五十九歳、妻テケアヨ四十八歳、倅カタウク二十九歳、嫁アカレ二十七歳、弟リキハウリ十八歳、妹チルソ十一歳等家内五人にて暮し、其内倅夫婦に弟と三人雇にとられ、家には親爺夫婦と末女が残り、また其隣、

家主イモンニク五十一歳、妻アレリサンケ二十六歳、倅二歳、と家内三人にて家主は雇にとられ、家には妻と子供のみなり。また其隣、

家主イトメサン五十五歳、妻レアンケ四十六歳、倅ロレタク三十四歳、嫁テカレ二

十六歳、倅一人四歳、等家内五人にて暮し、其内倅は雇にとられたり。また其隣、

家主サンクラヌ五十二歳、妻コヱサムレ四十七歳、娘ウヱカラヘ二十七歳、倅一人五歳、弟一人二歳、妹シユトラン十九歳、弟カリワウク十四歳、妹ホシウシ十一歳、妹一人八歳（注・ここで祖母てかっての名は書いてありませんが祖母の兄や姉の名を見ると妹一人八歳とあるのは、てかってに間違いないと思う）等家内九人にて暮し、其内妹と弟と二人雇にとられたり。また其隣、

家主ヘチランケ五十八歳、妻イマタン五十二歳、倅フサウリ二十七歳、等家内三人にて暮し、其内倅は雇にとられたりと。また其隣、

家主チニウカッテ婆四十四歳、倅イユクテアン十五歳、妹ウラトッカ八歳、同一人三歳と、家内四人にて暮し、倅は雇に出たり。家に母一人にて子供二人を養う。また其隣、

家主サンレッカ五十歳、妻サヒランカ四十七歳、倅イラムクテ二十三歳、等家内三人にて暮し、其倅は雇にとられ有り。また其隣、

家主アシリカンナ六十歳、妻ホウアシ五十四歳、と家内二人にて暮しぬ。また其隣、

家主イクサンクル爺五十七歳、倅タサレキ二十二歳、妹ヱンテ十六歳、家内三人にて暮しけり。兄弟とも今雇にとられ家には父一人残りぬ。また其隣、

家主サハカト五十八歳、妻シウッラ、倅アンラサレ二十三歳、嫁コヌアン十九歳、

弟シケウリ十五歳、等家内五人にて暮し、其内倅夫婦と弟とは雇にとられたり。また其隣、

家主ヤエカンタナ四十四歳、弟イレクホリ四十一歳、妹ケケレ十七歳、等家内三人にて暮し、其弟も妹も雇にとられたりと。また其隣、

家主カニモンテ四十一歳、妻サロクテ二十五歳、倅ヱノトク七歳、妹一人四歳、等家内四人にて暮し、其内家主は雇にとられたり。

右人別のしらべは乙名イニセテッとシリマウシにカシテクシ婆と三人の申口なり。

カンカン　此処へ人家三軒有

家主シユトシマウリ五十五歳、妻シアシタ四十六歳、聟イカシユク二十七歳、妻ウヲレマレ二十七歳、倅一人五歳、弟一人二歳、弟サラカウリ三十歳、弟イヌカウリ十六歳、家内八人にて暮しける。其内聟と二、三男と三人は雇にとられたり。また其隣、

家主イマウラリ四十八歳、妻ヤヱヌンケ四十七歳、等家内二人にて暮しける。漁事之頃は夫婦ともにとられるとかや。また其隣、

家主イラウシテ四十歳、妻ウテキウンケ三十七歳、倅カネハクテ七歳、男子一人五歳、等家内四人にて暮しけるが、其家主は雇にとられ居るとかや。

（この資料は、まだ未公刊のもので、文部省が保管してあるのを、山田秀三《ひでぞう》先生を通して提供していただいた）

少し、長々と引用したのは、当時の二風谷アイヌの碑というか、鎮魂のつもりでもあったからです。そしてまた、松浦武四郎が松前藩と場所請負人の暴虐を憤って、何度も建議してそれの廃止の機運を作った人であることも確かめておきたかったからでもあります。

ところで、イニセテッら村人は、厚岸に連れて行かれることになった夫、妻や子供たちと泣いて別れを悲しみました。それでも村人は、着古した鹿皮衣やわずかの着替え、道中野宿するときに使う敷物用のトマ（蒲草で編んだござ）などを持たせたということです。

彼らは持たされたものを背負って、歩いて厚岸に向かいました。二風谷から厚岸までの三五〇キロ以上の道のりを黙々と歩いたのです。必要があって行くわけではなく、刀で脅されながらの旅でした。どんなにか辛く長い道程であったことでしょう。一日三〇キロ歩いたとしても、十二、三日はかかったものと思われます。

やっと厚岸の仕事場につきましたが、アイヌたちが寝泊まりする建物はありませんでした。寝る所は自分たちで作れ、というわけです。仕方なくアイヌは、背負ってきた蒲草で編んだござのトマなどを主として使い、なんとか工夫して寝るところを作りました。のちに萱か笹《ささ》を刈ってきて、小屋などを作り、そこで雨露をしのぎながら、毎日のきつい労働に従事させられたのです。

かぞえ年十二歳のトッカラムは、厚岸に着いたその日から二風谷のわが家に帰りたくてどうにもなりませんでした。しかし、歩いて十日以上もかかった遠い二風谷へはそう簡単には帰れるはずはありません。

アイヌは、星がまだちらちらしている朝から文字通りたたき起こされ、足元がみえなくなる夜まで働かされました。トッカラムはまだ小さくて漁の仕事をすることができませんでしたので、和人の親方・帳場（アイヌは帳場をポンカンピ〔小さい紙〕、あるいはポロカンピ〔大きい紙〕と呼びました）は炊事の手伝いをさせました。トッカラムの主な仕事は燃料の薪集めと水汲みだったということです。しかしその仕事も年かさのいかないトッカラムには重労働で、毎日泣きながら働いていました。

そんなある日、トッカラムはタシロ（山刀）で料理の魚を切りながらふと考えました。こんな辛い思いをして秋まで、というよりは雪が降るまで働かされるよりは、指を切り落として早く帰らせてもらおう。指を切り落とすことは決心しましたが、そのときの痛さを思うと、なかなか実行することができずに何日か過ぎてしまいました。

日がたつにしたがって、仕事はさらに過酷になってきました。家に帰りたい一心と、辛い仕事に耐えられなくなったトッカラムは、ある朝実行することにしました。早く起きて炊事用のタシロを右手に持ち、左手の人差し指を俎板《まないた》に載せ、タシロを振り上げましたが、手がふるえて、切り落とすことができませんでした。そして、その朝はやはり止めてしまったそうです。

そして次の朝、今度は何も考えないようにして、手にふるえが来ないうちに目をつぶって、えいとばかりにタシロを振りおろしました。

適当に切るつもりでしたが、目をつぶったのでねらいがはずれ、あまりにも深く指の付け根から切れ、小さい指がぱちーんと飛んでしまいました。痛さは覚悟の上でしたが、その痛さに思わずわっと泣きました。泣きながら、ああ、これほどの大けがをしたのだから、これで俺も家へ帰れる、と思ったのだそうです。

泣き声を聞いて、親方がかけつけましたが、その時親方が言った言葉を聞いて、今度はもっと大声で泣いてしまいました。親方の言葉は、「なんだ指の一本ぐらい。塩をまぶしておけば、二、三日で治る」というものでした。

てっきり家へ帰れると思っていたのに、そのあてがはずれ、失望感におそわれたトッカラムは、傷の痛さがなおさら痛くなったということです。

塩をまぶしたかどうかは知りませんが、指の傷は思いのほか早く治り、トッカラムはがっかりしてしまいました。毎日、なくなった人差し指の跡をみては一人悲しんでいたのです。そんなある日のこと、また別の考えがトッカラムに浮かびました。毎日いやになるほど獲れる魚の中に、たくさんの河豚《ふぐ》が交じっていました。その河豚をこっそり集めて胆汁を絞り取り、その胆汁を自分の身体じゅうに塗りたくったのです。それを何度かくりかえすと、身体の皮膚が薄黒い黄色になり、いまで言う黄疸《おうだん》の症状に似たようになりました。

そのトッカラムを見た親方は、悪い病気と思い、家に帰れと言ったのです。トッカラムは跳び上がって喜びたいくらいでしたが、それをおくびにも出さず、親方の話を聞いたそうです。

その後トッカラムは一人で帰ってきたのか、誰かおとなに連れられてきたのか聞きませんでしたが、とにかく懐かしの二風谷に帰ってきました。河豚の胆汁を身体に塗ったためではありましたが、しかし左の人差し指を付け根から切り落としての帰省でした。イニセテッ、イラペカラ父母の喜びと嘆きはいかほどでしたでしょう。

（わたしの祖父トッカラムが明治四十四年に撮った写真〈五一ページ〉には、左手の人差し指がないのが、はっきりと写っています。祖父は七十余年の生涯を送ったのですが、十二の齢から六十年間、その指がないために、どれほどの不自由をしたかを考えれば、この厚岸行きは大きな代償を払ったといわねばなりません）

トッカラムの妻になった人、つまり私の祖母てかってても、松浦武四郎の『左留日誌』に出てきます。(四四ページ、四行目参照)

てかってはテッ(手)アッテ(増やす)のことで、「働き手が増える」という意味です。この祖母も強制徴用で厚岸へ連れて行かれたことがあるのです。祖母がわたしに話してくれたことによれば、そのときの労働の苦しさもさることながら、厚岸へ行くとき経験した恐怖が忘れられなかったようです。

厚岸へ徒歩で行く途中、ある日、山で野宿をしました。ところが野宿した近くで、何やらえたいの知れない大きな動物の化け物がいて、ぶるるるる、ぶるるるると声を出すのだそうです。祖母たち女のほかに男も子供もいたのですが、誰もその声を聞いたことはなく、何の動物なのかわかりません。一緒に連れて行った犬がほえ、その犬を追う化け物の足音もかなり大きくはっきりとわかるのですが、その足音は熊のものでも鹿のものでもありません。

祖母たちは、暗闇の中から聞こえる、ぶるるるるという動物の声に脅えて、文字通りふるえながら、一晩中まんじりともせず、神々の名を呼び助けを求めたということです。

夜が白々と明けて、その声のほうにおそるおそる行ってみると、そこには熊とも鹿ともちがう、足の長い、頭というか顔の長い動物がいました。馬でした。沙流川のアイヌはまだ馬を知らなかったので、鼻をぶるるるると鳴らす馬の声というか鼻音に、一睡もできない旅の野宿を送ったわけです。

祖母はこの話をするとき、最初は真剣に恐ろしかったことを言い、あとのほうになると、今では珍しいものでもない馬のおかげで、翌朝まで生きてはおれないと思った、などと笑いながら聞かせてくれました。

(昭和四十七年八月二十二日、平取町去場の鍋沢ねぷきさんに録音しに行ったとき、ねぷきさんの母はわたしの祖母てかってと一緒に厚岸に行ったと言っていました)

祖父（左）と祖母（右）。祖父の左人差し指がない

それにしても、この強制労働は過酷なもので、松浦武四郎の『近世蝦夷人物誌』には一日一わんの飯、あるいは残飯をかゆにのばしたものだけで働かせたことや、三十歳ぐらいで病気になり、子

供は飢えと寒さのため死んだという実情などが描かれています。前に述べたように、その報酬も雀の涙ほどのもので、時には一銭ももって帰りませんでした。

アイヌの家には、今でもうるし塗りの品物がありますが、これは労働の報酬や和人との交易で得たものです。これらの漆器は、誰がどのようにして手に入れたのかがわかるものは数少ないのですが、昭和十五年ごろ亡くなった貝澤シラペノさんが、死ぬまでだいじにしてもっていたうるし塗りの受け台のついた盃は、シラペノさんが若いときに厚岸に行って一年間働いた報酬だったということです。(この盃は、私が譲り受け、いまでも二風谷アイヌ文化資料館のケースの中に大切に保存してあります)

強制移住の果て

前章で述べたようなアイヌの苦難の時代は、江戸が終わり、明治・大正になっても別の形でつづくことになります。そういう悲話はいくつもありますが、ここでは一つだけ次のような話を記しておきましょう。

沙流川は二風谷の上流の荷負《におい》で二つに分かれます。左が沙流川本流で、右が額平《ぬかびら》川といいます。その額平川を上流にたどってゆくと、貫気別《ぬきべつ》に出ます。この貫気別で額平川は二手に分かれ、左が額平川本流、右が貫気別川です。その貫気別川をかなり上流まで進むと、一段、二段と大きな階段でも登るように段丘が連なっています。その一番奥の段丘が上貫気別《かみぬきべつ》です。

上貫気別は、沙流川河口からだいたい四八キロぐらい離れていて、山奥のため高度もかなりあり、平取本町や二風谷にくらべると、春は遅く、秋も霜が二週間ほど早く降ります。土地は湿気の多い痩せ地で農耕には適しません。それに川の水量が少ないので、鮭もここまでは遡ってはこない。それでもここにはアイヌがいます。自然条件の恵まれないそんな場所に、なぜアイヌが住んでいるのでしょうか。

明治になると、日本本土からたくさんのシャモ（和人）が北海道へ渡ってきて、農耕に適したいい土地を物色しました。日高地方では、新冠《にいかつぷ》川と静内《しずない》川に目をつけたのです。この二つの川は、鮭がどっさり遡ってくるいい川で、周囲の山には鹿もたくさんいます。しかも気候温暖で人間が住むにはこのうえない土地柄です。だから、この二つの川の流域には、沙流川流域と同じように、アイヌ・コタンが点々とあり、多くのアイヌが住んでいました。

なのに、この地にやってきたシャモの有力者は、明治時代にここを日本天皇家の御料牧場用地と決めたのです。御料牧場をつくるとなると、そこに昔からいた先住者のアイヌが〝邪魔〟になります。シャモの役人はアイヌをどこかへ移住させようと企み、その移住先を沙流川上流の山奥、上貫気別と決めました。どんな手を使ったかというと、荷負から上貫気別まで馬鉄（馬車鉄道）を走らせ、さも便利な所のようにみせかけたのです。

新冠から上貫気別までは、山越えをして厚賀川の上流沿いに行けば、歩いて一日の距離ですが、気候とか土地は、前述したように雲泥の差があります。

先祖代々住みなれた豊かな土地から、よその恵まれない土地へ移れといわれても、アイヌたちは納得できません。異議申し立てもしたらしいのですが、圧倒的力をもつシャモには抵抗しきれるものではありませんでした。シャモは、いやがるアイヌを脅し、まるで足蹴にするようにして新冠を追い出したのです。移転費が多少渡されたらしいのですが、わずかの金でなんの役にもたたなかったといいます。

『平取町史』によれば、上貫気別小学校の開校は大正五年となっています。この小学校の沿革をみますと、この小学校は村がそのまま移されてきたことがわかります。

上貫気別小学校（旭小学校）は、明治三十五年四月、新冠村に姉去《あねさる》簡易教育所として開設される。明治四十二年四月、五学年が設けられ、同年七月に裁縫科が併置される。翌四十三年四月、尋常小学校となる。そして大正五年三月、上貫気別に新校舎落成。同年四月、開校式挙行……。

このことから新冠やその周辺アイヌの強制移住が最終的に完了したのは、大正五年前ということになりましょう。

現在、上貫気別に、子供のとき新冠から移ってきて、いまなお元気でいるお爺さんがいます。淵瀬佐一郎さん、七十二歳です。たぶん五歳ぐらいのころ、淵瀬さんは馬の荷鞍の横につけたシントコの中に座らされて新冠からやってきたということです。シントコとは日本本土で作られたうるし塗りの容器で、大きいものは子供なら楽に入れます。一緒にやってきた家族は、祖父母、両親、それに佐一郎さん兄弟六人の合計十人でした。上貫気別に来て、ここがお前たちの土地だといわれたところは、おとなが両手をつないでもまだ届かないような太いあかだもの木がいっぱい生えていたそうです。当時このあかだもは、ただでやるといってももらい手のない役にたたない木でした。売るにも買い手はないし、鋸《のこぎり》で伐り倒すには素人には太すぎてどうすることもできない代物《しろもの》でした。

佐一郎さんの親たちは、この太い木と木とのあいだのわずかの空間を見つけ、そこにムンエウカオマプ（草で作った拝み小屋）を建て、雨露をしのぎながら開墾をはじめました。

まずやりはじめたのは、そのあかだもの太い木の根元に大きな火を焚いて、何日もかかって焼き倒すという仕事でした。毎日毎日、あちこちで「馬一頭を串に刺して焼くことのできそうな」でかい火を焚いて木を燃やしました。そうして開墾した土地に畑をつくり、一年、二年と広げてゆき、ひえやあわを収穫することができるようになったのです。

しかし、ろくな食べ物もとらずに重労働をしたので、まず祖父が病気になり、続いて父、そして母も兄弟も病気になってしまいました。病気は肺結核で、当時この病気にかかれば、死刑の宣告を受けたようなものです。それでも三二キロもある平取の病院へ通いました。馬に乗ることもありましたが、歩くことが多かった。病人の足ではその道程は日帰りは無理でした。

治療の効もなく、祖父、父、母、兄弟と働き手がつぎつぎ死んでしまい、おとなで残ったのは全く目の見えない祖母だけとなってしまいました。それから佐一郎少年の血のにじむような生活との苦闘がはじまるのです。

新冠から追い出されてきた近所の人々にも同じような運命にあった人がたくさんいました。現在のように生活扶助などという制度もない時代で、生活に困れば本当に困り、食べるものもないまま、栄養失調で餓死同然のままつぎつぎと病気になって死んでいったのです。佐一郎さん一家に援助の手をさしのべることのできる家など一軒もありませんでした。

厳寒の冬は、わずかに蓄えてあったひえとあわ、それに地室《じむろ》に入れておいたじゃがいもで食いつなぎましたが、春になって野草が生えてきても、佐一郎少年にはどの草が食用になるのか見分けがつきません。そこで、いろいろな草をむしってきて、盲目のおばあさんに手渡します。おばあさんは、その草を一本一本なでて、匂いをかぎ、これは食べられる、これは食べられないと教えてくれるのでした。

食べられると教えられた草をたくさん取ってくると、おばあさんはもう一度たんねんに触ってみて、それから煮てもいいと言ってくれました。

おばあさんは、見えない目をしばたきながら、草の葉を一枚いちまい触って、一枚でも別の草が交じっていると、まるで指先に目があるかと思うほどあざやかに選り分けました。食べるほうの草には、少しも別の草が入っていなかったそうです。

野草のほかにも、佐一郎少年に言いつけて、小沢に行ってかじかやどじょうやざりがにを獲って来させ、それを煮たり焼き干しにしたりして食べました。

このように春から夏にかけては、おばあさんの指示にしたがって、種蒔き用のひえ、あわ、じゃがいもはとっておき、山菜と雑魚を主食にしました。一粒の米も口にできない日が何日も何日もつづいたということです。

(佐一郎さんは、あのとき、祖母がいなかったら、自分たち兄弟は飢え死にしたであろうと、目にいっぱい涙を浮かべて述懐しました)

佐一郎さんと同じく新冠から上貫気別に強制移住させられた鹿戸よしさんにもつらい経験があります。

よしさんは夫と二人で上貫気別にきましたが、子供が生まれるとすぐ夫が病気になったため、一人で働いた。あるとき運悪く、拝み小屋が火事になって家が丸焼けになり、子供のおむつさえもなくなった。そこで蕗《ふき》の葉を火に焙《あぶ》って、ぐたっとやわらかくなったのをおむつ代わりにしたといいます。

(佐一郎さんもよしさんも、新冠にいれば、家族が死なずにも済んだろうし、もちろんなんの生活の苦労はしなかった。ほんとうにシャモは無理をさせたものだと、深い溜め息をつきます。いま上貫気別に住んでいるアイヌの家は、二、三軒になりました。死に絶えたり、逃げ出したりして、ちりぢりばらばらになったわけです）

ここで、わたしの祖父トッカラムの話にもどります。この話も祖母てかってから聞いたものです。

祖父はとても声の大きい人だったので、近所の人から「ハウェ・ルイ・エカシ（声・強い・爺さん）」という渾名をつけられたそうですが、雄弁というほどではなかったらしい。しかし、狩猟は比較的上手で、熊や鹿をよく獲ってきましたし、矢を作るのはとても上手でした。祖父の自慢は一本の鉄の矢尻をもっていることでした。狩猟のとき、その鉄矢尻の矢は必ずもって行きましたが、最後の最後まで矢筒から出さず、矢筒の魂とも考えていたそうです。

ある日のこと、熊獲りに山へ出かけた祖父は、明け二歳の仔熊を連れた親子熊に出合い、まず親熊を弓矢で射殺しました。ところが仔熊のほうは、近くのとど松の木に登って降りてきません。明け二歳の仔熊といっても、体重が二〇貫（七五キロ）はあって、毛がふさふさしているので、かなり大きくみえます。その熊が高いとど松のてっぺん近くにあまり枝のない所にしがみついてぐるぐる動きまわっているのです。その高さでは、竹で作った矢尻の矢では少し遠すぎて届きません。

そこで祖父は残しておいた鉄の矢尻のついた矢をとり出し、ねらいさだめて仔熊を射ました。矢はみごとに当たり、熊の体を突き抜けてとど松に刺さってしまいました。射ぬかれた仔熊は地面に落ちてきましたが、命のつぎに大切な鉄矢尻は枝のあまりない高いところに斜めに突き刺さって落ちてこないのです。

祖父はすっかり困ってしまい、獲れた二頭の熊はそっちのけで、宝物の鉄の矢尻をとるべく、とど松の立木に登って行きました。片手で立木をつかまえ、片手にマキリ（小刀）をにぎって、長い時間かかってやっとのことで鉄の矢尻をえぐりとって帰ったということです。明治の初めごろは、矢尻一本ぐらい、とは言えないほど、鉄製の道具は手に入れにくい時代でもあったのでしょう。

狩猟といえば、祖母てかってが仕掛け弓に誤ってかかり、気絶したことも聞きました。祖母がまだ娘のころ、友達と山へ行ったときのことです。やぶ原の一本道を先頭になって歩いていると、祖母の右側で、ばしっ、と仕掛け弓のはじける音がしました。祖母は太股《ふともも》の後ろに毒矢が突き立ったような気がして、どたっと倒れて気絶してしまいました。

なにせ、この仕掛け弓の矢にはあの獰猛な熊でさえ、死んでしまうほどの毒がついています。その音だけでも気の弱い人は気絶するくらいです。自分の身体に当たったと思った祖母が気絶するのも無理はありません。

どのくらいたったのでしょうか、友達が、てかってー、てかってーと呼ぶ声で祖母は気がつきました。調べてみると、毒矢は祖母の着ていた鹿皮の着物の後ろ、太股のところを串刺しにしたように貫いていましたが、さいわいなことに祖母の身体にはかすり傷ひとつつけていませんでした。

この仕掛け弓は、上手な人が仕掛けると絶対に矢は人間に当たりません。というのは、この弓は一本の糸に熊や鹿の脚がひっかかった場合に矢が発射されるようになっているのですが、その糸に三〇センチほどの伸びを加えますと、たとえ人間の足がふれても、普通の歩幅で歩いていれば、発射された矢は、人間の後ろを飛んでゆき、人間の身体の幅では刺さらないというわけです。

（祖母は、仕掛け弓がはじけて矢が着物の後ろへ突き刺さったときと、厚岸へ行く途中の野宿で馬が鼻を鳴らす声をはじめて聞いたときと、この二つが一生のうちで一番恐ろしい思いをしたことだと言っていたものです）

話は少しそれますが、仕掛け弓が刺さった祖母の鹿皮の服について話しておきます。

鹿皮の服というと、いまの人はたいへん高価なものと思うでしょう。ところが祖母が娘のころは、アイヌの普段着でした。それは木綿の着物が手に入らない時代で、鹿皮の着物といっても、裾まであるような長いものではなく、膝頭がやっと隠れるほどの短さで、しかも衽《おくみ》がないので前がはだけそうになるものでした。

この鹿皮の服は、次のようにして作りました。まず獲った鹿の皮をはいで、それを便所の中へどぶんと漬けておきます。一週間ぐらいしたころそれを引き上げ、山際のほうに持ってゆき、水を沢から運んできて足で踏みつけ踏みつけして何度も何度も洗います。川にもっていって、水の中で洗えばいいようなものですが、アイヌは汚れた物を流れている水に入れて直接洗うようなことは絶対にしません。何度も洗うと、鹿皮の毛がすっかり抜け、今の人が眼鏡をふく時に用いるような、あの柔らかい鹿皮、揉《も》み皮となります。その皮を着物にするわけです。考えてみると、やはり相当高価な衣裳といえるでしょう。

話は変わりますが、ここでアイヌの名前について記しておきましょう。現在でこそ、私たちアイヌの名前は日本人一般の人と区別がつきませんが、昔ははっきりアイヌの名とわかりました。

わたしの祖父の名前はトッカラム、祖母はてかって、もちろん名字など最初はありません。明治五年前後になって、和人が「戸籍」をつくり、祖父の姓は「貝澤」とつけられました。気づかれた方も多いと思いますが、二風谷には「貝澤」姓の人がたくさんいます。ところがこの貝澤姓の人たちがすべて血縁関係にあるというわけではないのです。むしろそうでない人が多い。

これにはわけがあります。この地方に明治初年、戸籍をつくるために名字をつけにやってきた役人は大酒飲みで、仕事をせず宿で酒ばかり飲んでいました。そのうち期日がやってきて、役人はいそいで名字をつけなければならなくなりました。

〈ふふん、そうか。ここはピラウトゥル（平取）村か。それならばここのアイヌの名字は「平村」とつける。その次がニブタニ（二風谷）、それでは「二谷」だ。その向こうの村はピパウシというのだな。ピパとは何だ。そうか、貝という意味か。ウシというのは？　そうか、有るという意味なんだな。それでは「貝澤」とつける〉

と、ざっとこんな具合だったと言います。だから、この平取町の沙流川付近のアイヌには「平村」「二谷」「貝澤」の名字が多いのです。各々、血縁とは全く関係ありません。

話はもどりますが、祖父母の名は、トッカラム、てかって、と片仮名と平仮名で書かれています。これも、明治の初めの戸籍をつくったとき、シャモの役人が、名前を聞いただけでは男か女か区別がつきません。そこで全くの便宜上、男の名前は片仮名で、女の名前は平仮名で表したのです。

（わたしとしては、その表記法を使うのはあまり愉快ではないのですが、戸籍として登録されていますので、ここではその表記にしたがいました）

長期欠席児童

前章で述べたように、悲しい歴史をもつわたしたちアイヌではありますが、子供のころ、わたしはそういう歴史を知らずに過ごしました。

わたしは、昭和八年四月、二風谷小学校へやっと入学しました。やっと、というのは、当時、私が養子にやらされた伯母の嫁ぎ先の萱野家が北見の美幌町に行っていましたから、私の入学資格は二風谷小学校にはなかったのです。

入学がおしせまっても役場から入学通知も来ないので、母が小学校に行ってその理由がわかったのです。母は、早急に籍を取り寄せますから、なんとか入学させてくださいと頼み込み、学校のほうでも、まあいいだろう、さっそく籍を取り寄せなさいぐらいで、入学を許してもらったということです。

入学式のことは記憶していませんが、勉強道具を持ってはじめて登校する日のことは鮮明に記憶しています。

わたしの家とオサッ沢を挟んだところに住んでいた二年上の貝澤福二さんが、さあ行くぞ、とわが家に寄ってくれました。新しい鞄を買ってもらえないわたしは、兄の使い古したズック布の肩かけ鞄に何冊かのノートを入れて家を出ました。鞄はもともとは白だったのですが、古ぼけてしまって濃い茶色に変わっていました。その変色した鞄を肩にかけたわたしの手をつないでくれた福二さんが、途中わたしの鞄の下げ方があべこべになっているのに気づき、直してくれました。

二風谷小学校の先生はたった二人でした。校長の藤井大吉先生と穂坂徹《ひとし》先生。藤井校長は一年生と五、六年を同じ教室で受け持ち、穂坂先生は、二、三、四年生を担任していました。

入学当時、わたしの服装は兄たちのおさがりの着物でした。裕福な家の子は学生服でしたが、貧しい家の子は着物で、着物組は三分の一ぐらいはいたように思います。

二年生の夏の終わりでした。同年の二谷宗三郎と一年生の貝澤晶治、それにわたしの三人は、校庭のすぐ横にあった貝澤正雄さんの西瓜《すいか》畑から西瓜を一個盗んだのです。校庭で大勢遊んでいた五、六年生の目の前を盗んだ西瓜をかかえて通りすぎ、ポロモイの崖下へ持って行き、西瓜を石にぶっつけて割り、三人で車座になって食べました。わたしは、盗んだとかどろぼうをしたとかという意識はあまりありませんでした。

食べているところに、そのころ退職していた黒田彦三先生が来て、「お前たち、どうして西瓜を盗むのだ、さあ一緒に来い」と言うのです。黒田先生についてゆくと、小学校の職員住宅である藤井校長宅に預けられてしまいました。

藤井先生はまだ帰っていませんでしたが、わたしたち三人は小さい膝がしらを並べて先生の来るのを待っていました。それでも滅多に入れない校長住宅なので、もの珍しく、あたりをきょろきょろ見回し、ひそひそと話し合ったりしました。

藤井先生が帰ってきました。うんと叱られるのかと思っていたのに、色の黒い先生は白い歯をみせてにこにこして部屋に入ってきました。

「茂、どうした」

「はい、正雄アチャの所の西瓜を盗みました」

アチャとは、アイヌ語で小父さんのことをいうアチャポの略称です。藤井先生は、そのアチャがおかしいと言って、大きな声で笑います。そのうち校長は座り直して話しはじめました。

「お前たちが正雄さんの西瓜を盗んだのを皆が見ていて、近くにいた黒田先生に教え、黒田先生がお前たちをさがしだすと、お前たちはもう食っていたということだ。正雄さんは食べさせたい自分の子供がたくさんいても、赤くなるのを待って取らないであったのを、お前たちが先にもいでしまったのだ。これからは絶対他人のものは盗るな、いいかわかったな、茂」

わたしは代表して念を押されました。先生の「正雄さんは子供がたくさんいるのに、赤くなるまで待っていた」という言葉がなんとなく心にしみわたるような気がしました。三年生のときはたいへんでした。わたしは、校庭の周りに生け垣代わりに植えてあったカレンズを取って食べたのです。

このカレンズは、夏休みが終わって二学期がはじまるときに、百人ほどの全校生徒に取って分けるしきたりがありました。それなのにわたしたち学校に近い者が少しずつ取って食べているうちに、とうとう大方を食い尽くしてしまったのです。

二学期がはじまったその日、カレンズを食べた者は全員別のところに並べられ、かたっぱしから先生のでっかい手で平手うち、ばしっ、ばしっ、ばしっ。

(あの音、あの痛みは、四十五年たったいまでも忘れられません。わたしが子供のころ盗んでまで食べたカレンズや、ドイツグスベリを今の子供たちは見向きもしません。あの小さい真っ赤な実が、黒味をおびて皺《しわ》になって落ちているのを見ますと、昔のことが思い出されて腹が立つことがあります。飢えた幼い子供たちの心に、大きいしみを残すようなものを学校に植えておくことは、教育上よくなかったのではないでしょうか)

貧乏な小学校時代には学校で何一つ楽しいことがなかったような気がします。一、二年のころは気がつかなかったのですが、三年生ごろになると、家の様子がわかるようになります。

二風谷小学校の運動会は六月十五日と決まっていました。その日が近づくと、運動会のときに着るパンツや白い上着が買ってもらえるかどうかが気になります。運動会が近づいても、出稼ぎに行っている父や兄から、金が送られてきそうもないことがありました。それを知ってか、先生がわたしを物陰に呼んで、「お父さんから金がきたか」と聞くのです。わたしは正直に「まだ来ない」と答えると、先生は翌朝まだ皆が登校しないうちに先生の住宅に来いというのです。

朝早く行くと、先生はわたしに真っ白いパンツと上着を渡してくれます。先生は前日の夜、平取まで自転車で買いに行ってくれたのかもしれません。

運動会といえば、三年生のとき、出稼ぎに行っていた父か兄が金を持ち帰ったらしく、わたしは念願の白い学生帽子を買ってもらうことができました。運動会の昼休みに、はじめての帽子を被り得意になって校庭を歩きました。何人かの友達が掘り井戸の周りに集まって中をのぞいていたので、わたしもその輪に加わり、のぞき込みました。ずうーっと下の水面に白い帽子を被ったわたしの顔や友達の顔が並んでいました。

わいわい、がやがや押し合いながらのぞいているうちに、T君の手がわたしの帽子にひっかかり、帽子は深い井戸の中へ、すーっ、ぽちゃん。映っていた皆の顔がこちゃこちゃとなると、その面々がわたしの傍からわーっと走り去りました。

一瞬のできごとです。井戸端に一人取り残されたわたしは、静かに沈んでゆく真新しい白い帽子をじーっとみつめながら、家に帰ったら、おこられるべえなあと考えていました。

井戸のあった校庭には、天皇、皇后の「御真影」や教育勅語が納まっている奉安殿はもちろん建っていて、屋内運動場の壁に日露戦争の分捕品だという大砲の薬莢も一本さげてありました。

二風谷小学校の運動会には万国旗が飾られました。当時、二風谷より大きい隣りの荷負小学校にはこの万国旗がなく、運動会のときには二風谷に借りにきたものです。荷負の運動会に見学で連れられていくと、自分の学校の万国旗がはためいていて、なんとなくうれしかったものです。

四年生のとき、小学校時代で一番苦い思い出をつくることになります。

夏休みが終わり明日から学校がはじまるという日、教科書や夏休み帳を入れたぼろ鞄がみえなくなったのです。家の中の隅から隅、隅から隅といっても狭い家ですから、床板をはがして縁の下にまでもぐり込んでさがしたのですが、みつかりません。

翌日の登校日、私は学校へ行きませんでした。学校へは行きたいのですが、教科書はないし、夏休み帳もないのです。私はその後毎日毎日、母に泣きついて探してもらいました。さがす場所もなくなった母は、犬がくわえて行ったかもしれないと、草っ原にもさがしに行ってくれました。しかし発見できませんでした。

困った母は、近所で神おろしをする二谷なりさんに頼んで、神様に聞いてもらいましたが、神様にもわからないということです。

そんな鞄さがしに明け暮れて三か月も過ぎたある日のこと、母はいやがるわたしを引っぱって学校へ行き、先生に事情を話してくれました。たぶん十一月に入っていたころと思います。

教科書のないわたしは、友達からみせてもらって勉強することになりました。教室にいってみると、勉強がだいぶ遅れてしまって、なかなか授業がわからないのです。それまで勉強は級でも上のほうであったのですが、だんだんだめになり、とうとうしまいのほうになってしまいました。そのうち学校に行くのがいやになり、また休みがちになりました。だから四年生の二学期はまるまる学校へ行かないのと同じようなものでした。

雪がちらつく正月近いある日、遊びから家に帰ってくると、夢にまでみたあの鞄がいろり端にどさっと置いてあるのです。わたしは涙で目がみえなくなったので、手さぐりでいろりのそばに進み、ぼろ鞄をだきしめました。涙をぬぐって鞄の中をみると、そっくりそのまま、何一つなくなっていません。教科書や夏休み帳が懐かしいやら、憎らしいやら複雑な気持でした。

せきこむようにして、母に鞄がみつかった理由を聞くと、なんと驚いたことに、祖母のつづらの中から出てきたというのです。祖母が何を勘ちがいしたのか、わたしの鞄をつづらの中にしまい込んでしまったわけです。祖母はわたしを可愛くて仕方がないというふうにしてくれていたのですから、わたしを困らせようとしたわけではありません。それだからこそ、わたしには涙がぼろぼろっと出ました。しかし、祖母には恨み言の一つも言えませんでした。

（この話は今までだれにも口にしたことがありませんでした。これを話すのは、わたしが文字や日本語をよく知らないことをフチ〔祖母〕の所為《せい》にしたり、あのやさしいフチに対して悪口を言うことになると思っていたからです。しかし、今回、心の内のどこにもそういう気持がないと自分で確認できたので、この辛かった思い出を記した次第です）

その件以来、わたしはすっかり学校がきらいになってしまい、性格も暗くなったような気がします。いやな学校へ行くよりも、赤ちゃんがいて子守をほしがっている家に行き、その子供と遊ぶのです。わたしが学校をずる休みしていることを知りながら、おとなたちはわたしを重宝がり、昼めしぐらい食べさせてくれます。夕方まで子供と遊び、同級生が学校から帰るころ、わたしもあたふたと家へ戻るという具合でした。

ですから、わたしはこの四年生から五年生にかけては長期欠席児童であったわけです。六年生になってから、少しやる気を出しましたがもう追いつくことはできませんでした。とうとう〝お客さん〟という格好で卒業したような始末です。

ところで二風谷小学校にはアイヌの生徒が断然多く、シャモ（和人）の子供に「アイヌ、アイヌ」と馬鹿にされたとか、いじめられたという記憶はありません。

アイヌ文化や風習を研究するために道内各地のアイヌ・コタンを回ってきた人から、「二風谷の人はおおらかですね」とよく言われます。「二風谷アイヌはおおらかだ」と言われる理由は、子供時代の環境によるのではないでしょうか。それは研究者からだけでなく、普通の人からも言われます。

「三つ子の魂百まで」という諺《ことわざ》がありますが、子供のときにいじめられたり、虐《しいた》げられたりすれば、いじけた人間になってしまいます。ちょうど、伸び盛りの草の芯《しん》を摘《つ》まれたようなもので、その草は摘まれたところで伸びが止まるか、さもなくば節になるか、あるいは摘まれた部分からあらぬ方向に芯がそれていきます。人間は環境によって左右されます。

北海道の各地のアイヌの中には、シャモの多い学校に通っていじめられた人がたくさんいます。

「あア、イヌが来た（あ、アイヌが来た）」ぐらいのことは序の口で、身体が毛深いこと、貧しいこと、その他、とても文字にするには耐えがたいことで悪口を言われました。小学生のころは、どんなに小さいことでも気に病み、わずかのことでも心が傷つきます。

シャモからのこういう仕打ちにあえば、学校へ行くのがいやになり、休みがちになり、勉強の成績も悪くなり、学校もやめてしまいます。こういう子供が大きくなれば……。

そういう意味では、わたしたち二風谷アイヌは幸せな子供時代を送ったといえます。最近しみじみとそう思うようになりました。

二風谷小学校にアイヌの生徒が多かったということは、二風谷にはシャモが少なかったということです。わたしの住んでいたピパウシには、子供のころには和人の家は数戸しかありませんでした。なかに一人住まいのシャモが三人いました。

一人は大森という人で、オサッ坂（現在のマンロー坂）の平取寄りの坂上の右側にあった家にいました。この家はしものあというアイヌの人の家でしたが、大森さんは一人で借りて暮らしていたのです。職業は木炭用の木を伐ることであったようです。そのうち、この大森さんが病気になると、わたしの母や近所のアイヌの人たちがかわるがわる行って看病してやりました。しかし、この人はとうとう亡くなりました。

もう一人は、村人がコッコ佐々木と呼んだ佐々木盛《さかる》という人でした。住んでいた所は二風谷沢の北側の大川寄り。どもる人だったので、「コッコ佐々木」という渾名がついたわけです。空きびんなどを回収していたようです。どういうことでだったか忘れましたが、わたしはこの人の布団に寝たことがあります。焼酎の匂いのする息の下で、いつの間にか眠ってしまったのでした。

残りの一人は名前を知りません。カンカン坂の上、荷負寄りのやぶの中にあった、むしろや草を重ねて屋根にした拝み小屋に住んでいました。この人は四十歳ぐらいでしたが、いつもおどおどしていて、少しの物音にも聞き耳を立て、少しいやな感じの人でした。いま考えると、タコ部屋から逃げた人か、囚人のような人ではなかったかと思います。

それでもこの人は、どういうわけか子供のわたしを隠れ家めいた小屋へ連れて行って、大事な物はここにあるとか言って、屋根裏に隠してあるものを見せてくれたりしました。この小屋は道路からは全くみえないポンカンの枝沢にあったので、村人もあまり知らなかったのではないかと思います。その小屋もその男も、いつの間にかみえなくなりました。

昭和十年ごろ、二風谷の多くの人は、働くにも職がほとんどありませんでした。わたしの長兄勝美、次兄幸雄は、家の前にある小学校に卒業するまで通うことができず、途中退学で外に働きに出されました。

長兄は山門別《やまもんべつ》(現在の門別町)の藤本さんという農家に住み込みで働きにやらされました。わたしはといえば、兄が働いて得たお金をとりに山門別まで行くのが役目でした。兄はもちろんたいへんだったのでしょうが、小学校三年生のわたしにもその役目はつらいものでした。二風谷から山門別までは一八キロぐらいあります。その道を歩いて往復するのです。

二風谷を出て小平《こひら》を過ぎ、平取大橋を右にみてアペツ沢を渡り、ユラプ沢を登ってゆくのです。道といっても、馬車がようやく通れるぐらいの幅で、道の両側は太い木の枝と雑草に覆われています。わたしの年齢の子供を使いに出すような道ではないはずですが、生活に追われている親は、それを承知で行かせました。

だんだん道が細くなり、行き会う人もいなくなると、急に淋しくなります。祖母が聞かせてくれたウウェペケレ（昔話）の熊に襲われた子供の話などを思い出し、近くの草が風でざわつくと、ぎくっとして走り出したものです。そのうち今度は泣き出して走る。それでも道の曲がっている所で急に人に会うと、涙をこらえて走るのをやめるといった具合でした。

ユラプ沢を登りつめた峠の近くに、太い風倒木《ふうとうぼく》が一本道に横たわっており、子供のわたしはその木の下をくぐって峠になります。そのころ峠という意味がわからず、風倒木の下をくぐるのが峠のことだとばかり思っていたものです。

泣きながら走らねばならないほど恐ろしい峠を越えて、長兄の働いている藤本さんの家にたどり着き、藤本さんから渡される兄の稼いだお金は、せいぜい五円か十円です。それでも、当時、米が一俵五円～七円でしたから、わたしや弟たち家族の多い母はたいへん助かったことでしょう。

次兄の幸雄は、父と一緒に振内《ふれない》で働いていました。振内は山門別と反対方向で、富内《とみうち》線の中間にあります。二風谷からは山門別よりも遠く、二〇キロありました。この振内にお金をもらいに行くのもまたいやなものでした。峠はありませんでしたが、今の幌毛志駅と振内墓地のあいだに、ピリカワッカという所があり、そこにある一軒の家に恐ろしい犬がいたのです。この犬がこわくて、振内行きはほんとうにいやでした。あかだらけのぼろ服のアイヌの子を見て、犬も不審に思ってほえたのかもしれませんが、わたしは今にもかまれるかと思って死ぬ思いをしました。

振内の帰りは、たいていの場合、父か兄かが頼んでくれて、クローム鉱石運搬のトラックの荷の上に乗せてもらって二風谷へ戻ったものです。

父はもちろん、おとなにならない兄たちが一生懸命働いて、母やわたしたち幼い兄弟を養っているのだということを身体で知っていた私は、小学校を早く出て、働きに行ってお金を稼ごうと思っていたようです。

そのころ、子供のわたしには、お金を持って父や兄のところへ仕事を頼みにくる土木工事の親方とか、木材を伐り出す山の親方とかが、たいへん偉くみえたものです。わたしは子供心に、おれはおとなになったら親方になるぞと、親方になることを唯一の目標に決めました。

昭和十年前後のある冬、職のない二風谷の村人を救うため、救済工事という仕事がはじまりました。開削して間もない道路（現在の国道二三七号線）に砂利を敷く仕事でした。砂利を道から一キロも離れている沙流川から石油缶を二つ入れる箱に取り、それを背負ってきて道路にまくのでした。一日働いてどのくらいのお金になったのかわかりませんが、村人の中に交じって、兄たちが寒中の朝早くから夜まで働いていました。夜遅く家に帰ってきても、砂利を運ぶ箱を作ったり、川の砂利を背負って濡れた衣類をいろりのそばでせっせと乾かしていたものです。

そのころ、わたしが行っていた二風谷小学校では、困っている家の生徒に昼食にお米のおにぎりを一個ずつくれました。たしか毎日ではなく、週に一日か二日だったと思います。それにその期間もそれほど長くはなかったような気がします。

それでも、他の子供が弁当をもって来ているのに、貧乏人の子供の自分たちだけがにぎりめしをもらうのがいやで、支給の日に学校を休んだり、渡されるおにぎりを横目でみながら、近くのわが家に帰ってきて、ひえのおかゆをすすって食べたりしました。あんなみじめな食い方はおれはいやだ、と思ったのです。

ところがそのころ、わたしのすぐ下の弟の源助《げんすけ》が病気にかかってしまい、だんだん元気がなくなるのです。弟に白い米のにぎりめしを食べさせたら病気が治るかもしれない。わたしはそう考えて、にぎりめしの出る日に学校へ行きました。そして、いやだったたにぎりめしをもらって家へ持ち帰り弟に見せたところ、弟は真っ白いおにぎりを見て、にっこりしましたが、もうその時は、口のそばへ持っていっても食べる気力はありませんでした。

弟はとうとう死にました。数え五つか六つだったと思います。母は埋葬するときに着せる弟の着物を縫いながら、

「ああ、生きていてこのような新しい着物を縫うのなら、どんなにか源助が喜んでくれるだろうに……。死んでからこんないい着物なにするものだ……」

と涙を流しておりました。

それは、濃い茶色のネルの着物でした。

わたしの母はとても信心深い人で、家の近くを通る寒修行のお坊さん、うちわ太鼓をもった人、錫杖をもった人、いろいろなお坊さんを泊めました。ときには、わたしたちが寝たあとに泊めることもあり、わたしたちが敷いているわらぶとんの上のふとんを引っぱり抜き、その旅のお坊さんに敷いてやるのです。朝になって目が覚めると、わらぶとんの上に直接寝ているということがたびたびありました。

お坊さんにかぎらず、通りがかりの旅人でも困っている人は泊めてやりました。泊めて世話する余裕はなかったはずですが、もしその人を泊めないで行き倒れにでもなったら、自分は一生罰があたると思っていたようです。

母は、神様はみえないが、どこにもいるものだ、人がみていなくても神様がみている、人のものを盗んだり、悪いことはしてはならない、とよく言っていました。穴だらけのわが家ではありましたが、わが母の愛は針でついたほどの穴もなく、アイヌ　ネノアン　アイヌ（人間らしくある　人間）になれぞかし、と育てられました。

罪人にされた父

ところで、わたしが小学校に入る前、父の身の上に、いや私たち一家に大変なできごとがおこりました。

ある日、長いぴかぴかの刀をさげた巡査(警官)が、わが家の板戸を開けて入ってきました。巡査が、「清太郎、行くか」と父に向かって言うと、父は、平ぐものように板の間にひれ伏して「はい、行きます」と答えるのです。静かに上げた父の顔の両眼から、大粒の涙がぼろっぼろっと落ちました。子供のわたしは、そのとき片目の父の両眼から涙がこぼれるのを見て、あれっ、目玉のないほうの眼からも涙が出たぞ、と思いました。

父は、鮭の密漁のかどで逮捕されたのです。毎夜毎夜獲ってきて、わたしたち兄弟や近所のお婆さんたちに、さらに神々にも食べさせていた鮭はそのころ獲ってはいけない魚でした。

誰かが「監獄へ連れられて行く」と言ったとき、わたしは、監獄というのは、頭が天井につかえて、まっすぐ立ってはいられない、足を縮めていなければならない、小さな小さな部屋のことを言うのだな、などと漠然と考えたものです。

父は家を出て、巡査と一緒に平取のほうへ歩いて行きます。私は、

「行ってはだめーっ、行くんでないよー、お父っざあん、お父っざあん」

とそのあとを追いかけました。追いつくと父のでっかい手にすがりつき、

「だめだよ行ったら、おれたち何を食うのよー」

と泣きさけびました。追ってきたおとなたちが、わたしをつかまえて、

「すぐ帰って来るのだから泣くんでない」

といって、わたしより激しく泣いていました。それでもわたしは、二風谷小学校を過ぎ、ヌペサンケ（野ッ尻）を通り、半道くらい泣きながら父のあとをくっついていったのです。しかし父は、巡査にせかせられながら、後ろをふりかえり、ふりかえりして、どんどん離れて行ってしまいます。わたしは道路に寝ころんで泣き叫びましたが、母や近所の人に背負われて家に連れ戻されました。

家での祖母の嘆きは大変なものです。祖母に言わせると、警察は全く理由もなしに、自分の息子を連れて行った、いわば不当逮捕だというわけでした。

祖母がのちに、そのときの悲しみを思い出して、わたしに嘆いた言葉は次のようなものでした。

「シサムカラペ　チェプネワヘ　クポホウッワ　カムイエパロイキ　コエトゥレンノ

ポホウタラエレプ　アコパクハウェタアン　ウェンシサムウタラ　ウッヒアナッ　ソモアパッハウェタアン」

（和人が作った物　鮭であるまいし　わたしの息子がそれを獲って神々に食べさせ　それと合わせて子供たちに食べさせたのに　それによって罰を与えられるとは何事だ　悪い和人が獲った分には罰が当たらないとは　全く不可解な話だ）

おとながわたしをなだめたときに、父はすぐ帰ると言っていたので、わたしはその言葉を信じて毎日毎日外へ出て、家の板壁によりかかり平取のほうを眺めていました。しかし、父は何日たっても帰ってきません。そこでわたしは母に向かって、「お父っざあんは、いつ帰るのか」と聞きました。母は顔をくもらすだけで返事をしてくれませんでした。

アイヌ民族が死に絶えることなく、生き続けてこれた理由の一つに、食糧を充分手に入れることができたということがあります。食糧とは、鮭と鹿の肉です。だからアイヌは鮭を大切にし、自然の摂理に従って捕獲したのです。産卵前の鮭、すなわち九月から十月の川を遡る鮭はその日その日の食い分ぐらいしか獲りません。また多く獲って保存しようと思っても、この時季の鮭は脂《あぶら》がありすぎて保存にむかないのです。

父は川を遡る時季に鮭を獲って逮捕されたわけですが、広い沙流川に幅がおとなの手を広げたぐらい、長さがおとな二人が手をつないで広げたぐらいの網を張り、それで鮭を家族が食べる分だけ毎日獲ったからといって、鮭が減ることはないということをアイヌ自身は知っていました。そのころ鮭が減ったのはシャモの乱獲が原因なのです。シャモは自分たちがつくり出した原因をアイヌに責任を押しつけたわけです。

わたしたちアイヌが冬の食糧として保存用に大量に鮭を獲ったのは、産卵が終わって、体が白くなり、尾がほうきのように、というよりは赤ん坊のにぎりこぶしくらいになったときです。このころの鮭は脂気がなく、背割りして外で干しても、蠅一匹来ないので蛆《うじ》が湧く心配もありません。そういう鮭は、味はやや落ちるけれども一年や二年たっても十分に食べられます。

アイヌは自然の法則に従い、その知恵を上手に利用していました。アイヌは、鮭にかぎらず鹿でも熊でも何の動物でも、狩猟民族であったからこそ、それらを絶やさないような知恵と愛情をもっていたのです。

シャモが作った鮭の禁漁などという法律は、鮭をあてにして生活してきたアイヌにとっては「死ね」というような法律です。アイヌにとっては悪い法、まるで「まだ羽根の生えないひな鳥へ餌を運んでいる親鳥をなぐり殺すような」法律でした。

この法律のほかにも、明治三十二年にできた有名な「北海道旧土人保護法」（現在もまだ生きている）〈編集部注・その後一九九四年に国会議員となった萱野茂氏を含む与党プロジェクトが提案した「アイヌ文化の振興並びにアイヌの伝統等に関する知識の普及及び啓発に関する法律」が一九九七年七月一日に施行されて、同日付けで「北海道旧土人保護法」は廃止された〉というものなどは、シャモのアイヌに対する差別をあらわした法律にほかなりません。

わたしたちは「旧土人」などではない。わたしたちは北海道、すなわちアイヌ・モシリ(人間の・静かな大地)という「国土」に住んでいた「国民」であったのです。その「国土」に「日本国」の「日本人」が侵略したのです。アイヌ・モシリがアイヌ民族固有の領土であったことは、この地の高い山や大きな川はもちろんのこと、どんな小さな沢でも小さな沼でも、すべてアイヌの言葉で名づけられていることでわかります。

わたしたちの「国土」に和人は何百年も前から渡ってきていましたが、本格的に全面的に「侵略」したのは、今から百十年ほど前の明治になってからです。「北海道旧土人保護法」などという法律は、わたしたち狩猟民族としての基本的生活権——どこでもいつでも自由に熊や鹿を狩り、鮭や鱒を獲ることができることを無視し、やせた劣悪な条件の土地を「給与」して、農耕を強制させて、わたしたちの自由をしばるものでした。また土地の「給与」という形で、土地の収奪も正当化しました。二風谷の周囲の山々も、いつのまにか日本国の「国有林」となり、その後、大財閥に払い下げられました。

これは完全なる「侵略」です。わたしは強い国が弱い国をどう侵略するのかそのやり方を知りません。しかし「日本国」の「日本人」は、先住者のアイヌの生活権を無視し、アイヌの国、アイヌ・モシリに土足でどかどかと入り込んできたことは確かです。もし「日本人」は、侵略でなくアイヌの国土を借りたというのなら、借用証、買ったというのなら、買い受け証がなければなりますまい。しかも、それには国家と国家の契約になるのですから、第三国の立ち会いも必要となりましょう。しかし、そんな証書を見たことはありませんし、立ち会いになったという国を教えてもらったこともありません。

ややや、俗には書きましたが、実際、素朴に考えて、わたしたちアイヌは、アイヌ・モシリを「日本国」に売った覚えも貸した覚えもないというのが共通の認識なのです。

とにかく、わたしの父は「罪人」にさせられてしまいました。あのとき父が流した涙は、民族としての無念の涙ではなかったでしょうか。

「罪人」という言葉で思い出すことが一つあります。わたしはあるとき、貝澤家に生まれながらなぜ萱野家へ養子なんかにやったのかと、父をなじったことがあります。すると父は、

「お前はみどころのある子供だったので、おれの姉の嫁ぎ先の萱野家にやったのだ。お前はおかげで、罪人の子、前科者の子と言われないで済んだではないか」

というようなことを話したものです。この話を聞いたときは半信半疑でしたが、もし

かすると、父は本当にそう考えてやったのかもしれません。

父に対するわたしの思い出には、楽しいものは少ないのです。酒飲みの父、夫婦仲の悪い父、あまり働かない父……。

父、貝澤清太郎は、トッカラムを父とし、てかってを母として、明治二十六年、二風谷で生まれました。きょうだいは、一番上の姉がうたあしか、次の姉がうもしまてっ、三番目の姉がうもん、そして父です。父は明治二十五年創立の二風谷小学校を、明治三十五年の第四回卒業生として修了しました。「日本式」教育がさかんに行われていた時期で、学校では日本語を熱心に教えられました。学校では日本語、家ではアイヌ語と、二重の言語生活をしていたわけです。

明治四十一年に二風谷小学校を卒業した二谷善之助さんに聞くと、日本語をよくおぼえない子は、用便を先生に申し出ることができなくて、そのままもらしてしまって泣き出したとか、日本語の数の数え方を何回教えてもわからないので、先生が「馬鹿者」と言ったら、それが数の言葉かと思い、生徒も「バカモノ」と真似をしたとかの、笑うに笑えない話があったようです。

父は当時の修業年限の四年生で小学校を卒業すると、数年間、祖父の狩猟や畑仕事を手伝っていた。そのうち、隣りの貝澤鉄造という人と一緒に、樺太（現在のサハリン）へ熊獲りに渡ったようです。しかし思うような猟がなく、帰りが延び延びになり、満二十歳の徴兵検査まで樺太にいました。

帰ってきて検査を受けると甲種合格。札幌の月寒《つきさっぷ》歩兵第二十五連隊に入隊しました。

多少の読み書きができ、狩猟民族としての敏捷性も身につけていたためか、兵隊としてはまあまあの成績であったようです。

「相撲は二十五連隊で一、二番、二年の軍隊生活を終えて除隊するときに善行証書（と聞いた）をもらった」。それが父の自慢で、いつもその話のおしまいで、「嘘だと思ったら、平取に行って同年兵の平村一郎に聞いて来い」と言うのでした。

しかし、父は、昭和七年ごろの鮭密漁のかどで逮捕されて以来、だんだんと酒に溺れるようになりました。そして余り働くこともせず、飲み代のため祖父が持っていた馬を売り、祖父母が苦労して建てた倉を二十円で隣りの貝澤清八郎さんに売り払いました。

かつてこの倉にはひえ、あわが穂のまま溢れるほど蓄えられていました。祖母てかっては、息子のていたらくによって、倉が隣りの家の土地に引っぱられてゆくのをみて泣いたそうです。わたしがものごころついたとき、この倉を貝澤宇吉さんが住居として住んでいました。

ところでこの倉は、明治四十四年に二風谷小学校の改築工事に来たシャモの大工有田浅治郎さんが建てたものです。それは土台付き（アイヌ建築には土台がない）で、三間（約五・四メートル）×四間（約七・二メートル）の大きさでした。わたしの祖父以外にも二風谷では何人かの人が有田大工に倉を建ててもらったそうです。わたしが小さいころに見た記憶のあるのは、二谷国松さん、貝澤元吉さん、貝澤ウエサナシさん、それに祖父のものだったものと計四棟です。もっと他にあったのかもしれません。この有田大工は家族で二風谷に住むようになり、わたしも子供のころ見たことがあります。

子供のころといえば、日本に帰化して診療のかたわらアイヌ研究のため昭和五年から十七年まで二風谷に滞在したニール・ゴールドン・マンロー先生は、わたしが祖母の手を引いて先生の家に遊びに行くと、

「清太郎さんはいい人だ。だが焼酎《しょうちゅう》飲む。焼酎はウェン・カムイ（悪神）だ。おとなになってもお酒を飲んではいけません」

といい聞かせてくれたことがあります。わたしは子供心に、おれはおとなになっても酒飲みにはならんぞ、と心に誓ったものです。

父は私の母と結婚する前、二風谷のある娘と結婚したことがありました。しかし子供に恵まれなかったため、その人と別れ、私の母と一緒になったのです。

母、はつめは門別村の山門別の門別助六の次女として、明治三十二年五月十四日に生まれました。母は、父清太郎が大酒飲みとは知らずに結婚したそうです。結婚してみると、夫は大酒飲みで働かない。母は今日は実家へ帰ろう、明日は逃げようと思いながら暮らしていましたが、そのうち長兄が生まれる、次兄が生まれる、それにわたしも生ま

れるで、別れることもかなわずに一緒の生活をつづけてきたと述懐したことがあります。

父の生業は何であったのでしょうか。確かに狩猟は好きでよく出かけましたが、それで生計をたてたということはなかった。父は天塩《てしお》の遠別《えんべつ》と樺太とで熊を十四頭獲ったと言っていましたが、わたしがものごころついてからは獲ったのは一度も見ていません。

父はよくいたち獲りの罠《わな》を仕掛け、その罠の見回りをわたしたちにやらせました。今朝はどこそこの罠にかかっているはずだから早く行けと父に言われて、霜柱をざっくざっくと踏みながら走って行ってみると、必ずいたちがかかっているのでした。

どうしてわかるのかを尋ねると、父は笑いながら、神様がこっそり教えてくれるのよ、と言うのです。あとで、本当は夢でわかる、お客が来た夢、それも女の客が来た夢なら間違いなくかかっていると教えてくれました。

いたち獲りの餌に一番いいのは、秋遅くの小沢の薄氷の下にいるどじょうやかじかでした。いたちの皮の値段は、昭和十年ごろで一枚二円か三円であったように思います。米一升が二十銭から二十五銭の時代ですから、いたち獲りも少しは生活費の助けになりました。

雪がちらつきはじめると、父は兎の罠を仕掛けました。兎の罠の見回りも私の役目でした。この罠はヘピタニ（自らはじける木）という方法で、兎の通りそうなところへ、根元の太さが四、五センチ、長さ二メートルぐらいの柴の木を土地に深く差します。そして、その先端のほうを撓《たわ》めて針金の罠輪を縛りつけ、土中に打ち込んである棒杭にそっとひっかけておきます。ひっかけられた罠輪の高さは、土からおとなのにぎりこぶし一つぐらいのものでした。兎が罠輪にかかると、柴の木がはずれて、兎の前脚が宙に持ち上がります。あまり柴のしなりが強いと、兎の体全体が宙に浮き、そうすると罠輪が切れてしまいます。兎が後ろ脚を地面につけてもがくぐらいの強度がちょうどよいのでした。

兎の皮をはぐとき、忘れてはならないことが一つあります。兎は脂の少ない動物で、皮下脂肪が全くといっていいほどありません。ただ一か所、前脚の付け根のところに、人間の小指の先ほどの脂肪の塊がぽつんとあるのです。父はその小さな塊をおおげさに両手いっぱいに受け、二度、三度と礼拝し、

「兎の神様、脂肉をたくさん背負ってきて、ありがとうございます」

とお礼を言うのです。すると兎の神は、それを本気にして喜び、何度も何度もアイヌのところへ兎をよこすというわけです。

いくらぐうたらの父でも、狩猟民族としての精神は忘れていなかったのです。

兎の肉は煮て食べたり、生ゆでにして干して保存しておいたりしました。頭のところは目玉だけを取り除き、丸ごと煮ます。そしてわずかに付いている肉をきれいに削り取って、本当に骨だけにして、その頭骨を美しいイナウ（木を削った祭具）でつつみ、イ

ナウをまるめて目として入れ、舌をつけ、長い耳をぴーんと立て、生きた兎のようにしつらえます。

その頭は、しばらくの間、母屋の上座の窓のところへぶら下げておき、のちに外の祭壇にもっていって、神の国へ送り帰すのでした。

昭和十年ごろ、父が天塩の遠別に狩猟に行って帰ってきたとき、荷物の中からたくさんのヘチャウェニが出てきました。ヘチャウェニというのは、熊を獲る仕掛け弓の部品のことです。これと矢さえあれば、あとは山で弓材を伐って、すぐにも仕掛けをすることができます。私はこのときはじめて、ヘチャウェニを目にしました。

父は狩猟のほかに山子《やまご》の仕事もしました。刃広という鉞《まさかり》で、鉄道用の枕木削りや家の建築の材木を削るのが上手だったそうです。また造材人夫や木材搬出の道付け人夫などもやったようです。

昭和十三、四年ごろは、春になると千島のほうへ日魯漁業の漁夫として雇われて行きました。二月の末か三月ごろ、親方が支度金（前金）と称して、五十円とか百円を置いてゆく。父はその金を飲み食いして使ってしまい、雪が消えた五月になると千島へ出発するのです。九月末には帰って来ましたが、それほどのお金を持ち帰った様子はありません。

その当時、この種の仕事にかなりの数のアイヌが募集されて行っていたものです。冬から春先にかけて、一番お金の困っている時期に、前金をちらつかせて、募集されていたようです。時代が変わって多少の給料はもらったにせよ、祖父たちが厚岸に奴隷として連れられていったことと大差がなかったのではないでしょうか。

父はやっぱり鮭漁が好きだったのかもしれません。密漁で逮捕されながらも、家にいるときは鮭を獲ってはわたしたち子供や近所の人たちに食べさせてくれました。

鮭が網にかからず、まるがに（丸蟹）がかかったことがありました。すると父はそのまるがにを紐で軽くしばり、柳の木につなぎ、次のようなことを話すのです。

「お前は川の神の召使いだ。川の神と話ができるはずだ。川の神に鮭《あきあじ》をアイヌへ贈るように話しなさい。鮭は、わたしども目に見えるアイヌだけが食べるものではない。火の神やその他の神々も一緒に食べるものです。鮭が獲れなければ、アイヌも神々もお腹をすかして困るのです。鮭が獲れるように神に話してくれなければ、紐をほどいてやらないぞ」

そういうお呪《まじな》いをすると、不思議に鮭が網にかかるのでした。そして鮭が獲れると、父はまるがにの紐を解いて川へ放してやりました。

普通、まるがにが網にかかると、アイヌは今夜は駄目だ、と言って帰ったものです。ところが、その縁起の悪いまるがにを相手にしゃべっていた父は、あるいは本当に神と話をする力を持っていたのかもしれません。

父は、山を歩きながらも思い出したように、ぽつんと一言《ひとこと》、「昔は土地の境界なんてものはなく、木が必要であれば山の神に、この木を何々のために使います、どうぞアイヌにおさげ渡してください、とイナウとお酒を捧げてお祈りすればよかった」という話をするのでした。

著者の父、貝澤清太郎（昭和26年）

また、山を歩くときは大声を出して騒いだりして山の神を驚かせるものではない、と私に教えます。川辺や沢の縁を歩いても、必要もないのに石を動かすな、魚釣りの餌を取るために起こした石も元のように座らせておくものだ、と話して聞かせます。今から思えば、父は狩猟民族の精神を身につけていたことがよくわかります。
しかし、日ごろの父は酒飲みが災いして、しかも農耕が好きでないというので、貧乏暮らしです。

したがって、アイヌ風習の大切な行事がある場合でも、たいてい二番手か三番手の役しか回ってきません、そのことを自分でわかっていながら、毎日酒に溺れる人でした。

昭和十二年、小平にいた父の従姉の貝澤とまあっの夫で、静内から来ていた月元《つきもと》という人が、川で溺れて流されてしまいました。春先の雪が解けて水量が多いときだったので、死体がみつからず、とうとう遺体のないまま葬式を出すことになったのです。

遺体がないときの葬式のやり方は、死んだ人が生前身につけていた衣裳に蒲草《がまくさ》を詰めこんで、人形、死人そっくりの人形をつくって、本物の遺体と同じように右座のやや下座にそれを安置します。そしてあとは本式の葬儀をとりおこなうのです。

死んだ月元さんは静内の人でした。静内のほうから大勢のアイヌが弔問に来ますから、こちらの代表として、小平に住んでいた鹿戸三助（アイヌ名、ヨンケ）という人が選ばれました。

ところが一回目の弔問客を応対したあと、こちら側の代表の三助さんは、その夜、地元のおもなアイヌを集めて相談しました。静内から来た弔問客は今日来た人だけでも雄弁ぞろいだ、年寄りの自分だけではとても応対できない、二風谷の貝澤清太郎を全面的な責任者にしてほしい、という趣旨でした。

父はこの時はじめて村の代表として、他から来たアイヌと対したのでした。その日の父の張り切り方に、小さな私も頼もしく思ったものです。わたしは父に連れられて一緒にこの葬式に行きました。人形を作って行った通夜の次の日で、ウニウェンテという儀式の日でした。

このウニウェンテは、病気などで死んだときなどは行いません。つまり変死したときにかぎり行われるものです。ウ（互いに）、ニウェン（猛る）、テ（させる）、すなわち「お互いに夢中になって腹をたてる」という意味です。

たとえば、このときのように川で溺れ死んだ場合は、川の神に向かって、あなたが油断していたからこのような犠牲者が出た。これからはこのような事故がおこらないようにしなければいけませんぞ、とアイヌが川の神を叱りつけるのです。あるいは火事で焼け死んだ場合は、火の神を叱り、山で熊に襲われて死んだ場合は、熊の神はもちろん、山の神まで叱りとばすということになります。

わたしたちアイヌの世界では、人間と神はあくまでも対等です。神に絶対的な力があるとは考えていないのです。

小平の貝澤とまあっ宅の東側外の祭壇近くで、家をはさんで、西のほうには静内から来た弔問客三十人ほど、東のほうには弔問客を迎える地元の人四十人ほどが並んでいたでしょうか。その人たちは男を先頭に女の人が後ろについて一列に並びます。列の一番前には、村の代表者、口上を述べる人が立っています。すなわち、わたしの父は地元の人の列の先頭にいました。

身なりは、男も女も刺繡した着物。男は刀を肩から身体の前にさげます。葬式なので普通の儀式のときにかぶるサパンペという冠はつけません。女はタマサイという玉かざりを首から胸に下げ、長さ九〇センチ、幅三〇センチほどの黒布をそのまま二つに折り、頭の後ろ側で一結びして、はじを背中のほうへだらりとおろします。そして、左手には杖を持ちます。

双方がそろうと、父は刀を抜いて右手に持ち、ウォホホホホーホイと掛け声をあげて、一歩片足を踏み出します。すると女がそのあとで、ウォーイと応えて足を一歩出します。男たちがウォホホホホーホイ、女たちがウォーイ。この声を交互に発しながら、一歩一歩祭壇の前まで進んできます。

そして喪主のところまで来ると、行進を止め、ウケウウェホムス（お互いにねぎらう）をしながら、一言しゃべるごとに右足を踏みしめます。父は一言ごとに、刀を持った右腕を屈伸させて土を踏みしめるので、地面が足首ぐらいまでへこんでいました。

その父の動作に合わせて、父の後ろに連なる男たちも刀を抜いてもった右手を前につき出し、土を踏みしめます。女たちは左手に杖を持って、男が刀を前に出すのに合わせて、女も右のにぎりこぶしを前へぐっと突き出しながら細い声を出します。これはペゥタンケといって独特の発声音です。危急を知らせるときなど本気でペゥタンケをすると、四キロ先までも聞こえるのです。

女の人の動作も迫力のあるもので、アベツ沢のもねおばさんが、左手に杖を持ち、身体をぐっらと後ろに反《そ》らせて、きつく握ったこぶしをぐっと前に突き出す姿は、悪魔も突き飛ばしそうな力がみなぎっていました。

先頭に立っている父が、一つ言葉をいうと、女たちがウォーイと応えます。

ワッカウシカムーイ（水の神）　ウォーイ

エコロイウォロター（その庭で）　ウォーイ

タパンペネノー（このように）　ウォーイ

チカトゥウエンテー（恥ずかしい思い）　ウォーイ

ウアンロッカトゥー（することは）　ウォーイ

と長々と続くのです。これがいわゆるウニウェンテの儀式なのです。

この語句はすべて即興でやるもので、やはり相当の雄弁でなければこの役はつとまりません。日ごろ尊敬できない父でしたが、この日ばかりは、おれのお父っざあんは偉い人だと、子供心にちょっぴり自慢したい気持になったものでした。

その日、暗い夜道の帰途、父は静内の人の言葉の節《ふし》はこうであった、などと大きな声で真似をしながら、愉快そうでした。このときの父の年齢は四十になったばかりです。

父はやっぱり、アイヌ・パウェト（アイヌ風の雄弁家）だったんだなあと思います。

出稼ぎ少年の青春

食べるに困り、着るに不自由な生活をしながら小学校へ通っているよりも、早く学校を終えて働きに出たい、ただそれだけを考えながら学校へ行っていました。

わたしは昭和十四年三月、二風谷小学校の第四十回卒業生として学業を修了しました。経済的にゆとりのある家の同級生の何人かは、平取にある高等小学校へ行きましたが、わたしは高等科に行きたいとは少しも思いませんでした。いや、はなからあきらめていたのかもしれません。

その年の四月十日、卒業してわずか二週間ぐらいしかたっていませんでしたが、わたしは造林人夫として山の飯場へ出かけました。飯場に行く前に、山で働くのに必要な地下たび、弁当箱などを近くの雑貨店から伝票で取り、自分が寝るふとんを背負ってわが家を離れました。このときわたしは満十二歳でした。小学校を終えたばかりの子供などに山の仕事がろくにできるはずもないのに、わたしを含めて五人の同級生が飯場に出かけました。貝澤建二郎、貝澤敬二、貝澤常雄、二谷惣三郎、それにわたしです。

最初に行った飯場は、二風谷からそう遠くないカンカン沢の上流にある、浦河《うらかわ》営林署の造林飯場でした。飯場は幅三間（約五・四メートル）、長さ三〇間（約五四メートル）ぐらいの細長い建物で、べに柾で屋根をふき、三分板一枚で囲まれていました。建物の中央には幅六尺（約一・八メートル）の土間が向こう端まで通じ、その両側にむしろが敷いてありました。そのむしろ一枚が一人分の寝床となるわけです。

長い土間の二、三か所に焚火があって、何人かずつが、濡れ物を乾かすとか、身体をあたためるとかしていました。

飯場で、身分なんて大げさなものではありませんが、「浦河営林署造林人夫、萱野茂。日給一円三十銭」と書かれた辞令めいた紙をもらい、うれしかったものです。

それを渡してくれる営林署の職員は薬袋《みない》亮三という人で、人夫はその人のことを「旦那さん」と呼んでいました。

最初にやったのは「根踏み」といって、前年の秋に植林した苗木の根元の土を踏み固める仕事です。冬の間に土が凍って苗木の根元の土が盛り上がり、木が不安定になっているのを直すわけです。これは、わたしたち子供ぐらいの体重がちょうど適しているらしい。松苗の高さ二〇～三〇センチに伸びた芯を指先で軽くつまみ、根の周りに両足をのせ、土をぎゅっ、ぎゅっと踏みしめます。

その作業のいでたちは、はんてんのような着物を着て、腰に鉈《なた》を下げ、脚にはやまつききゃはん、それに足には、ゴムの部分に光る黒いエナメルを塗った新しいゴムの匂いのする地下たび……。それはわたしの子供のころからのあこがれの姿でした。

仕事の時間は朝五時半から夕方五時半まで。九時に十五分の休憩、昼食時が一時間、三時に十五分間の休憩、正味十時間半働かされました。

食事は白い米の飯で、これはたいへんおいしかったものです。しかし味噌汁は、いわゆる「鏡汁」、お菜などが入っていないので自分の顔が味噌汁のどんぶりの中にはっきり映るという次第です。この食事代は一日二十七銭でした。おかず代は全部個人持ちということで、飯場では副食物はいっさい出しません。出したとしても生味噌ぐらいです。これでは体力をなくし、病気になるのはあたりまえでした。

わたしの村の貝澤茂《も》兵吉《へいきち》という人が、造林人夫に行って病気になり、今はの際に「おれは造林人夫に行って病気になった。息子たちは絶対に造林をやらせるな」と妻に言い遺した。その後息子の輝道が親の遺言の戒めをやぶって造林人夫に出たところ、その息子も病気になり、やがて死んだという事実をわたしはみました。

わたしは、小学校を終えたばかりの子供のくせに、味噌汁にだしこを入れてほしい、当時鰹《かつお》のけずりぶし（生きのいい鰹の絵が書いてある宝舟の印のけずりぶし）が一箱二十七、八銭でしたので、三十人いる人夫が一人一日一銭多く食費として出せばそれはかなう、と提案したのです。

ところが三十人もいるおとなは一人もわたしの提案を聞いてはくれず、子供のくせに生意気言うなと叱るだけでした。

飯場の病気、それは栄養失調からくる肋膜炎、そして肺結核でした。誰かが胸が痛いなどと言い出すと、あとでその人がいないところで、おとなたちは、

「あいつもとうとうハイケッカク、さようならか」

とささやき合うのです。当時結核になったということは死刑の宣告そのものでした。そんな飯場仕事などやめてしまえばいいではないかと思いましたが、アイヌのおとなにしてみれば、家には食い盛りの子供がたくさん待っているし、まして仕事のない時代でもあったので、子供のわたしが考えるように、そう簡単に飯場仕事を辞めるわけにはいかなかったのでしょう。

わたしは、そういう病人を見て恐ろしくなり、造林の仕事はいつまでもしないぞ、と思うようになりました。

さらに、わたしが造林をきらうようなことがありました。

苗木の根踏みが終わり、苗木の植え付けの仕事を言いつけられたのです。その植え付けは、おとなも子供も一人一日、三百五十本がノルマでした。朝、四年生、五年生の苗木の三百五十本を背負うと、わたしたち子供よりも背負った荷物のほうがずっと大きく、苗木に足が生えて歩いているように見えました。

営林署の人は、一反（約一アール）に三百本植えろといって、反別に合わせて苗木をよこします。山のことですので、平地とちがって、岩石もあるし、太い根っこもあるし、署のいうような数の苗木を植えることは絶対にできません。苗木が余ってどうにもならないのです。

するとおとなたちは、肥料にするのだとか言って、植え付けの穴を深く掘り、署の人がみていないときに、苗木を二、三本埋めて、その上に一本を植えるという始末です。四年も五年もかかって育てた立派な苗木を、なんてもったいないことをするのだろうと思いました。

かといって、真面目に植えようとすると、おとなから叱られます。そしてわたしの袋の苗木はさっぱり減りません。わたしも仕方なく「肥料にする」ことを覚えるようになりました。

しかし、おとなに対する不信感はますますつのり、ほんとうに造林の仕事がいやになりました。

その後この飯場では、下草刈り、民有林と官有林の境界の防火線刈りなどの仕事をやらされて、秋になりました。わたしはこの昭和十四年の「夏山」だけで、造林人夫は辞めてしまいました。

こんどは一人でできる仕事をするようになりたいと思い、山子《やまご》（木こり）の弟子に入りました。親方は、叔母の連れ合いの小石川清吉さんという人です。場所は門別川の上流のハトナイ沢でした。

山子の仕事は、自分で好きなだけ、思いのまま働くことができるので、とても楽しく仕事を覚えたものです。最初は、太い丸太をたまぎりにすることからです。それから鋸《のこぎり》の研ぎ方、そして、木を根倒しするときに、倒すほうの下側を鉞《まさかり》で削り取るうけという方法など、清吉さんからは山子仕事のいろはを教えてもらいました。

この山子の弟子生活は、昭和十四年の秋から十六年の春まで一年半ばかりつづきました。鋸研ぎはだいぶ上手になりましたが、まだ一人前ではありません。

この間、わたしはたいへん悲しいことを経験しました。昭和十五年七月二十一日、次兄の幸雄が肺結核で亡くなったのです。小学校にもろくにやらされず、小さいときから一家の生計を助けて苦労したのですが、それに報いられることもなく死んでしまいました。享年二十一。

また、この十五年の三月と四月の二か月間、山に雪があって山子の仕事のできない時季、わたしは姉のとし子と、二風谷を遠く離れた日本海側の留萌《るもい》の鰊場《にしんば》へ働きに出かけました。鰊場といっても海へ出るのではなく、港の北にあった「文《かねぶん》橋本」という、みがき鰊の製造工場で生鰊《なまにしん》を加工する仕事でした。

途中、姉が病気になり先に二風谷に帰ってしまいましたが、わたしは雇いの期限いっぱいまで働いて帰りました。満十三歳でした。

このころ、わたしはたった一か月ではありましたが、他人の家の飯を食べたことがあります。家の近くの沢にいたシャモの家に住み込み、馬追いの仕事をしたのです。ところがその家のお爺さんがとても意地悪なのです。

食事どき、一膳目が終わり二膳目のおかわりをしようとすると、その爺さんはやかんを持って立ち上がり、しわがれた声でわたしと同じ年齢のNという孫に「Nや、お湯にせんかい、N、お湯にせんかい」と言いながら、やかんをわたしのほうへまわしてきます。わたしはお腹をすかしていますから、二膳目のご飯を催促するのですが、三膳目は爺さんのやかんに寄り切られてしまいました。

毎日毎日、食事のたびに、あのしわがれ声で「Nや、お湯にせんかい、お湯にせんかい」です。わたしはいやになったので、さっさと帰ってきました。

たった一か月間ではありましたが、他人の飯の硬さを思い知らされ、やっぱりがんばって親方になるぞ、と決意をあらたにしたものです。

昭和十六年春、家に帰ってきたところ、北海道庁が測量人夫を一人ほしいといっているのを聞きました。この仕事は山奥の原始林にわけいって、官有林と民有林の境界線をはっきり測量するという仕事です。雨が降って仕事を休んでも出面賃一日二円八十銭がもらえるというので、わたしは山子の弟子をやめて、測量人夫となりました。測量のチ

測量人夫時代の著者、16歳（右端）。中央着物姿が菅原氏

ームは、道庁から来た職員で二十五、六歳の菅原勇という士官学校出の少尉の人、それに名前は忘れましたが、村井さん、藤島さん、福島さん、坂本三太郎さん、わたしの計六人でした。

行った場所は新冠川《にいかつぷ》上流のヌカンライというところです。この辺は斧《おの》を知らない原始林が広がっていたところで、測量人夫が山に入るにも足だけが頼り、全員、山で寝る天幕などの寝具、米や味噌などの食糧、それに沢でいわなややまめを獲っておかずにするための釣道具も持って行きました。

道案内は坂本三太郎というアイヌの人でした。坂本さんは秋から冬にかけて新冠川の上流の山で狩猟をする人で、よくそこの地形を知っていたのです。村の人は坂本さんを、三太郎アチャポと呼んでいました。アチャポとはアイヌ語で小父さんという愛称です。

仕事は、林内線といって、官有林の中の沢から峰まで、峰から峰までというように、見通しをつけて伐りひらき、その中に測地標示用の杭をたて、それに赤ペンキを塗ることでした。もちろん、その官有林の面積をはかることはいうまでもありません。

わたしはこの測量人夫の仕事を昭和十六年の五月から十月、十七年の五月から十月と、二夏十二か月つづけました。この十二か月の体験は、アイヌ民族の一人として貴重なものでした。それまでにも、父からいろいろなことを学んでいましたが、この十二か月で、狩猟民族アイヌ心得のようなものを教わったのです。

教えてくれた人は、坂本三太郎こと、三太郎アチャポです。教えてもらったことを思いつくまま書いてみましょう。

大量に獲った鱒《ます》の運び方。新冠川の上流には八月末、鱒がたくさん遡ってきます。それを獲るときは、沢尻（下流）のほうからはじめて、獲った鱒は沢縁に置いて、だんだん上流にのぼる。必要なだけの数になったら、山ぶどうのつるを一本切って、そのつるに先刻獲ってある鱒の鰓《えら》を通して、沢の中を引っぱって歩く。そうすれば一人でも三十匹や四十匹の鱒を運ぶことができる。もし鱒を一人で背負ったとすれば、せいぜい十匹ぐらいのものだ。

産卵のためほりを掘っている鱒は、背中にふれるとばしゃっと逃げるが、腹のほうなら触っても逃げない。両手に軍手をはめ、指を広げて鱒の腹の下に手をやり、掬うようにして岸へ放り上げる。

秋も深まって産卵を終えた鱒、ホッチャリは、沢辺にたくさん上がってくる。熊はホッチャリの身は食べないで氷頭《ひょうず》（鼻の上で軟骨があり脂があるところ）のところだけを一口ずつ、がぶりがぶり食って歩く。産卵を終えた鱒は氷頭の部分にしか脂肪分がないのを熊は知っている。氷頭だけがなくなった鱒をたくさん見たら、熊に注意せよ。

山で野宿する場合、寝小屋をつくるには葉のついた松の枝がいい、蕗の葉に草そてつがいい、桂《かつら》の木の皮がいい。その小屋はこうして作る。

木が下を向いて倒れているところには、夏でも冬でも野宿小屋は作るな。そのようなところは冬に雪崩《なだれ》のあったところで、雨のときも危険だ。

山で迷ってお互いの名前を呼び合うときは、三太郎とか、茂とか本当の名前を呼ぶな。化け者が、三太郎や茂に化けてくることがある。そういう時は、カッチー、カッチーと呼び合うものだ。

（カッチという言葉はアイヌ語にありません、沢の終点の峰に近いところを意味する山で働く人特有の符丁なのかもしれません）

このほかアイヌ独特のマレプという魚獲りの鉤《かぎ》の使い方など、いろんなことを三太郎アチャポからおそわりました。

ある日のこと、三太郎アチャポは冬期に使う彼の狩り小屋にわたしを案内したのです。狩り小屋はヌカンライ沢の沢口の向かい側、つまり新冠川の左岸にあり、屋根も囲いも桂の木の皮でつくられていました。その小屋のすぐ傍に、かなり幹の太い一本のあかだもの木が立っていて、その太い幹の根元が、一メートルぐらいのうつろになっています。坂本アチャポはその前に私を連れていって、食べ物がなくて困ったときは、このうつろの中をさがせ、中には精白にしたひえを入れた一升びんを何本か隠してある、びんの口はロウソクをたらして密封してあるから湿気が入っていない、これを食べれば何日間は生きのびられる、と言うのです。

そして最後に一言、「お前はアイヌだから教えたのだ。このことは誰にも話すな」とつけ加えるのでした。わたしは、狩猟民族の心得、作法みたいなものを教えていただいたような気がして、心から感謝して、うなずいたものです。(わたしはその後、三太郎アチャポの大切なびん詰めのひえのお世話になることはありませんでした)

山で羆《ひぐま》を見たのも、この測量人夫のときでした。昭和十六年九月三日、人夫頭の村井さんと昼食後の午睡《ひるね》をしていると、村井さんがわたしをゆり起こすのです。

「茂、茂、熊が来た……」

まさかと思って、むっくりと上半身を起こすと、真正面のほんの七、八メートル離れたところに、羆が一頭、えぞ松の幹に片方の前脚をかけるようにして立って、こっちのほうを見ているのです。

山奥なので熊がいることはわかっていましたが、まさか目の前に現れるとは思いもしないことです。人声や物音が聞こえると、たいてい熊のほうからよけてくれるのですが、その時は、あいにく二人とも午睡をしていて、人声も物音もさせていなかったから、熊が私たち人間に気づかなかったわけです。熊にしてみれば、自分の通り道に見知らぬ者が寝ているので、いぶかしく思って立ち止まって見ていたのでしょう。

羆を見た瞬間、ああめんこい（可愛い）ものだ。セパード犬の顔に似ていると思いましたが、この熊が人間をたたき殺すことができる、食い殺すこともできる獰猛な動物だと考えた瞬間、腰が抜けた（座っていたから腰が抜けたわけではないのですが）ようになりました。

そのうち、じいーっと、こちらを見ていた羆は、立ち木にもたせていた前脚をそっと放し、やぶのほうへ、がさっ、がさっと、入って行きました。

しばらくの間、村井さんとわたしは物も言えないで震えていましたが、ようやく顔を見合わせて、ああ助かった、と目と目でうなずき合ったのです。

わたしは昭和十四年から三十四年までの二十年間、山子の暮らしをしてきましたが、山で羆に出合ったのは、後にも先にもこの一回しかありません。

そして、この測量人夫をしていた時期にまた悲しいできごとにあいました。それは病気をしていた長兄勝美の死でした。兄が死んだのは昭和十六年の九月二十七日でしたが、山に入っていたわたしが、兄の訃報を聞いたのは十月の半ばごろでした。次兄のときもそうでしたが、わたしはこのときも兄の死に目に立ち会うことができませんでした。一年前の七月に、肺結核で次男を失ったばかりの父と母は、一年二か月で長男を同じ病気で亡くしたのです。二人の息子に先立たれた父母の嘆きはいかばかりであったでしょう。

長兄勝美は、昭和十三年の徴兵検査で甲種合格、昭和十四年夏、旭川第七師団に現役入営、すぐに中国大陸に派遣されました。そして十四年から十六年の春まで中国の戦地にいるうちに結核に罹り、内地へ送還されてきました。そしてそのまま治療生活をつづけましたが、とうとう治らずに亡くなったのです。享年二十五でした。

長兄が死に、次兄が死に、結局、三男のわたしが長男がわりとなって、籍はそのままにして貝澤家の跡を継ぐことになりました。

長兄の死後あわただしく、わたしの一家は木炭《すみ》焼きに行ってみようということで、死んだ兄の友達であった佐藤菊太郎さんを頼って、長知《おさち》内《ない》沢の山へ入りました。二人の息子の治療に要した費用で、一家の生活はたいへんになっていましたから、家族みんなで働けば、食うには困らないといわれて木炭焼きに行ったのです。

わたしは十七年の夏は測量人夫に出ましたが、小さい弟たちだけでは一家の木炭焼きは大変だろうと思い、秋からは一家に合流し、本気で木炭焼き仕事に励みました。

そのころの木炭の焼き賃は、八貫（約三〇キロ）詰め俵一俵が一円三十五銭だったと思います。二間（約三・六メートル）×三間（約五・四メートル）の炭窯から、一回に五十俵前後をつくりましたが、一か月間に二窯しか焼けませんでしたから、一か月の焼き賃は百三十円ぐらいです。しかし、一か月に二窯を焼くことはたいへん困難なことでした。

昭和十六年十二月八日の「大東亜戦争」の勃発も、木炭焼き仕事をしていたときに聞きました。大砲の砲身に焼きを入れるときには木炭が是非必要とか、寒い満洲の最前線の兵隊さんは皆さんの生産した木炭を頼りにしている、などと親方におだてられて仕事をしました。

大陸帰りの新聞記者が寒い満洲の話を聞かせに来たり、池田公爵が炭窯を視察し、焼き子を激励に山までわざわざ来るなど、山奥の木炭焼き小屋にまで戦争の臭いがしてきたものです。

わたしは木炭焼きしながら、振内《ふれない》青年学校へ月に何回か強制的に行かされ、軍事教練を受けました。水泳の訓練中、園木秀雄という人が目の前で溺れて死にました。

木炭焼きには一家で行きましたので、祖母てかっても一緒でした。だからわたしの身辺にはアイヌ語が日常的に使われていました。本の好きなわたしがほの暗いランプの下で読書をしていると、祖母はわたしの名を呼び、ウウェペケレ（昔話）を聞けと言う。祖母はそのころ耳が遠くなっていたので、私が大きい声で「はい」と返事をすると、祖母はさっそく語りはじめます。そのころ、わたしは本を読むほうがおもしろかったので、祖母の話は本を片手に聞くとはなしに聞いていましたから、話が終わったのに気づかないことがありました。話が終わった時には、「ヒオーイ・オイ（ありがとう）」とお礼を言う習慣でしたので、本に夢中になって話が終わったのに気づかず、礼を言わないといって叱られたものです。

　昭和十八年の冬近く、まだ一回目の誕生日がきて間もないころ一番下の弟輝一が夜中に熱を出し、重態になりました。平取の病院までは二〇キロほどあり、今のように自動車があるわけでなく、真っ暗な山道をそう簡単に行けるわけがありません。すると父は、アイヌ風の神を作るから、えんじゅの木を伐って来い、とわたしに言うのです。子供を見殺しにするよりは、最後の手段として神様にお頼みしようと考えたのでしょう。わたしは、小学校に通っていたすぐ下の弟の末一と二人で、暗い林の中に入って行ってえんじゅの木を一本伐ってきました。直径六センチぐらい長さが四五センチぐらいのものでしたでしょうか。

　父はえんじゅの木で御神体を、柳の木でイナウを削って急ごしらえの神を作り上げ、その神様に大きな声で、輝一の病気を治してくれるようにと頼みました。

輝一は神の守護があったのか、朝には奇跡的に熱が下がり元気になりました。父が本当に真剣になって神にお頼みしていましたから、神が父の頼みを聞き入れてくれたような気がします。

耳の遠い祖母は朝起きてきて、空耳かもしれないが、昨夜遠くのほうでカムイ・オロイタッ（祝詞）の声が聞こえるようで気がかりだったと言うのです。母が、実はこうこう、こういうわけでしたと話すと、祖母は元気をとりもどした輝一を見て、「元気になってよかった」とアイヌ語で喜びました。

父は長知内で、もう一つアイヌらしいことをしました。

冬の朝、いつものように木炭用の材木を伐りに山へ行くと、前日ちゃんとしまっておいたはずの鋸《のこぎり》や鉞《まさかり》などの道具がばらばらに散らばっているのです。よくみると狐のしわざで、付近の雪の上には足跡があるばかりでなく、鋸や鉞の柄に細い歯の跡までくっきりついているのです。

その有り様をみた父は、ものも言わずにあたりから枯れ枝を集めてきて、それに火をつけました。枯れ枝が赤い炎をあげ燃えだすと、その火のそばにどっかとあぐらをかいて座り、おもむろにオンカミをはじめたのです。オンカミというのは、アイヌ特有の礼拝の仕方で、両肘《ひじ》を身体の両脇につけ、両腕を前に出し、掌《てのひら》を内側に向け、指を伸ばし、指と指をすり合わせ、掌を上へ向けてゆっくり上下させながら、アイヌ語でお祈りをすることです。

「アイヌネヤッカ　カムイネヤッカ　ウレシパネマヌプ　エペカクス　カムイイウォロソ　イウォロソカシ　コエチャッチャリ　クキシリ　オリパッラム　ココイラプ　ソモネコロカ　キキリコインネプ　クネワクイキシリネナ　イテキイルシカワ　エンコレヤン」

（アイヌであるわたしは　子供を育てるため　お金というもの欲しいがために　こうして静かな山　山のふところに入りこんで立ち木を伐り　山に住んでおられる諸々の神のお住まいや庭を荒らしていることは　本当に心苦しいことであります　けれども人間も神も同じことは　子供を育てることで　わたしにも大勢の子供がいます　その子供たちに食べ物を食べさせて　ひもじい思いをさせないためには　静かな山へ来て働かなければなりません　神よ　そのことをお考えくださって　どうぞアイヌの行為をお許しください）

父は、目の前で燃えている焚火に宿っている火の神に向かって以上のようにオンカミしたのです。それからさらに、

「神がこのようにアイヌの道具を散らかしたことは、きっと何か変わりごとの前兆をこっそりアイヌにだけ知らせてくれたものと思います。今日は仕事を休んで謹慎しますので、どうぞわたしどもをお守りください」

といいながら、散らばっている道具を集め、それを背負って、さっさと木炭焼き小屋へ帰ってきました。

アイヌは、かたづけておいた道具ばかりでなく、山で狩猟のための仮小屋などが狐に荒らされたときは、カムイ・イピリマ（神の耳うち）といって、危険なことがあるぞと、神がそっと教えてくれたのだから注意するものだと戒め合ったものです。

それから間もなく、近くの小川さんという人の木炭焼き窯の屋根に火がついて屋根が焼け落ち、窯も落ちてしまいました。父は何も言いませんでしたが、「やっぱり……」というような顔をしていました。

そんな木炭焼き生活をしながら、秋には長知内沢の奥から大川まで鮭獲りに走ったり、冬に兎を罠で獲ったり、やまどりを鉄砲で撃ち落としたりしました。狩猟民族らしい生活をすることができたのは、この長知内時代であった気がします。

しかし、肝心の木炭焼きのほうはさっぱりです。家中で真っ黒になって働いても、お金の顔を少しも見ることができないのです。親方やなんかに、上手に搾取されていたのでしょう。わたしは木炭焼きがいやでいやでたまりませんでした。

わたしの一家だけでなく、当時、どこの木炭焼きも同じような状態でした。わたしの家族はまだいいほうで、親の代から木炭焼きで生活してきた人は、生まれて以来、自分の家というものに住んだことはなく、いつも木炭焼き小屋生活だったのです。「いいね、貝澤（父の姓）さんたちは帰る家があって」と仲間の焼き子からうらやましがられたものです。

昭和十九年十月、わたしたち一家は木炭焼きをやめて、二風谷の家に戻ってきました。約三年ぶりの故郷でした。祖母の喜びようといったらなく、家の柱をさすったり、自分の寝床をなでたりして、

「ああ、よかった。これで自分の生まれ育った村で死ぬことができる」

と、涙を流して喜んでいました。

そして、その言葉を証明してみせるかのごとく、祖母はそれからわずか二か月後、昭和二十年一月四日、ふとした軽い風邪で床に就いたかと思うと、眠るように死んでしまいました。戸籍上では九十五歳でしたが、本当は百歳を超えていたらしいのです。祖母は前にも述べましたが、祖母は幼いころの私にとっては、第一級の家庭教師でした。祖母は孫の私を、アイヌ語でウウェペケレやカムイ・ユカラを話して聞かせることのできる話し相手と考えていたのかもしれません。

（しかし、祖母がわたしにしっかりと手渡してくれたものは、今になってみると、アイヌ民族の大きな宝物だったのです）

祖母が死んだ年の二十年八月、太平洋戦争も末期に近づき、すべての物資は配給制度になり、生活もたいへんな耐乏時代でしたが、村のおもだった人の努力で、二風谷には

じめて電気が引かれました。家の中にぽつんと一個ぶら下げられた裸電球に灯がともったときには、家の者は本当にうれしく思ったそうです。

そして同じ年の二月、わたしは繰り上げで徴兵検査を受けることになりました。そのときの徴兵検査官は次のように訓辞しました。

「日本は今、新兵器を必要としている。お前たちが爆弾をかかえて敵に体当たりする、それが何よりの新兵器だ。一人ひとりが新兵器になれるか、なれる者は手を上げろ」

「はーい」

わたしたちは一斉に手を上げ、新兵器になることを誓ったものです。

検査の結果は乙種合格、すぐ入営しなくてもいい予備役になりました。しかし春になると、B29の大空襲のことや、あちこちの島で日本軍が玉砕したという新聞記事が多くなり、五月末に、わたしは挺身隊に軍属として徴用されました。入隊したのは鏑《かぶら》一五三〇六部隊で、隊長は志村太郎少尉でした。場所は室蘭の北側台地、八町平《はっちょうだいら》という所の飛行場でした。そこの飛行場の人夫として徴用されたわけです。

わらじ履きかはだし、よくてもわら縄でしばったぼろ地下たびで、土を乗せたトロッコ押しです。あるときトロッコ押しの合い間に、別の仕事で輪西《わにし》の埠頭へ、わたしたち挺身隊員三十人ほどが出かけました。その途中、二、三十人の中国人捕虜が働いているところを通りかかりました。すると彼らは、わたしたちの足を指差して、笑い顔を浮かべながら、がやがや話していました。たぶん、わたしたちが履いているものをみて、日本も弱っているなと言っていたのかもしれません。そのことがあってから間もなくして、日本は敗戦となったのです。

　敗戦の一か月前、二十年七月十四日、室蘭は米軍の艦砲射撃を浴び、艦載機グラマンの機銃掃射に襲われました。その日わたしがいたのは、輪西の井の上公園内に設営中の兵舎の中でした。天気うす曇り、朝八時すぎから、ものすごい音で、どかーん、どかーんと砲弾の炸裂音が響きます。最初のうちは何の音かさっぱりわからなかったのですが、笠松という軍曹が艦砲射撃だと教えてくれました。

　わたしたちは、たこつぼと名づけられた避難用の穴に入りました。一つのたこつぼに一人入るように指示されていましたが、二人用のたこつぼを掘ってあったので、死なばもろとも、と友人の二谷宗三郎とそこへ避難しました。穴の中に向かいあって座り、毛布を折りたたんで頭にかぶり、じっと動かないでいたのです。どかーん、すさまじい音がすると、穴の土壁が膝の上にばらばらっと落ちてきます。

　下士官や兵隊が、ときどきたこつぼから出て砲弾の向きをみているらしく、大声で、弾道はこっちに向いていないがたこつぼからは出るな、と連絡してくれます。艦砲射撃は正午ごろまで続いたような気がします。

　翌日のグラマンによる機銃掃射は、作業中のことでしたが、たこつぼに逃げ込む暇もないほど急でした。ひゅーん、ばりばりばりっ、ときましたが、腰が抜けたように急には走れず、スコップを頭に当てて、柏《かしわ》の木の根元にへばりついていました。

友人の二谷惣三郎が風邪で兵舎に寝ていましたので、グラマンが飛び去るのを待って兵舎へ走りました。寝ていた宗三郎を肩にかつぎ、引きずるようにしてたこつぼへ転がり込んだものです。

波状攻撃をかけてくるグラマンに、日本軍からは一発の応酬もありません。爆音の合い間に、たこつぼからそーっと首を出してみると、井の上公園の眼下に望む室蘭港に碇泊していた日本の巡洋艦だか駆逐艦だかに、グラマンが襲いかかっています。日本の艦も迎え撃ちますが、グラマンは一機も墜落しませんでした。そのうち艦に火災が起き、煙につつまれ、井の上公園の方向からはみえなくなってしまいました。

そして八月十五日。

わたしたちはいつもと同じようにトロッコを押していました。昼すぎ、八町平の飛行場の端のほうへラジオ放送を聞きに行っていた下士官が戻ってきて、本日はこれで作業を終える、全員兵舎に帰るようにという命令です。どうしたことかと思いながら兵舎に帰っていると、外に出て整列しろということです。二百人ほどの私たち軍属を前に、部隊長の志村少尉は「日本は戦争に敗れた」という報告をし、「陛下が我々に最後の一兵まで戦えとのお言葉をくだされたほうが、どんなにうれしいことか……」と泣きながら話しました。

わたしはそのとき、まさか日本が負けるはずはない、しかし、ひょっとしたら、わたしは生きて帰れるかもしれない、と思っただけでした。部隊長の話を聞いただけでは信じられないから、あくまでひょっとしたら、と思ったのでしょう。

しかし、敗戦は確かで、翌日からトロッコ押しもせず、隊の整理にかかりました。その中で、日記を書いていた者はその日記を焼却しろ、という命令がありました。戦争の記録を証拠として残しておいては、米軍に占領されたとき面倒になるということからです。

わたしは、昭和十六年から二十年の八月十四日まで書きつづけていた日記を取り上げられ、目の前で火にくべられてしまいました。それは、造林人夫、測量人夫、木炭焼き、戦争……、苦労の連続を書きつづったものです。わたしにとっては敗戦よりもショックでした。それから約一年間、わたしは日記を書くのを中止しました。また書きはじめたのは、昭和二十一年五月五日からです。(今、わたしの半生記みたいなものを書いていると、あの日記が残っていれば、と残念で残念でなりません)

八月二十四日、毛布一枚と作業用に着せられていた軍服一着をもらって、二風谷へ帰ってきました。

戦争に敗れたことによって、わたしたちアイヌの村にもいろいろな後遺症が残りました。村人何人かの戦死、父が帰ってこない、夫が消息不明……。残された者たちの苦労は大変でした。

あこがれの親方となって

　このまま村にいても食べるものはないし、ぶらぶらしていてはどうしようもないので、造材の飯場に出ることにしました。日高町の千栄《ちさか》の千呂露《ちろろ》川にあった竹⃝木材の木幡組です。この組で二か月間働きました。

　二風谷では、自分の家の畑でひえ、あわを自給自足していて、それを主食としていましたが、戦時中、米の配給制度ができたため、米を主食にする度合いが高くなったものです。しかし、たとえお金があっても、米も衣類も思うようには手に入りませんでした。

　昭和二十一年五月、行商をしていた二風谷の貝澤政義さんがわたしを誘い、行商の品物を仕入れに函館へ行こうと言うのです。わたしは小さい弟たちに何か食べさせなければならないと思っていたので、どんな仕事でもと、政義さんに誘われるまま函館について行きました。

　行ってみると、二風谷では持っていても物がないために役に立たない衣料切符で、衣類をどんどん買うことができるのです。その中には、子供の着物、おとなの開襟シャツなど、村に帰ってみせれば喜ばれるようなものがたくさんあるのです。

この一回目の函館行きは政義さんの助手でしたが、二回目からは独立し、村の衣料切符を集め、のぞみの物を仕入れてきて、買ってもらいました。村人からも喜ばれ、わたしもお金が入り、どちらも助かったというわけです。

このころ、長い戦争ですべての物資が不足していましたから、衣類にかぎらずなんでもよく売れたものです。雨降りに着るみの、竹で編まれたざるまでもさばかれました。

わたしの行商の足どりは、沙流川筋ばかりでなく、門別川筋、そのまた向こうの川筋というふうにだんだん伸びていきました。行商範囲は広がりましたが、背負う品物が多くなるわけではなく、儲けがうんとふえるというものでもありませんでした。しかし、この仕事のおかげで、米との物々交換もでき、わたしの家族は食うことにやや困らなくなったのです。

わたしは行商をしながら、新しい家を建築する計画をたてました。昭和十九年に木炭焼きから二風谷にもどってきたとき、まず考えたのが、いい家が欲しいなあーということでした。行商で得られる金なんかしれたものでしたから、まず木材を手に入れるため、次のようなことを考えつきました。

二風谷の川向かい、沙流川右岸のタイケシ沢で木炭を焼いている山道松雄さんに頼み、木炭焼きを一日手伝ったら、その報酬として丸太を二石五斗もらうことにしました。木材一石とは厚さが一尺（約三〇センチ）×一尺、長さが一丈（約三メートル）のものをいいます。行商の合い間にせっせと木炭木伐りをやり、結局、三〇石ほどの丸太を手に入れることができたのです。

予定では昭和二十二年の秋から建てはじめるはずでしたが、その年の十一月十二日に雪が降り、十八日には三〇センチ近くも雪が積もったので、その丸太出しが間に合わず、その年の建築はあきらめてしまいました。

そして翌年、雪が解けたころから建てはじめ、五月八日に家が完成しました。屋根は萱の段葺きではありましたが、土台付きの家です。一四坪（約四六平方メートル）のこぢんまりしたものでしたが、それまでの家とはくらべものにならぬほど立派な家でした。

その日は天気晴れ。村中から出役してくれた人が約五十人。お祝いの酒は、どぶろくを二斗（三六リットル）樽で一本、配給で買い受けていた清酒を五合（〇・九リットル）ほど出しました。

お祝いのあと、家族が寝静まってからそっと起きて、完成したばかりの家に行って、ほんとうに柱にほおずりしたものです。貧しかった子供時代から夢に見た土台付きの家でした。

完成したといっても、窓ガラスが思うように手に入らず、十二枚のところを手に入れた六枚だけをはめ、あとは板を張るという具合で、畳、建具などは行商を続けながら少しずつ買いそろえたものです。家のものを全部とりそろえるまでには、それから三年ぐらいかかりました。

家具を買いそろえるために、行商以外に、小学校卒業したてのころいやな思いをした造林人夫もやりました。しかし、植林や苗木の下刈りをする仕事よりも、私の主な仕事は造林人夫の食糧集めでした。

昭和二十二年七月三日の夜の九時ごろ、貝澤前太郎、貝澤留市、そしてわたしの食糧集めの三人が、荷負小学校の前をやみ米を背負って歩いていたところ、巡査の不審尋問にひっかかってしまいました。造林飯場用の米であること、三人も造林人夫であること、この米がなければ植林や下刈りができなくなることなどを並べたて、見逃してほしいとお願いしました。

巡査は、わたしたち三人にいろいろ質問し、言っていることが嘘でないことがわかったようでした。そして「そうか、まあ、官舎の前へ行って待っておれ、あとで行く」と言って去ってしまいました。

わたしたち三人は仕方なく、米を背負ったまま官舎まで行き、夜の戸外で二時間くらい待っていました。やっともどってきた巡査はわたしたちを見て困ったような顔をして、

「アイヌって本当に正直なんだなあ。ぼくに見つけられたと絶対言うな。さあ早く帰れ

帰れ」

と言って、わたしたちを〝釈放〟してくれました。道々考えたことですが、一応摘発した以上、やみ米を見逃すわけにもいかず、官舎へ行けと言ったのは、帰れということでもあったのでしょう。

（あの巡査殿は多分偉くなり、もう定年で悠々自適の生活を送っていることでしょう。今でもバラタイ沢の右上のわたしたちが植林したとど松の林を見ると、あのときのやみ米事件を思い出します）

わたしはこのころから、必死になって山子《やまご》（木こり）の仕事をやりはじめました。一日も休まず現場に出て働き、一番ということではありませんでしたが、三番、四番の石数を伐り出したものです。酒もたばこもやらず、真面目に働いたので、仲間からも信用され、親方からも目をかけられるようになりました。もしかすると、小学校のころにあこがれていた「親方」になろうと必死だったのかもしれません。

そして、昭和二十四、五年ごろ、人夫の数はわずかでしたが、「萱野組」という孫請けの組をつくりました。

孫請けと親方との間で、伐採単価、食事、風呂などの待遇改善の交渉の場合、たいてい代表にえらばれたものです。

小さいながらも組の親方となったわたしは、そろそろ自分の身を固めねばと思い、嫁さんをもらうことにしました。

しかし、兄二人が結核で死んでいるので、肺病の家系といわれ、父が評判の大酒飲み、それに家族が全部で八人（父、母、姉、私、末一、留治、ミヤ子、輝一）。どれをとってみても、嫁さんをもらうのにいい条件はありません。しかしそれでも嫁に来てくれるような人と思っていました。

たまたまわたしの家の隣りに嫁いできたあさのさんの妹で、二風谷にほど近い、戦後開墾されたカンカン地区に住んでいた二谷れい子にめぼしをつけました。

二谷れい子は、二風谷村の二谷善之助、はな夫婦の八人の子の六番目の子として、昭和六年八月二十七日、北海道の南にある小さな島奥尻《おくしり》島で生まれました。二風谷村の多くのアイヌがそうであったように、父善之助さんは、測量人夫として、そのときたまたま奥尻島で働いていたのです。

母親は、れい子が十歳のとき病気で死亡。そのあとは長兄幸助夫婦や三姉あさの夫婦に面倒をみてもらって育ったのです。二風谷小学校に昭和十三年四月に入学していますから、わたしとは一年間だけ同じ学校にいたことになります。

れい子は、わたしの家と同じく家族が多く、それに早くにして母を失っていましたので、その苦労はわたしに劣らぬものでした。

戦後、食糧不足であちこち開墾が行われたとき、平取村の村有地で、二風谷村に近いカンカン地区が開放され、れい子の長兄幸助が入植し、れい子も二人の弟と兄夫婦について行きました。開墾生活は、食べる物もない、着る物もないの、ないないづくしで苦労が多かったのですが、れい子は健康そのもので、はだしで畑を耕したり、砂利道の国道を歩いていました。

本人はわたしの家に嫁に来てもいいということだったので、貝澤松一さんを仲人に立て、二谷家へ行ってもらいましたが、彼女の親戚の人たちが言を左右にし、返事を春までに、秋までにといって延ばすのです。

たしかに、先に述べましたように、わたしの家にはいい条件はそろっていませんでしたし、家を建て、調度品をそろえたばかりで金もないし、働いて金をためながら、時機を待つことにしました。

そうしているうちに、昭和二十六年一月にようやく話がまとまり、結納金一万円（五千円ずつ二回で納めた）を渡し、同年三月八日二谷れい子と結婚式を挙げました。わたしが二十五歳、れい子十九歳です。式はわが家で、五十人くらいの方に来ていただいて、お祝いしていただきました。

小学校の校長であった穂坂徹《ひとし》先生から、「完成された人間はいない。茂君もれい子さんも未完成だ。それぞれ未完成の部分を補うようにして立派な家庭をつくってください」というお祝いの言葉が、その時のわたしの気持にしっくりと入ってきたものです。その金は結婚式の最大の贅沢は、結婚記念の写真代でした。当時の金で三百五十円。その金は一年ぐらいあとでやっと払いました。

わたしは結婚を契機に、本気で造材親方になるべく考えていました。式のあと五日ほど家にいましたが、新妻のれい子を残して、新冠《にいかっぷ》川上流の山奥、二十九林班の宮脇木材の仕事場へ行って働きました。そして農耕のはじまる五月中旬まで二か月ほど家に帰って来ませんでした。

著者の結婚記念写真

その間、妻のれい子は大変だったと思います。自分が嫁に来て九人となった家で、わたしの弟の面倒をみながら、農耕もしなければならなかったからです。それに夫のわたしは、その後も家にいるのは、春の畑耕しの時季と秋の収穫のときのわずかの間で、あとは造材親方としての仕事に励んでいました。

昭和二十七年春、国策パルプ旭川工場の下請けの松井組の親方から、石狩川の上流、層雲峡へ、山子を何十人でもいいから連れてくるようにと、お金を預けられました。松井さんは平取の岩知志《いわちし》の方なので、近くの二風谷のわたしにその大仕事を頼んだのでしょう。

松井さんの要求する人数には、二風谷だけでは足りなかったので、厚賀《あつが》、静内の仕事仲間、山で一緒に働いたことのある仲間を訪ね、五十人以上の山子に層雲峡行きを承諾してもらいました。

いよいよ行ってみると、層雲峡のもっと奥、測量人夫さえ迷ったという迷沢《まよいさわ》というところでした。当時、自動車が入れるのは、層雲峡の大函《おおばこ》からちょっと入った所までで、それから先は徒歩です。しかも、鋸《のこぎり》や鉞《まさかり》などの道具と寝具、それに米などの食糧も背負わなければなりません。普通の山子の道具だけならそれほどの重さにはならないのですが、パルプ材をつくるのに必要な木を割る道具をもっていったので、なおさら重かったのです。それらすべての荷物の重さは六〇キロにもなります。二回に分ければいいのですが、この遠い山道を二度歩くのがいやなばっかりに、それらを全部背負って、うんうんうなりながら、一二、三キロの険しい道を進みました。

途中、古い飯場が建っていたのを中継地にしてさらに進み、ようやく到着した目的地に持っていった天幕を張り、飯場をつくる仕事からはじめたのです。

この飯場づくりの仕事がまた大変でした。その当時の層雲峡の山奥は、全くの新山《あらやま》（斧を知らない山）で、地表に光が届かないほど、パルプ材に適したえぞ松、とど松が密生していました。飯場をつくるだけの広さの立ち木を倒すことはわけないのですが、付近の地表は光が届かず地面が湿っていて繁殖に適しているため、ぬか蚊、ぶよが群棲していました。

その蚊が襲ってくるのです。あんなに大群の蚊に襲われたことは生まれてはじめてでした。麦わら帽子の上から寒冷紗《かんれいしゃ》を被って顔を隠し、軍手をした上に腕抜きをはめて手首をしめます。それでもどこからか潜り込んでくるのか、首や手足が刺されて痒《かゆ》くて痒くてたまらない。痒いので掻こうとして軍手を脱ぐと、手が黒くなるほどぬか蚊がとまってしまう。文字通り息の詰まる思いでした。

昼食を食べようとして寒冷紗を取ると、顔をめがけて、わっと来る。楽しみの飯を味わって食べるわけにもいきません。夜は夜で、ぬか蚊が天幕に入って来ます。ふとんの綿を引き抜いて火をつけてみたり、外の青草をむしって火で燻《いぶ》してみてもあまり効果がなく、労力のむだです。一睡もできない夜が何度かありました。

飯場を建てるため、あたりの木を伐り倒して、地表にわずかな日光が当たるようになると、蚊の襲撃はいくらか弱まりました。最初のうちは、切り上げ（仕事の終わり）まで、そこにおれないのではないかと思ったほどです。

このような苦労を重ねて、やっとの思いで百人ぐらいの人が寝泊まりできる飯場ができあがりました。飯場の建材はすべてその付近で調達して作りました。木挽《こび》きは板を挽き、柾屋《まさや》は柾を割るという具合にです。

その飯場に入った人は、わたしが連れていった萱野組の人以外にも、五人、十人の少人数の組の人もいました。百人近い山子が飯場へ入り終わると、部屋頭《へやがしら》を選ぶことになります。

部屋頭というのは、稼人《かせぎと》と親方の中間にいて、稼人の要望や苦情を親方に伝えて、それを実現してもらったり改善してもらったりする。また一方、親方の要望も稼人に伝え実行してもらうように働きかけるという役目をしなければなりません。だから部屋頭は、その飯場（部屋）で最も人数の多い組の組頭、あるいは仕事に実力があり部屋の人望のある者が選ばれます。

そのときは、たまたま萱野組の人数が五十と圧倒的に多かったので、わたしが部屋頭に選ばれました。

「萱野さんを部屋頭に推薦いたします」

と発表され紹介されたとき、わたしは声をふるわせ、小さい声で、

「どうぞよろしくお願いします」

と言うのが精一杯でした。そのとき二十六歳、部屋頭にしては若輩もいいところでした。気性の激しい荒くれ男が百人もいる中で、部屋頭というのは大変な役目です。

それでも、ずっと年上の人々から、朝に、「頭《かしら》、お早うございます」、夕に「お頭、お帰りなさい」などと挨拶されると、ちょっぴりいい気分になったものです。

本格的な仕事がはじまってしばらくしたころ、他の組の喧嘩自慢をする男の中に、「あんなアイヌの若造の部屋頭がなんだ」とわたしの悪口を言う男が出てきました。それを聞いたわたしの組の人が、その男を外に引っぱり出し、めったやたらとぶんなぐりはじめたのです。わたしは暴力は嫌いなので、その人をとめました。いやなことを話しますが、当時、山飯場では暴力がまかり通ることがたびたびでした。

次の日の朝、わたしは喧嘩した者を連れて、松井親方のところへ行き、お詫びしました。なぐられた男が顔中包帯を巻かれ、目だけ出しているのをみて、本当に申し訳なく思ったものです。

そんなことがあってから、頭は喧嘩はしないが萱野組の中に強い者がいる、ということが飯場の中に知れ渡って、みんなわたしの言うことをきいてくれるようになり、わたしは部屋頭の役目を障害もなく務めることができました。そのときわたしを最もよく補佐してくれたのは貝澤常太郎さんでした。

山子同士の喧嘩の仲裁、仕事中にけが人が出たときの処置、すべて辛いことでしたが、一人前の請負師になるための勉強と思って、本気でがんばったものです。実際、喧嘩やけがはひんぱんに起こり、大けがをした人を二人担ぎのもっこに載せ、一六キロの山道を自動車が入ってくる所まで、運んだことが何度かありました。

このような体験を経て、わたしは本物の部屋頭に成長していったのでした。

先に死んだほうが幸せだ

昭和二十八年の秋であったと思うのですが、いつものように山の働き先から家へ帰って来ますと、父が最も大切にしていたトゥキパスイ（奉酒箸）が見えません。トゥキパスイは、神様へお願いごとをするときに、お酒をこのトゥキパスイの先にひたしてお祈りすると、願いが神に通じると信じられている大切な道具なのです。そういう大切なものがなくなるとは……。

それまでも、数か月家を留守にして稼ぎから帰ってくると、いろりの端で使っていた民具が一点、また一点というふうに消えているように思っていました。それが今度は、父自身が大切にしていたトゥキパスイがなくなっているのです。

このころは、敗戦後八年もたっていて、わたし自身、家を建て嫁をもらうまでになり、食うことには、それほど困らなくなっていた時期です。わたしの心にも一種のゆとりが出てきたのでしょうか。今まであまり見えなかった身辺のことが見えてきました。トゥキパスイがどうしてなくなったのかを詰問はしませんでしたが、父に対して腹だたしく思ったものです。

（今でもあのトゥキパスイの形、色、目印をはっきり覚えています。普通のものより少し幅が広く、右手で持つ部分の横三本筋のうち二本だけ残って、あとの一本は折れてなくなっている。どこかでわたしの目に触れることがあれば、即座に識別できるでしょう）

わたしはこのころ、アイヌ研究の学者を心から憎いと思っていました。彼らは、アイヌのことをよく知っている父のところにやって来ましたが、わたしはその人たちに毒づき、寝た子を起こすようなことはやめてくれ、もう来るなと追い帰したことがたびたびありました。北大のK教授などにはずいぶんかみついたものです。ですから彼らは父を訪ねるのに、息子の茂がいるかいないかを近所の家で聞いて、わたしの不在を確かめたうえでやって来たそうです。

わたしが彼らを憎む理由はいくつかありました。二風谷に来るたびに村の民具を持ち去る。神聖な墓をあばいて祖先の骨を持ち去る。研究と称して、村人の血液を採り、毛深い様子を調べるために、腕をまくり、首筋から襟をめくって背中をのぞいて見る……。

わたしの母などは、どのくらいの量の採血をされたのか知りませんが、ふらふらになって帰ってきたことがありました。そんな目にあわされるのなら行かなければいいと思うのですが、村の有力者がなんとかかんとか言って狩り出し、アイヌのほうも多少のお金をもらえるから……。

人物写真撮影というのもありました。顔の正面から横からと、いろいろな角度から撮られ、しかも囚人のように、でっかい番号札を胸につけさせられる……。

〈母の写真の中に、番号札を下げたものが一枚あります。血を抜かれ、背中をのぞかれ、そしてこの札を胸に下げさせられて写真をとられ、どのくらいのお金をもらったものやら……。なさけなさそうな顔をしたこの写真を見ていると、母の心の痛みがひしひしと迫ってきます〉

このようなシャモの学者の勝手なふるまいに、わたしはいったいこれでいいのかと、自分に問いかけてみたのです。

〈わが国土、アイヌ・モシリを侵され、言葉を剝奪され、祖先の遺骨を盗られ、生きたアイヌの血を採られ、わずかに残っていた生活用具までも持ってゆかれた。いったいこれではアイヌ民族はどうなるのだ。アイヌ文化はどうなるのだ〉

〈よし、これからは、おれがそれを取り返してみせる〉

そのように自分に言い聞かせてからは、わたしはたぶん人間が変わったと思います。

そういう民族意識のようなものにめざめる五、六年前、二十二、三歳のころ、わたしはアイヌであることをすべて捨てよう、忘れようとしたものでした。昭和二十三年二月十三日に、平取で熊送りの儀式が行われ、父がサケイユシクル（祭司）を務めました。

私は家におりながら、いそいそと身仕度を整えて出かける父を、今どき熊送りとは暇な人もいるものよ、と白い眼で見送り、あまり急ぐ必要もない薪伐りに近くの山へ行ったものでした。

(今にして思えば、千載一遇のこの日、父の晴れ姿を見に行くべきだったと悔まれてなりません)

民族意識にめざめたわたしは、まず手はじめにアイヌの民具が無料《ただ》同然に持っていかれるのを防ぐため、買い取って守ってやろうと思い、民具を集めることをはじめました。そこで、わが家の中を見回しましたが、アイヌ民具らしきものはさっぱりありません。昭和八年頃の冬に、めぼしいものは父が白老《しらおい》に売ったし、シャモの学者の出入りが多いわが家には何も残っているはずがありません。それでも、父の着る着物とイセポトゥキというあまり上等でない盃が数個残っていました。

買うぞ、と心に決めて最初に買った物は、貝澤前太郎さんからのエチユㇱ(酒を注ぐ漆器)など数点でした。

そういう物を何点か買うと、売った人は別の人を紹介してくれるといった具合で、アイヌ民具は少しずつではありますが集まってきました。しかしお金のあるシャモが買い集めてしまったあとなので、残っているものといえば、特別上等のものか、がらくたのどちらかでした。多くはがらくたでしたが。

集めた民具の保管には苦労をしました。火災を起こさないように注意することはもちろんですが、わが家にたくさんいた鼠に食い荒らされることから守ることにも留意しました。たとえば、ござなどは買ったらすぐ、目の細かい金網に入れてしまうのです。

買い集めるといっても、わたしの財力ではしれたものです。しかし、わたしは初心を貫こうと、お金を稼ぐために時季がくれば山子の仕事に出かけました。山子の時季は、五月から十月までの「夏山」と、十一月から三月までの「冬山」の二期ありました。

山子の仕事は木の伐採などが主なものですが、一人の出来高払いなので自分の腕だけが頼りです。稼ごうと思えば、いくらでも働いて稼ぐことができました。少年時代に山子の弟子に入って鋸《のこぎり》の研ぎ方を修業しましたし、木炭焼きの経験もあったので鋸を研ぐことは上手でした。だから、あまり体力を消耗せずに、しかも少ない時間でたくさんの石数を伐ることが、わたしはできるのです。

ひたむきに働き、仕事が終わってお金を手にして家に帰ってくると、家族の生活に必要な米、味噌、醤油を買う金を渡し、残った金を持って、前もって見当をつけてあった民具のある家に走ります。そして意の通りに物が手に入ると、うれしくてうれしくてどうにもならなくなるのです。家に持ち帰って、温湯《ぬるまゆ》に漬け、そっと煤《すす》を落とし、本体に傷みがないことがわかると、ひとりでに笑いがこぼれました。

そんなわたしを見て、家内のれい子は内心、あまり愉快には思ってはいなかったと思います。いくら生活費はちゃんと出してくれるとはいえ、放ったらかしにして不自由な思いをさせておいたのですから。けれども、わたしがあるだけのお金を出して民具を買っても、家内は一度も私に文句を言ったことも、いやな顔をしたこともありません。だからといって、家内に私への不満がないわけではなく、わたしもその不満に気がつかなかったわけでもありません。

しかし、それを知ったふりをすると、民具を買い集めるほうへお金を回せなくなります。だから、わたしはあいかわらず知らないふりをして、家族には食べる物と温かいふとんを買う金だけはいつも十分に用意するように心がけ、その残りのお金で民具を買うことにしたのです。

周囲の人も、茂はなんのために他人が捨てるような物に金をかけるのだろう、と思ってみていました。また、はっきりと、そんなことはやめろと忠告されたこともありました。それでもわたしは、今は投げ捨てるような物でも、将来必ず値打ちが出るときが来ると確信していましたので、そのときになって、あいつに無料《ただ》で持っていかれたなどと陰口をたたかれないように、必ず代金を払うようにしました。わたしが集めた中には無料でもらったものは、どんな小さい物でも一つもありません。

買うときの値段のつけ方は、その物を作ったら手間がどれくらいかかるか、骨董的価値がどのくらいか、ということなどを換算し、売り主が売りたいと思っている値段よりは高く買うようにつとめました。だから買ったあとで、損をしたと言われたことも、文句をつけられたこともありません。

民具を買い歩いた中で、金がないばかりに、手に入れることができないでしまった物が二つあります。

一つは荷負の町の額平橋近くのある家の持っていた刺繍した着物です。これはアイヌの衣類としてはたいへん立派な良い物でした。

もう一つは、上貫気別《かみぬきべつ》のA家の持物です。三十点ぐらいありましたが、その中のエチンケサパ（海亀の頭）が目当てです。それを欲しいばかりに何度も足を運びましたが、値段の面が折り合いがつかず、とうとう買うことができませんでした。

（現在、二風谷文化資料館のアイヌ民具の中でないものは、この海亀の頭ぐらいでしょう。あのとき、買う金があったらどんなによかったかと思うと、なおさら残念でなりません）

上貫気別という山奥に、なぜ海漁の守り神である海亀の頭があったのかは、「強制移住の果て」（五三ページ）の章のことを思い出していただけばおわかりくださると思います。

子供のころからの夢であった親方、萱野組の組頭として造材の仕事が軌道にのった昭和二十九年五月のはじめ、わたしは家の前の畑で馬にブラオを引っぱらせて耕していました。

するとき、足の不自由な中年の男が、馬を追っているわたしの前をゆっくりと通り過ぎ、わが家へ入ってゆきました。わたしは、また〝アイヌ研究〟のシャモかと思い、そのまま仕事をつづけました。昼食に家に帰ってみると、その中年の男は父と何かを話しています。父はわたしに向かって、「今年内地へ行ったときに顔見知りになった蘇武富雄《そぶとみお》という方だ」と紹介してくれました。男は四十歳過ぎぐらいでしょうか。わたしは、いらっしゃいませ、というふうに簡単に目礼し、昼食をとりました。男も父と一緒に食事をしていましたが、わたしは食べ終わるとすぐ仕事に出ました。

夕方、だいぶ暗くなって仕事を終えて帰ってきても、まだその男は父といろいろ話し合っているのです。そして夜もかなりふけたころ、男はわたしのほうに話しかけてきました。右膝が曲げられないらしく、その足を伸ばして座ったまま、

「茂さん、相談があるのだがひとつ聞いてはくれませんか」

と、いやになれなれしいのです。聞くと、二風谷から芸達者なアイヌを連れて内地へ渡り、各県の小学校や中学校でアイヌの踊りをして見せ「アイヌ文化を正しく紹介したい」、内地の人たちはアイヌは今でも狩猟ばかりしていて、日本語もしゃべれないと思っている。これではアイヌのためによくない、などと男は上手に話すのです。

そのころわたしは、シャモにアイヌ民具を持ち去られることに腹をたてていましたが、「アイヌ文化を正しく紹介、云々」については全く興味がありませんでした。それに、萱野組の組頭としての信用もでき、まあまあのお金も得ることができるようになっていましたから、わたしは、その男に、興行めいたことはいやだ、と断りました。

すると男は、

「いや、茂さんに唄ってくれとか踊ってくれとはいいません。唄ったり踊ったりする人たちに同行して、木彫の熊やお盆などを持っていって、行く先々で売って儲けていただけばいいのだ」

と言うのです。父も、きっと儲かるから行ってみるように、とわたしにすすめます。

わたしも、山から山、人里離れた飯場生活ばかりでしたので、海、津軽海峡を渡って内地をみたいという気持で揺れました。この海千山千の男が、わたしの心の動きをみのがすはずはありません。男は、さらに、ああしても、こうしてもお金が入ってくると、儲かる話を並べたてます。

わたしは実際お金が欲しかったので、男の言うように内地に渡る決心をしました。ただし条件として、わたしは興行とは全く無関係にし、自分の旅費はわたしが負担する。売る木彫品の仕入れも自分の金でやり、売った金はわたしのものとする、ということにしました。

あとになってわかったことですが、男は父へ渡しもしない金の領収証を書かせ、自分は借用証を書いて置き、そそくさと次の日の朝家を出ていってしまいました。

父をふくめ、わたしたち一行九人が、最初の目的地秋田市に着いたのが、その男が二風谷を去ってからわずか三週間後の五月の末でした。

男はたしかに、前もって巡回すべき小、中学校を決めて待っていました。わたしたちは翌日からさっそく学校回りをはじめ、小学校や中学校の講堂の演台で、アイヌの踊りや子守唄など、七種類の演目が入ったものを、四十分でみせることにしました。その解説は貝澤前太郎さんがやりました。

わたしはその踊りや唄の最中なんの手伝いもせず待っていて、それが終わってから〝商売〟をするわけでした。

しかし、一週間も前太郎さんの口上を聞いているうちに、その口上を全部おぼえてしまっていたのです。ある日のこと、前太郎さんが、お前、しゃべってみろ、とマイクを渡すのです。子供たちとはいっても、広い講堂いっぱいにいる人の前でしゃべるのは、やはり不安なもので、足がふるえました。そのうち何日かすると足のふるえもなくなり、一行の人たちからも、「茂さんのほうが上手だ」などとおだてられたりするものですから、いい気になって、みんなと一緒に舞台に出るようになってしまいました。

見学料は当時の金で生徒一人十円でしたが、何百人もいる学校がたくさんありましたから、蘇武の懐には毎日何千円かのお金が入ってきました。一方、わたしが持っていったアイヌ木彫品も、思っていた以上によく売れて、これなら相当儲かるなと、だんだん興行に熱を入れたのでした。

内地の人たちのアイヌに対する認識不足は、蘇武が二風谷のいろり端で聞かせてくれた通りでした。学校の先生でさえ、「日本語が上手ですね」「着ているものは日本人と同じですね」などという有り様です。かぞえ二十九歳のわたしは、そういう質問におどろき、なんとなくアイヌの本当の姿とか文化を紹介しようという気になったものです。

そのうち、マイクを握って熱っぽく生徒や先生に語りかけている様子などが新聞に載ったりすると、あちこちの学校から来てほしいという話がつぎつぎとあり、興行はうまくゆくかに思えました。

ところが、蘇武は入ってくる現金をもって、毎晩一人で飲み屋に通っていたのです。わたしたちはそのことにだれ一人気がつきませんでした。そして給料の支払い日が来ても、蘇武は一行の人たちにお金を渡さないのです。そのうちに払うという蘇武の言葉を信じて、その後も学校回りをしていましたが、蘇武は、わたしがアイヌ木彫品を売って得た金まで貸してくれと言いはじめたのです。

ある夜のこと、あとからわかったことですが、「付き馬」の女を連れて来て、親戚の家に行ったらたいへんなことがあって、是非金が必要だから何万円かを貸してくれと言います。わたしはその女を見てあわれに思い、あり金全部を蘇武に貸してしまいました。

そうこうしているうち学校巡業も二か月近くになり、回った県も秋田をはじめ、山形、福島となりました。しかし、蘇武はかなりの金を使ってしまい、わたしたち一行の人に給料を払ってくれません。

わたしも、売品のアイヌ木彫品を仕入れるため五万円を他人から借りていましたし、そのあと旅先に送ってもらった品代とか、売上金もつぎつぎ口上手な蘇武にだましとられ、とうとう借金が十五万円の上になってしまいました。

内地の六月は暑いものです。その暑いさなか、給料ももらえず、金を巻きあげられたうえ、わたしたちは蘇武に逃げられたのです。蘇武は、アイヌのわたしたちを文字通り食いものにしたうえ、宿に置きざりにして、どこかへ逃げてしまいました。

わたしたちの世間知らずもいいとこでした。わたしは、ずるがしこいシャモのわなにかかった自分を腹だたしく思いました。

北海道へ帰る金をわたしが工面して、一行は二風谷に戻りました。

しかし、十五万円の借金を出稼ぎですぐ返せるものでもありません。幸いなことに、内地での評判がよかったものですから、こんどはわたし自身で興行団をつくり、二学期のはじまる九月にふたたび内地に渡りました。その資金はわたしが持っていた馬の親子を抵当にして借りた五万円でした。

一行七人の巡業は、春の経験のおかげで好評を博し、二か月で借金を全部返済し、行った人たちの給料も払い終えることができました。

払えるだけの金ができると、巡業をやめてさっさと二風谷に帰ってきたものです。しかし、何か月も家を空け、借金を返し、給料を支払ったので自分の稼ぎの金はなく、家内の顔をまともにみることができませんでした。

内地の学校巡回興行。左端著者

わたしは、二、三日家にいただけで、すぐに山子の仕事に出かけました。千歳線から入った恵庭《えにわ》岳のふもとの山奥でした。仕事の合い間に丸太の上に大の字に寝ころび、澄みきった青空からふりそそぐ太陽の光を浴び、山のさわやかな冷気に浴しながら、ああ、おれはやっぱり山男よ、と自分に言い聞かせたものです。

しかし、この学校巡りの失敗は、私に貴重な勉強をさせてくれたと思っております。それは、二風谷という社会だけでなく、世の中のさまざまな人間模様をこの目で確かめられたということです。さらに行った旅先の名所や旧跡を見物したり、博物館に行ったりして、視野がひらかれたということもありました。

このように昭和二十八年の秋ごろから、アイヌ民具の蒐集をつづけていくうち、アイヌ文化全般を見直そうという自然な気持がわたしの心の中に生まれてきました。アイヌ研究者に閉ざしていた心を少しずつ内側から開いていき、研究に対しても協力するようになりました。

ちょうどそのころだったと思うのですが、二谷国松さん（アイヌ名、ニスッレックル。明治二十一年生まれ）、二谷一太郎さん（同ウパレッテ。明治二十五年生まれ）、それにわたしの父、貝澤清太郎（同アレッアイヌ。明治二十六年生まれ）の三人が集まって話をしていました。この三人は、二風谷ではアイヌ語を上手にしゃべれる最後の人たちでした。

三人が話していたのは次のようなことでした。

「三人のうちで、一番先に死んだ者が最も幸せだ。あとの二人がアイヌの儀式とアイヌの言葉で、ちゃんとイヨイタッコテ（引導渡し）をしてくれるから、その人は確実にアイヌの神の国へ帰って行ける。先に死ねたほうが幸せだ」

聞いていて、わたしはとても悲しかった。

「先に死んだほうが幸せだ」。わたしは何度もこの言葉を心の中で繰り返しました。この言葉の意味は、民族の文化や言葉を根こそぎ奪われた者でなければ、おそらく理解することは絶対に不可能でしょう。

人間は年をとると、死ぬということにあまり恐れをいだかなくなるといいます。しかし、死んだときには、自分が納得できるやり方で、野辺の送りをしてもらいたいと願う気持には変わりがありません。その納得できる葬式をしてもらいたい、ただそれだけのために早く死にたいと願うほど、わたしたちアイヌ民族にとってアイヌ文化、アイヌ語は大切なものなのです。

そして、その三人のうち、〝最も幸せ〟になったのは、わたしの父でした。

昭和三十一年二月、余命いくばくもないと悟った父は、家に二谷国松さんに来てもらいました。そばに座った国松さんに、病気でやせ細った父はアイヌ語で次のようにお願いしました。

「兄上(年下でも血のつながらない人でも、尊敬の意を表すときに使う)、わたしはこのように重い病気になった。元のように元気になるとは夢にも思えない。そこで、もしもの時に父や母の懐へ迷わずに行けるように、引導渡しをよろしくお頼みしたい」

父の話を聞いた国松さんは、アイヌ風の礼拝のオンカミ（一一三ページ参照）をしました。そしてから、ゆっくりとアイヌ語で父に話しかけました。

「引導渡しの願いはよくわかった。間違いなく言い渡してやるから安心しなさい。ところで、今はの際《きわ》に尋ねづらいが、どうしても一つだけ聞いておかねばならないことがある。わたしの問いにしっかりと答えてもらいたい」

母やわたし、集まっていた近所の人たちが、国松さんの口からどんな問いが出てくるのか、かたずをのみました。

「あなたは若いときから、人並みはずれた雄弁家であった。あなたはその雄弁を利用して、呪《のろ》い殺すことができると言って、他人を脅したことがあるとわたしは聞いた。それは単なる噂だったと思うけれども、わたしはその真偽のほどを、直接あなたの口から聞いて確かめたい。もし真実であったならば、まず神々にお詫びをしないと、胸を張って引導渡しの言葉を述べることができない。また、口からの出まかせのふざけで人を脅したのなら、それにふさわしい口添えが必要だ。とにかく、この今はの際には嘘偽りのないように答えなさい」

わたしたちは、どんな答えが出るのか、内心びくびくしながら父の言葉を待ちました。

父は、静かではあるが、はっきりした口調で答えたのです。

「兄上、ご心配なく。それは単なる噂である。わたしは呪い殺す言葉、そんな悪い言葉は知らない。若いとき、たしかにおだち者（お調子者）で、知ってもいないことを知っているかのようなふりをしたりして、誤解を招く言動があったかもしれない。しかし、わたしは誰からもそのような悪い言葉を教えられたことはないし、仮にも人を呪い殺す気になったこともない。昔、呪い殺す言葉を知った者の血統は絶えると言われた。しかし、わたしの家には息子がいるし、その孫もいる。わたしが死んだあと、わたしの子供たちは、きっと食うだけのことは不自由はしないであろう。兄上、その心配はご無用。神にお詫びの必要もないし、特別の口添えもいりません」

父のその答えを聞いた国松さんは、ほっとしたようにして言いました。

「そうか。尋ねづらいことであったが、お尋ねしてよかった。このことは、わたしだけが聞いていたのではなく、あなたの妻、あなたの息子たちも一緒に聞いていた。耳がある人間だけが聞いたのではなく、家の中の神々、特に火の神が聞いてくれたのだ。安心するがよい」

国松さんはそう言ったかと思うと、大粒の涙をぼろっ、ぼろっと落とし、日本語で、

「清太郎、お前ばかり先に死ねて幸せだなあ……。おれが死ぬとき誰が送ってくれる……」

と言って、やせ細った父の手をにぎり、あとは言葉になりません。

この二人の老人の心を思うと、そばにいた人で涙を流さない者は一人もいませんでし

た。

先に死んで〝最も幸せ〟だった父の葬式は、昭和三十一年二月十九日でした。生前、父に約束した通り、二谷国松さんは全くのアイヌ式で父の引導を渡してくれました。

ここで、父の今はの際に問題となった「人を呪う」ということについて、アイヌはどう考えていたのかを記しておきます。

呪うということをアイヌ語ではイヨイタクシと言います。イ（それ）、オ（入れる）、イタク（言葉）、ウシ（付ける）、これは「悪い言葉を人に塗りつける」という意味です。

アイヌの中では、雄弁でいろいろな言葉を知っている人は、憎い奴がいると呪いの言葉で祈って、その者を殺せるものだ、と信じられていました。しかし、その呪いの言葉を憎い相手にかけるとき、上手にいけばいいのですが、へまをすると、その言葉が自分に戻ってきて、本人もしくは身内の人に災いがふりかかる。その呪いの言葉を言った者の家族は、その本人が死んだあとにばたばたと死に、その血統は絶えてしまうとも言われました。

だから、そのような呪いの言葉は誰からも教わってはいけないものだとわたしは教えられました。

ところで、わたしの父の場合、父があまりにもアイヌ語全般に精通していましたから、あの男ならきっと呪いの言葉を知っているに違いないといって疑われたようです。おだち者（お調子者）の父は、そのような噂が広まっても、他人が恐ろしがるのをいいことにして、呪いの言葉を知っているような、知らないような顔をしていたのではないでしょうか。

隣り村に住む私の友人、川上勇治さんはわたしに向かって、

「茂さん、あなたのおやじさんが呪いの言葉を知っているという噂だったが、あれは嘘だったんだな。だって茂さんの兄弟六人がそれぞれよくやっているもの。とすると、うちの村のあの人は本当に知っていたのかもしれない。一家が全部死に血筋が絶えてしまったから」

と言ったことがあります。

たしかにわたしの兄弟は、父が今はの際に国松さんの問いに答えた中の言葉、クポウタラ　ヤイペレポカ、つまりアイヌ社会で一番幸せの条件である「食うことに不自由しない」生活を送っています。このわたしたちをみて、父は神の国できっと喜んでいることでしょう。

知里真志保先生の教え

父を〝最も幸せ者〟として神の国へ送ってからも、わたしは相変わらず、時季がくると山子の仕事に出かけ、帰ってきてはアイヌ民具の蒐集にかけずり回りました。

そして、父の死から一年半くらいたった昭和三十二年八月、わたしは知里真志保先生と出会うことになるのです。

知里真志保という名前は、わたしはかなり以前から聞いていました。昭和二十五、六年ごろ、東京・保谷の民族学博物館の渋沢敬三さんに頼まれて、アイヌ家屋の正式な建て方を披露しに二風谷から二谷国松さん、善之助さん、一太郎さん三兄弟が行きましたが、その一人、私の舅《しゅうと》となった善之助さんから、その家を建てるとき、記録をしていた学者知里真志保のことを聞きました。知里先生は室蘭近くの幌別生まれのアイヌということでした。

知里先生は記録を取るのにたいへん綿密で、段葺き屋根を葺くとき、一段目の萱の下端を当てる足場のことを、イヨノキチューレプ（軒刺物）と、アオテレケニ（踏木）とでは、どちらがいいですか、というようなことまで質問されたということで、善之助さんは感心しておりました。

また知里先生は、どんなに忙しいときでもその日の新聞には必ず目をとおす、そうでないと社会から取り残される、と諭《さと》すように話したそうです。

その後、昭和二十七年に東北大学の鬼春人教授が父のところへアイヌ語を聞きに来たときも、アイヌ語をこのままに放っていたら、いずれこの地球上から消えてしまうかもしれない、もっとアイヌ語を大事にしなければならない、というような話をされたあと、そのようなアイヌ文化を正しく継承しようとしている学者として、知里先生の名前が出ました。

さらに、わたしが一心にアイヌ民具を集めることからアイヌ民族としての自覚が出てきたころ、昭和二十九年十月、知里先生は文学博士の学位を取られたということが新聞に報道されました。わたしは、偉い人が出たものだ、アイヌでアイヌのことを研究して文学博士か、知里真志保という方はどんな人だろう、一度お会いしたいものだ、と思うようになりました。

しかし、回数は減っていたとはいえ、相変わらず山から山への飯場歩きでしたから、先生とお会いする機会はもちろんありませんでした。

そして、昭和三十二年八月十五日、知里真志保先生が平取町の役場にアイヌ語を録音に来られるということを耳にしたのです。わたしは、先生に会ってみたくてどうにもならなくなり、招かれてもいないのに平取町役場に出かけて行きました。この時期、わたしが家にいたのは、あとで述べますが、アイヌ彫りで生計をたてつつあったからです。

役場に着くと、録音の場所が会議室のほうだったのでそちらに行きました。すると入り口で知里先生にばったり会ったのです。まだ一度も顔をみたこともないのに、「ばったり会ったのです」はおかしいと思われるかもしれません。が父や舅たちの話では、知里先生は二風谷の貝澤清市さんと全くそっくりの顔だよ、ということだったので、わたしは「はあー、この人がかの有名な知里真志保博士だ」と直感しました。

わたしは言葉をかけずに、そのまま会議室へ入って行きました。紹介してくれる人がいるわけでもなく、わたしは、ライシチュププ（自分で自分を折りたたむようにして）という言葉をそのままに、部屋の隅っこで小さくなって座っていました。

そのうち、老人ばかりの中に三十歳そこそこのわたしがいることに気がつき、知里先生は誰かにわたしのことを尋ねたらしいのです。姓は萱野というが貝澤清太郎の息子ということを教えられると、近寄って来て、声を掛けてくださいました。そのとき、どんな会話をしたのかおぼえていませんが、とにかく夕方までアイヌ語を録音する様子をみていました。

夜は、平村幸作さんの家で、知里先生と録音に協力した人たちが集まって懇親会が開かれ、わたしも同席を許されて先生のおそばに座りました。そのとき先生がわたしにもビールをついでくださるので、コップをかしげると、先生は、「ビールはコップをかしげて受けるものではないよ」と言われました。

（それ以来、わたしはビールはコップをかしげないで受けるようにしています。たまたまビールを飲むと、その時のことを思い出します）

その夜、知里先生はわたしに、四日後の八月十九日に東静内の佐々木太郎さんの家で録音をするので都合がよかったら来なさい、と言われました。当日、わたしは東静内に行き、夕食を佐々木さん宅でご馳走になり、静内の宿に行き泊まりました。

それ以来一年余り知里先生にお会いする機会がありませんでしたが、昭和三十三年十月三日、家の近くの山で薪伐りをしていると、家内が先生からの速達郵便を持って来ました。その手紙には、都合がよかったら十月四日の午後に登別温泉のある旅館に来てほしい旨が書かれてありました。わたしは薪に腰をかけて先生の手紙を感激して読みました。（その手紙は今でもわたしの宝の一つです）

指定された十月四日、宿泊所を変更したホテルに行くと、早速先生の部屋に通され、先生は、当時まだ珍しかったテープレコーダーをすえて待っておられました。

その日は、いろんなことを二時間ほど録音しました。夕食にはたくさんのおいしいご馳走をいただきながら、時のたつのも忘れて先生と歓談しました。奥様もご一緒でした。

その日は先生と同じホテルに泊まりました。部屋は二一八号室でした。

それから一か月ほど過ぎた十一月七日、また先生からの連絡が来ました。千歳市とウサクマイ橋の間を右側へ入ったところのナイペッ沢で、鮭獲りの記録映画を撮影したい。ついては、鮭を獲る人を集め、ラウォマプ(梁《やな》)とマレプ(鮭獲り鉤)も用意してほしいということでした。

その日、二谷一太郎さん、川上安太郎さんとわたしは、トラックにラウォマプとマレプなどを積んで千歳に向かいました。ナイペッ沢で先生と合流、沢を少し上流に行ったところで、沢の上《かみ》と下《しも》を網でせき止め、その中に、孵化場からもってきた鮭を二十匹放し、その鮭をアイヌ式の魚獲法——マレプで突いたり、ラウォマプに入った鮭をイサパキッニ(鮭の頭叩き棒)で叩いて岸辺に放り上げたり、思う存分に撮影してもらいました。

撮影のあと、わたしが子供のころ父と鮭獲りに行ったとき、夜になって獲れた鮭の雄雌が区別がつかないでいると、父が駆け寄ってきて鮭の鼻をなでてみる。オニドシと声がかかると、わたしは小指大の太さの柳の枝を一〇センチぐらいに折って、卵の流出を防ぐためにそれを産卵口から尾のほうへ斜めに差し込んだ、というようなことをお話ししました。

すると先生は、産卵口へ枝を差すことを、アイヌ語でオニドシかそれともオニッウシ

知里真志保博士（右から3人目）と著者（左端）

か、と何度も何度もわたしに聞かれました。

その夜は千歳の宿にいろんなお話をしながら泊まり、翌朝、宿での別れぎわに、先生はわたしの手を握って、

「このたびはいろいろお世話になりました。おかげでいい記録ができました。これからはどんなことでもいいから、アイヌのことに関して聞いたらその内容を書いておいてください。尾籠なことだが、昔の人たちは大便のあと何でお尻を拭いていたかというようなこともです。そしてその話は、いつ、どこで、誰から聞いたというふうにね」

と話してくださいました。

このときの知里真志保先生の言葉が、今のわたしの仕事を本気でさせる決心をさせたと言っても言い過ぎではありません。この言葉は大きな励ましとなり指針となりま

した。

残念ながら、それから三年ほど後の昭和三十六年六月九日、知里真志保先生は五十一歳でこの世を去りました。しかし生前、先生はわたしたちアイヌに大きな目標を与え、アイヌのお手本を示してくださいました。知里真志保という大きな星が現れたことにより、アイヌは自らを知り、自らを考え直したのです。先生がアイヌとして悩み、苦しみながら残された学問的業績は、永久に朽ちることなくわたしたちの心の中で不滅の星として輝きつづけることでありましょう。

知里先生にはじめて平取の役場でお会いした昭和三十二年ごろから、わたしは少しずつですが彫り物で生計をたてつつありました。わたしが彫り物に手を染めたのもだいぶ古い話です。

昭和二十七年に層雲峡の奥に「萱野組」の人たち五十人ほどを引きつれて山子に行ったとき、層雲峡にアイヌ細工の観光みやげ店があったので中へ入ってみると、本物のアイヌ細工らしいものがさっぱりないのです。わたしは子供のときから貝澤菊次郎さんのパイプ彫りや貝澤ウエサナシさんのお盆彫りなど、先輩たちが彫っているアイヌ細工を見ていましたから、その店の看板に大いに疑問を持ちました。

〈よし、家に帰ったらアイヌ細工の本物をおれが彫ってやる〉

わたしはそんなふうに考えながらその店を出たものです。

わたしは層雲峡での山子の仕事が終わって家に帰ってきてから、少しずつアイヌ細工を彫りはじめました。それがわたしの彫り物のそもそものはじまりです。

まずはじめに貝澤前太郎さんのところへ行き、お盆のうろこの彫り方を教えてもらいました。少ない道具でなんとかやってみたものです。最初はお盆でしたが、もっと簡単に彫れるものをと思い、トゥキパスイ（奉酒箸）を彫ってうろこの練習をしました。

最初、山子仕事から帰ってきたとき家で彫り物をしていましたが、山子に行っても雨が降って仕事が休みのときなど、飯場にいる間パスイ（箸）を彫っていたものです。そのようにして、少しずつ上手になって、わたしの彫り物が売り物として買ってもらえるようになったのは、昭和二十九年ごろでした。そのころになると、パスイ、お盆、ニマ（木の器）と、作れるものも多くなってきました。

彫り物だけで食えるようになったのは昭和三十四年の夏からです。彫り物の仕事はそれほどのお金にはなりませんでしたが、山子の仕事よりははるかにいいと思いました。当時、山子の飯場で一か月働くと三万円もらえました。しかしその半分は食費やその他の費用で引かれてしまいます。残った一万五千円で家族が生活するのですが、これではわたしの手許にお金が残らないこともあります。家にいて彫り物をしていれば二万ぐらいは稼げます。これですと一家も食うに困らないし、わたしにもお金が少し入ります。

夜具を背負って飯場へ行くよりも、家にいて彫り物をしたほうがずーっといいぞ、と山子の出稼ぎに歩いた友達にも話をして、彫り物をする仲間をふやしました。そろそろ観光ブームに入りかけていたので、彫り物もけっこう売れてきたのです。

わたしはわずかのお金を蓄えて、アイヌ民具の買い集めにこちらの村あちらの村と歩いていましたが、前日まで働いていたお爺さんが今朝亡くなったとか、まだまだ元気そうにしていたお婆さんが病気で入院をした、という話がつづきました。わたしは知里先生の教えで、アイヌの言葉が大切なことは承知していましたが、アイヌ語を自由にしゃべるこれらのお爺さんお婆さんの話を聞いて記録するという余裕はありませんでした。

しかし、これではいけない、アイヌの民具はだいたい集まってめどがついた、これからはアイヌの言葉、アイヌの話、アイヌの風習を集めなければならないと思いはじめたのです。昭和三十三、四年のころでした。そのためにテープレコーダーが欲しいのですが、それを買うお金がありません。なんとか工面をしなければと考えていたところ、たいへんなことが起こりました。

わたしの父が死んだとき引導渡しをしてくれた二谷国松さんが、昭和三十五年二月三日に亡くなられたのです。そして国松さんのアイヌ風の引導渡しは、最後に残った実の弟の一太郎さんが行うというのです。

わたしはこの葬式をテープレコーダーにとって記録しておかねばならないと思いました。そこで、遺族にお願いをしてみました。

「国松さんの葬式は、アイヌ風の正式なものの最後になるであろう。たぶん言葉の上での本物のイヨイタッコテ（引導渡し）はあとは聞かれなくなる。国松さんはアイヌの風習について熟知していて、その風習が消えていくのを悲しんでおられた。だからアイヌ学者にもいろいろのことを教えた。そういう方なので、こんどの葬式の様子を是非テープレコーダーで記録したい」

彫り物をする著者の手（掛川源一郎氏撮影）

遺族の方々はわたしの願いをこころよく承知してくれました。

そこでテープレコーダーを用意しなければならないのですが、そのときもテープレコーダーを買う金がありませんでした。

わたしはめったに行くことのない平取町役場に走りました。役場の人に、二谷国松さんの葬式の様子を録音したいので、テープレコーダーを貸して欲しいと申し出ました。役場の人は承諾してくれ、テープレコーダーは議会のものなので、議長宛に借用証を入れてくださいとのことです。わたしは「平取町議会議長五十嵐貞治殿」との借用証に署名捺印をして、大型のテープレコーダーを借り受けました。役場の人に頼み、コードを差し込めば作動するようにしてもらい、壊れ物を運ぶようにそっと持って帰りました。

その日は二月五日でした。ご遺族の方々が泣き悲しむ中、わたしは〝最も幸せな者〟になりそこねた一太郎さんの最後の引導渡しの言葉を録音すべく、マイクのコードを延ばしました。事情を知らない弔問客は、萱野という奴はなんて不謹慎な振る舞いをするものだ、と思われたでしょう。わたしはその白い眼を背に感じて身のすくむ思いをしながら、その一時間近くの葬式の様子を収録したのでした。

二谷国松さんの葬式を記録にとったその年の九月、わたしは念願のテープレコーダーを手に入れることができました。しかしその代金をそろえることができず、平取町役場を通じて、「世帯更生資金」という名目のお金を五万円借りたのです。そのうちから二万九千円のテープレコーダーの代金を払いました。この借りたお金は名目の字のごとく、生活扶助家庭に転落するかもしれないという家に貸すものです。

当時テープも一時間分のもので五百円ぐらいでしたが、わたしには買いやすい値段ではありませんでした。テープを何本も買うことができないので、録音してきた話をかたっぱしからノートに書き写し、録音テープの音を消してまた録音するという具合でした。ところが、録音のために話を聞かせてくれたお婆さんなんかが亡くなると、その大事な声を、話を消すわけにはいかない気持になってくるのです。わたしは、お金はかかるがテープはそのまま保存しようということに決めました。

わたしは録音の費用（テープ、交通費、手みやげ）とアイヌ民具を買う費用を得るため、もっと稼がねばならなくなりました。昭和三十六年から家で彫り物をつづけながら、夏の間だけ、登別温泉のケーブル会社へ勤めに出ました。

観光地で「アイヌ」として働くことは気がすすまないことでした。わたしがそれまでに学んできたアイヌ民族のあり方、アイヌ文化、アイヌ精神にも反することが多いのです。しかし、家にいて彫り物をしているよりは、ずうっとお金になり、アイヌ民具の蒐集にも録音にもたいへん助かるのです。

わたしが働いたのは「クマ牧場」の横で、そこにアイヌ風の家を建て、その中で熊送りのときの唄や踊りを三十分間で観光客に見せるというものです。ほんとうは五年か十年に一度の熊送りを一日に三回も四回もやるのです。いくら金のためとはいいながら、日本中からやってきた観光客、もの珍しそうにアイヌのわたしたちを見る客の前で、うれしくも楽しくもないのに唄い踊る惨めさといったら、ほかの人にはうまく説明することができません。

踊り終わると客が群がってきて、

「日本語が上手ですね。どこで覚えたの？」

「食べものは何を食べてるの？」

「学校は日本人と同じに行くの？」

「税金を払うの？」

と質問ぜめです。

当初、そういう質問は観光客の人たちが知っていながら、わざと冷やかしにしているのかと思いましたが、くる日もくる日も同じ質問が多いので、わたしは日本人の多くはアイヌの現状をほんとうに知らないのだということがわかったのです。

ですから、それからというものわたしは考えを改めて、そういう質問にもていねいに答え、なるべく多くの観光客と話すように心がけました。そして、アイヌ民族の歴史や、アイヌ語や風習が消えて（消されて）いった事情なども詳しく説明するように努力しました。

そんな努力をしてみたところで、北海道へ観光のために来られた多くの人々は、商売のためだけの古い昔風のアイヌの家やその調度品、アイヌ衣裳にみせかけた衣裳を身につけたアイヌ、アイヌの儀式にみせかけた熊送りを見て、現代のアイヌの生活のすべて

観光地で熊送りをする著者（右から3人目）

を知ったと錯覚されて帰ります。そしてそういう記念写真をみせて家族や友人にアイヌについて語ります。

こうしてわたしたちアイヌはまた誤解されていきます。こういう観光地でこういうことやっている（やらされている）アイヌのために、多くのアイヌに対したいへんな迷惑がかかっているのも事実です。しかしわたしは、観光地で働いたことがあるので、「観光アイヌ」の心が痛いほどよくわかり、一方的に彼らをせめることができません。

わたしは「観光アイヌ」として稼いだ金を持ち帰っては、民具蒐集、録音といそがしい毎日を過ごしました。その間、なんとか観光地での経験を二風谷で生かそうと考えていました。昭和三十七年に開設された二風谷生活館に、旭川から彫り物の先輩の講師を招き、木彫講習会を開き、二風谷産の木彫品を商品として通用するように努力しました。もともと素質のある二風谷の青年たちは、めきめきと腕が上がり、自分たちで彫ったものを札幌や旭川に背負って行き、お願いしてみやげ店で買ってもらいました。

またこのころの観光ブームにのり、アイヌのアッシ織が見直されました。二風谷でも、貝澤みさおさんや貝澤はぎさんなど、数人の女の人によって細々と受け継がれていたアッシ織が需要にせまられ、その技術があっという間に二風谷中に広がりました。

わたしの家内も、アッシ織の技術を貝澤はぎさんの長女の澄子さんから教えてもらいましたが、一人前に織れるようになるまでには、二、三年はかかったようです。家内はアッシ織では貝澤はぎさんの孫弟子というところでしょうか。

ようやくアッシ織が一人前になった昭和三十七年、家内とわたしは、早稲田大学文学部から、資料用にと模様付きござなど数点の製作依頼を受けました。このござは幅が一・二メートル、長さが六メートルほどの大きなものです。

この模様ござの編み方を知っている人はいないかと、村中のお婆さんに聞いて回りましたが、知らない人ばかりです。知っているお婆さんが一人いましたが、今はもう目が薄くて（見えなくて）編めないという返事です。わたしは覚悟をきめて、家内と二人で編んでみることにしました。

わたしの蒐集品の中からよさそうなものを一枚見本として選び出し、ござの糸の間隔を測って横棒をつくりました。そしてその横棒に石に巻いた糸を掛け、お手本用のござを目の前にぶらさげて、それを観察しながら編みはじめました。普通のところはまだいいのですが、模様のところの編み込む方法はなかなかわかりません。そこで、もうひとつの古いござをそっととほぐしてみては、その通りに編みました。しかし、一度におぼえられるものではなく、何度も編んではほぐし、編んではほぐしするうちにようやく編み方をおぼえ、そして無事そのござを早稲田大学におさめることができたのです。

このようにして苦労しておぼえたものは、けっして忘れることのないもので、家内は以後多くの依頼を一人でひきうけるようになりました。

家にいるときは、このようなことをしましたが、夏になるとわたしはまた観光地に出かけて行きました。観光地ではそういう見せ物だけでなく、彫刻の技術も買われ、わたしの彫ったものが高く売れるにつれて給料も高くなりました。しかし給料が高くなることは、それだけその会社の束縛の鎖《くさり》が太くなってゆくことでもありました。このままでは、「萱野さん、髭を伸ばして（観光用の）酋長になってください」と言われそうになると感じました。

たしかに、二風谷にいるときのように朝から晩まで汗して働かなくとも、唄って踊ってお金が余計にもらえるのだから、いい仕事だと言えないこともありません。しかし、わたしの考えは別にありましたが、昭和三十六年から四十二年までの七年間働いていた観光地での仕事をやめました。

昭和四十三年、わたしは家のすぐ下を通っている国道沿いにアイヌ彫り物品のみやげ店を出すことにしました。

店を建てる金がなかったので、貝澤正さんにお願いして、一棟四戸の貸し店舗を建ててもらいました。そして、貝澤末一、貝澤守雄、貝澤貢男、そしてわたしの四人で店を開いたのです。これが、平取から二風谷、荷負とつづく国道二三七号線ぞいのおみやげ店(現在五十店ほどある)の草分けでした。わたしの店の品物はみんなの店のものと違うぞと、かっこつけて「萱野工芸店」などと名をつけたものです。

店はそのうち、国道は日勝峠が開通して二風谷コタンが観光コースに入ったため、少しずつ売り上げを増してゆきました。私の本職は彫り物となったのです。

(この店も、二風谷のみんなが店をはじめたので、昭和五十年に店番をしてくれていたおばさんにそのままゆずってしまいました)

金田一京助先生との出会い

昭和三十七年八月、「観光アイヌ」として働いていた登別で、わたしは、もう一人のアイヌ研究者、金田一京助先生にお会いすることになるのです。

金田一先生といえば、父の自慢話に、アイヌ語の研究に来ていた先生が父に、

「アイヌの大切な言葉で同じ語尾のものを三つ」

と質問されると、父はすかさず、

「ノイペ（脳髄）、サンペ（心臓）、パルンペ（舌）」

と答えた。すると先生もにっこりされて、

「シレトッ（器量）、ラメトッ（度胸）、パウェトッ（雄弁）」

と応酬され、二人で大笑いをしたという話がありました。父は誰かとアイヌ語についての話になると、必ずこの金田一先生とのやりとりを持ち出したものです。

また金田一先生には、昭和三十六年六月に知里真志保先生が亡くなられたとき、私は札幌まで弔問に出かけ、式場の外で車の中のお姿をはじめてちらりとおみかけしたこと

がありました。そのとき、昔から有名な先生なのに若いなあと感じたものです。

そのときから約一年あとの八月二十六日、わたしが働いていた観光温泉にやはり同じく働きに来ていた平賀さだもさんに「ユカラ」のわからない言葉を聞きに金田一京助先生がやって来られました。わたしは面識もない先生に、ぶしつけにも、邪魔にならないようにしますから勉強ぶりを拝聴させてくださいとお願いしました。すると先生は、「ああ、いいですよ」とお許しくださり、わたしは先生とさだもさんのやりとりをじっくりと聞くことができました。

わたしは、先生がさだもさんにする質問をそばで聞きながら、これはこうだな、あれはああだなと全部わかるのです。でもわたしは、さだもさんがわからないときでも、一言もしゃべらずに黙って聞いていました。その勉強は朝九時ごろから夜おそくまで続きました。

一日の勉強が一通り終わって休憩に入ったとき、わたしは先生のその日の「ユカラ」は、こうこうでしたねと、そのあらすじをすらすらとお話ししたのです。そうしたら先生はほんとうにびっくりしたんでしょう。眼鏡を上げたり下げたりしながら、わたしの顔を見直して、

「この若さでこれほどに……。神様はわたしのためにいい人を残しておいてくださった。神に感謝するほかありません」

などと、ありったけの言葉でほめられるのです。その場には先生の助手の村崎さん、平賀さだもさんもおられました。先生はさらに言葉をつづけられ、
「ユカラを日本語でこれほどすらすらと筋書を言って聞かせてくれた人はかってないんだよ、よし、これからぼくの勉強の手伝いをしてくださいね」
と言って、手を差し出して握手を求められました。これが金田一京助博士との最初の出会いでした。

それからというもの、金田一先生との間にユカラについての質問、応答の手紙のやりとりが始まりました。手紙で間に合わないときは、わたしが上京して杉並の東田町のご自宅にうかがい、多くは熱海の常宿、水葉亭に仕事をもって行って、一週間も二週間も籠るのでした。

はじめて熱海に行ったとき、わたしたちが宿に着くと、水葉亭のおかみさんをはじめ、多くの従業員の人が迎えに出ています。私はびっくりし、先生のうしろでもじもじするばかりでした。先生がわたしを「この人はね、北海道からわざわざぼくにアイヌ語を教えるために来てくださったぼくの先生です」と皆に紹介するので、わたしはなおさら小ちゃくなっていたものです。

通された部屋は別館の「あけぼの」の間です。この部屋は、別館ができあがって最初に泊まった先生が頼まれて名付けたのだそうです。床の間の掛け軸には先生の、

あめつちのそきへのきはみ照りわたる
大きともしび太陽あがる

という歌が書いてありました。この歌は、毎年皇居で行われる新春歌会始に御召人として参上したときに、歌題「ともしび」を詠まれたものだそうです。先生は色紙をせがまれると、よくこの歌を書いたようです。

そのはじめての晩の夕食がたいへんでした。あまりにもおいしそうなご馳走がいっぱい並んでいて、どれから箸をつけていいか迷いました。試みに料理の材料の種類を数えてみますと、三十八ぐらい使ってありました。

お付きの女中さんは京子さんという方で、玄関に京子さんが出ていると、先生はうれしくもあり、まだ良縁が得られなかったかと寂しくもなるんだよ、とお話しになられるのでした。

朝八時に食事、九時ごろから仕事にかかり、夕方五時ごろまで、以前に金成《かんなり》まつさんの語ったユカラを書き写した古いノートを持ち出し、一語一語ゆっくり読みます。ノートの本文はローマ字でわたしには読めませんが、以前、誰かに教わって記した訳文はわたしにも読めます。あまり先生の近くにいると、その訳文が目に入り、それが先入観となっていけないので、遠くのほうに座り、あくまでわたしの知っている範囲でお答えしたものです。

金田一京助博士と著者（熱海・水葉亭）

一日の仕事が済むと、先生は夕食前のひととき必ず東京の奥様のところへ電話をなさいました。やさしい言葉で、身体の具合はどうだ、などと言っておられたものです。石川啄木の友人であった小奴《こやっこ》さんが亡くなられたのを電話で知らされたときは、「まあまあ、お気の毒に」と言っておられました。

「あけぼの」の間で先生と二人で床を並べて寝ていると、先生はゆっくりとした口調で、

「文化勲章はもらったし、年にも不足はないけれども、長生きしすぎたために、友人が皆死んでしまったのが寂しい。ぼくが死んでも来てくれる友人がいないことがいちばん寂しく思うな」

と独り言のように話しておられました。

先生はたいへんやさしい方で、あるとき、水葉亭の板前さんからいただいた鶯《うぐいす》が、東京のお宅で、農薬の付着した野菜と知らずに食べさせて死んでしまいました。先生はそれを悲しみ、追憶の歌を十首詠まれて短冊に書き、それを板前さんに贈られたことがありました。

長い仕事に疲れると、熱海から十国峠を越えて箱根

の関所跡へ車で出かけ、私を案内してくださったり、また、初めて行ったときに大室山へ連れて行ってくださり、素焼きの湯呑茶碗に「大室山公園に於て萱野茂君とともに。一九六二・二・廿二、京助」と書いて焼いていただきました。

（いつか明智観音に詣ったとき先生がせがまれてお書きになった色紙が、二、三年前に熱海に行った折に、まだ額に入れて掛けてあり、とても懐かしくながめました）

何度目かの熱海行きの折、わたしはトゥキパスイ（奉酒箸）の材料を持参し、先生のためにわたしが最も得意なトゥキパスイを目の前で彫って差し上げました。すると先生は、「ぼくのために彫ってくれたのだから、君のために何か書いてあげよう」と言って、わざわざ色紙を街に買いに出られ、

「鉄志玉情」（志はくろがねのごとく、情は玉のごとし）

と書いてくださいました。これは、先生がわたしに与えてくれた心の指針として、いまでもわたしの宝の一つとして大切にしています。

熱海での仕事は全部が全部うまくゆくというわけでもありませんでした。昭和四十年二月十七日、こういうことに出くわしました。

ユカㇻの中に出てくる物語で、一人の女が婚約者を裏切った。婚約者は怒ってその女の髪の毛を右手に巻きつけていじめる、という場面があります。

「ウェンメノコ（悪い女）、リクンチョロカ（上……？）、ランケチョロカ（下……？）、

アエキッキッ（それ殴り殴り）」の「チョロカ」がどうしてもわからないのです。

話の筋から「チョロカ」は家の中の材料だろうと見当をつけましたが、柱はイクシペ（ユカラに出てくるときはドンド）という語です。梁《はり》はウマンキ、……と、いろいろ家の材料の名をアイヌ語で考えても「チョロカ」はないのです。

結局、宿題として預かり、二風谷に帰ってくるとすぐに、近所のお婆さんに聞いてまわりましたがわかりません。しかし八キロほど離れたところに住んでいた黒川てしめさんが、その「チョロカ」の意味を解読してくれました。

「チョロカ」はユカラだから言葉が詰まっている、チョロカはチエホロカ（私さかさま）という意味だというのです。だからリクンチョロカはリクンチエホロカ（上に私さかさま）、ランケチョロカはランケチエホロカ（下へ私さかさま）ということです。物の名前と思っていたのが実は人間の動きの描写だったのです。

てしめさんの明快な答えはたいへんうれしく、わたしはその日のうちに先生に手紙を書いたものです。

このようにわたしはアイヌ語が全部が全部わかったわけではありません。わからない言葉が、こうだろうという想像がついても、一つ一つの単語に分解することができない場合もあったのです。先生と二人で考えてもわからず、家へもって帰って来て、これほど明快に答えが出たのは、長い間にこの例がただ一つでした。

ユカラ解読の仕事は、いつも熱海に行ってするわけではありません。東京・杉並の先生のご自宅ですることもありました。ところが自宅での仕事はたいへんです。来客がつぎからつぎとあるからです。最初の客がいるところへ次の客が来る。最初の客が帰ると、三番目の客が来るといった具合です。

先生はお客が来ると、どんな忙しい時でも必ずお会いになりました。そして心から楽しそうに振る舞い、おかしい話でもあれば眼鏡をはずして、両手の甲で涙をふきながら笑います。

それにしても、先生をお慕いして訪問される人が多かったものです。ときにはわたしもその方たちと一緒に先生のお話を聞いたのでしたが、先生が若いころ、収入がなくて困った話もされました。境遇はちがいましたが、その話にはわたしも身につまされたものです。

やっと全部の客が帰ると、仕事の机のかたわらに戻って来られ、がっくりと肩を落とされるのでした。そして「せっかく君が北海道から来てくださったのに、今日も仕事にならない」とわたしの顔をみました。そんなとき、先生が急に年寄りにみえたものです。

先生はそのころは経済的にもだいぶめぐまれていたようで、たくさん配達される郵便物の中に何々銀行の額面何十万円という小切手があったりすると、それを別の箱へ無造作にぽいと入れます。わたしはそれをみて、若い時に苦労されたことが年をとって報われている、先生は今きっとお幸せなのだと思いました。

ところで、先生は、ご自身でお金を使うことがあまりないせいか、お金には無知というか無頓着でした。そして物の貨幣価値が変わっていることもよく知らないようで、わたしにくださる旅費がだいぶ古い計算だったり、あるときにはくださるのを忘れたり、すでにいただいているのにもう一度よこすということもありました。わたしはお金のことはともかくとして、アイヌ語が、ユカㇻが後世に正しく伝えられることができればと思い、何度も何度も先生のところへ上京しました。

それでもやや残念に思っていることが一つあります。

いつものように先生のお宅で仕事をしていたとき、先生がふと思い出したように辺りの箱の中を探し、黄色の煉瓦《れんが》の硯《すずり》を一個取り出しました。そして、この硯は何百年か昔の中国のなんとかいう有名な建物の屋根瓦で作った硯だ、これをくださるとおっしゃって、その硯をわたしのほうへ差し出すのです。

しかし、わたしは突然のことでその硯を受け取ることができませんでした。誰かそばにいたのなら話は別ですが、先生とわたしのたった二人でいるときに、そんな大切な品を頂戴するわけにはいかないと、馬鹿遠慮したのです。先生は受け取らないわたしの顔をみて、そうか、もらってくれないのか、というようなお顔をされました。

(今でもあのときの先生のお顔と硯とが重なってわたしの脳裏に焼きついて離れません。

やっぱりもらえばよかったと思ったりもしますが、いや、あれでよかったんだ、もらわなかったから、今でもあの硯を忘れないんだと、自分に言い聞かせています)

昭和四十三年十月六日、金田一京助先生をお招きし、先生ゆかりの地二風谷で金田一京助博士の歌碑建立除幕式がありました。参列者は百八十人ほど。貝澤正会長を中心におごそかに式がとり行われ、わたしが司会をしました。除幕は先生と縁の深いワカルパエカシの曽孫の手でされました。碑の歌は、

物も云はず　声も出さず　石はただ
　全身をもつて　己れを語る

昼食後、二風谷小学校で先生の記念講演があり、三時に祝賀会、夜はわたしの家に泊まっていただきましたが、先生は本当に楽しそうでした。現在わが家の玄関にかけてある表札は、そのときに先生に書いていただいたものです。

この歌碑の除幕式のための来道が、先生の最後の北海道となってしまいました。先生は昭和四十六年十一月十四日に亡くなられました。残された膨大なアイヌ語文献・資料は、文字通りアイヌの宝となりました。

先生の歌碑は、いまでも美しい姿でわが二風谷のコタンを見守るように立っています。この歌碑があるかぎり、二風谷の人びとは金田一京助先生のことを忘れることはないでしょう。

アイヌ資料館をつくる

昭和四十五年三月に、わたしは過労で肋膜炎をおこし、二風谷から一〇〇キロ離れた苫小牧の市立病院に入院しました。その八年ほど前の三十七年五月にも、やはり過労で肋膜炎を患い、一か月入院せよと言われたのが三か月も入院したことがあったのです。今回はその肋膜炎の再発でした。

しかし、前回の入院のときとちがい、不安がつきまとうのです。「おれが死んだら、今まで集めたアイヌ民具や録音テープはどうなるだろう」ということばかりが気がかりになります。ここで死ぬのがいやだったので、どうしたら治るかを考えました。

その結果、身体を病院に預けたのだから、医師《せんせい》や看護婦さんの言うことをきちんと守り、それ以外のことは何も考えず、日記を書くこともやめ頭をからっぽにしようと、自分に言い聞かせました。

そう決心してからは、熱もぐんぐん下がり、入院一か月めからは体重も増えはじめ、入院時の六〇キロから七〇キロになりました。そして、六月の半ばに退院しました。

（わたしは昭和二十一年五月五日から昨日まで日記を書いていますが、この二回の入院の約六か月分だけ空白です）

退院してきて、わたしはそれまで集めたアイヌ民具の保管を真剣に考えはじめました。なにしろ、それまでの約十八年で集めた民具は約二百種二千点にも達し、わが家の居間、子供部屋、廊下、押入れなど、空間という空間を占領していました。家族は民具の中から首を出して暮らしているみたいで、生活の不自由さは限界に近づいていたのです。

そのような生活の不便さよりも、万が一、火事にでもなったらどうしようと不安でした。集めたお金はわたしが出したものだからいいとしても、集めた民具はわたしたちアイヌの歴史を物語るアイヌ共有の財産です。わたしは自分だけの力ででも、資料館のような建物を建てようと決心しました。

とりあえず、平取町の戸羽一郎さんという大工さんに相談しました。戸羽さんは、間仕切りもない建物なら、古材を使って三〇坪（約一〇〇平方メートル）で三十万円で建ててくれるとのことでした。資料館というよりは収蔵庫のようなものでした。わたしはさっそく家の近くの土地を地ならしして、基礎工事用の鉄筋と枠板を買ってきました。

ところが、わたしのそういう動きを聞いた平取町の山田佐永一郎町長、地元の町会議員、部落会長らがわたしの所へやってきて、そのような収蔵庫のようなものよりも、「建設期成会」という法人を結成して、人に見せる大きな資料館を建てたほうが、町からも補助金を出しやすい、と言うのです。

わたしは、自分の土地を売ってでも、わたし自身の力だけで建てようと決心し、大工さんを頼み、その見積もりまでしていたのです。しかし、わたしの微力な力でやるよりももっと大きくて設備の整った資料館が建つとするならば、それはわたしが集めた民具にとっても幸いなことであり、決心を変えてもいいではないかと考え、独力で建てることを中止しました。

そして、この事業は「北海道ウタリ協会」に引きつがれ、「二風谷アイヌ文化資料館建設期成会」が組織されました。期成会の会長は、北海道ウタリ協会の副理事長をしている二風谷の貝澤正さんに、相談役にはアイヌ語地名についての権威で北海道曹達の会長山田秀三《ひでぞう》さんになっていただきました。

さっそく資金集めにかかりましたが、大口の寄付は山田秀三先生の口ぞえをお願いし、貝澤会長とわたしは比較的小口の募金に歩きました。設計などは順調に進みましたが、肝心の金が思うように集まりません。

貝澤会長とわたしは、アイヌ・モシリ（北海道）へどかどかと土足で上がり込んできて、勝手に所有を主張して山の木を伐りまくり、それで大儲けした木材会社からは、たくさん寄付をしていただこうと、ひそかに考えていたのです。しかし、そのもくろみも大きく当てがはずれてしまいました。

苫小牧の大きな木材会社などは、わたしたちを数時間待たせておきながら、いよいよになって会ってくれたのはほんの二、三分でした。しかも、「ご趣旨はよくわかりました。後日ご返事いたします」という有り様です。こんな応対をするのであれば、先にさっさと会ってくれて、話だけでも聞いてくれればいいものをと、不満に思いながら二人ですごすごと帰ってきました。

また平取本町の木材会社もその意味では冷たい所が多かったものです。かなり古くから二風谷の山に入り込み、小沢の奥まで木炭木を伐って山を荒らし尽くしておきながら、一万円の寄付を出すのに、五、六回足を運ばせた会社もありました。

旭川まで足を延ばしたときなどは、寄付に慣れている女社長は、

「まあまあ、わたしどものことをお忘れなくよくおいでくださいました。去年であればこの後《あと》へ〇を一つ付けて寄付させていただいたのに、今年は会社が思わしくないので、これだけです」

と言って、一万円札二枚を出しました。そんなに苦しいのかなあと思って、二万円をいただいて帰りましたが、その後まもなくこの会社は何億やらのビルを建てたのです。寄付金の二万円とビル建設の億の金とは違うのでしょう。

そういうことにたびたび出会ったので、こんな手間をかけるよりは、自分の家で彫り物をして稼ぎ、その金をわたしの名で寄付したほうが早くて楽だよ、と貝澤会長にぼや

いたこともありました。

それでも根気よく歩いた結果、一般の寄付は三百万円に達し、平取町から二百七十万円、北海道庁から二百万円、それに日本自転車振興会から四百三十五万円、合計千二百五万円集まったのです。

当時、道庁は北海道開拓記念館を札幌の近くの野幌に建てる計画でしたが、それには三十七億円を計上したのに対し、わたしたちアイヌが自らの力で建てようとしたアイヌ文化資料館にはしぶしぶ二百万円の支出でありました。

一方、わたしたちの計画を新聞で知ったとか週刊誌で読んだとかいう見ず知らずの人々が何人かお金を送ってくださいました。わたしたちは、そうした人々の激励を心の支えに、一生懸命募金に歩いたものです。

当初の計画より一年ほど遅れ、四十六年春着工、同じ年の十二月に建物だけは完成しました。五〇坪で鉄筋コンクリートの立派な資料館です。展示した民具は、わたしの蒐集品のうちから厳選し、約二百五十種六百点です。それでもアイヌ民具が全部網羅されているわけではなく、足りないものは、二風谷の青年たちと手分けして製作しました。彼らが作ったものにはお金を払わなければなりません。やっぱりお金がなくて、貝澤会長とまた募金に歩いたものです。そのようにして、一点一点と補充してゆき、開館に備えました。

そして、昭和四十七年六月二十三日、「二風谷アイヌ文化資料館」が開館しました。開館式は二風谷生活館で行われ、来賓の方々から数々の身に余るおほめの言葉をいただきました。もちろんわたしはうれしかったのですが、これらの人々の理解がもう二十年、いや十年でも早くあったら、アイヌ文化がもっと精確に保存継承できたのにと思いつつ、おほめの言葉を言う方々のスリッパを見つめていたものです。

それにしても、開館の四年前、昭和四十三年十月、金田一京助先生の歌碑を除幕したとき、わたしたちは、「この歌碑をアイヌ文化保存の要《かなめ》にしよう」とその碑のかたわらで誓ったものでしたが、その歌碑のすぐ近くに、「二風谷アイヌ文化資料館」は建てられたのです。

著者の母（昭和44年）

この資料館は、わたしの夢の実現でありましたが、この建設のあいだに、わたしは悲しい現実も味わわねばなりませんでした。それは母の死です。母は昭和四十五年十二月九日、七十一歳で亡くなりました。

七十歳を過ぎてから、母は独り言のように、「昔、偉い坊さんから（母がよく修行の僧を泊めたことについては前述した）あなたは年を取るにしたがって幸せになる人ですと言われたことがある。だからわたしは死ぬときも誰にもあまり迷惑をかけないでカムイカㇻオンネ（枯れ木が音もなく倒れるように）死ぬるんだ」と言っていました。

わたしはだまって聞いていましたが、そうだよ、おれたちが敷いて寝ている布団を引っぱり抜いてまで困った人を泊めてやる、神のような心の母だもん、と思いました。偉い坊さんの予言どおり、母は年をとるにしたがって「食うにも困らない幸せな」老後を送り、カムイカㇻオンネ（枯れ木が音もなく倒れるような）の死に方をしたのでした。

わたしはおだち者（お調子者）だからでしょうか、顔見知りの人が結婚するとか、亡くなるとかすると、アイヌ語で祝辞や弔辞を述べてみたくなるのです。金田一先生が亡くなられたときも、久保寺逸雄先生が亡くなられたときもアイヌ語で弔辞を述べました。昭和四十八年四月に、二風谷近くの平取町荷負本村の黒川てしめさんが亡くなりました。このお婆さんは、例の金田一先生がわからなかったユカㇻの言葉を解いてくれた人です。ユカㇻやウウェペケレなどをよく知っていた人で、わたしは何度もそれを録音させてもらいました。

そのお葬式にわたしは招かれてはいませんでしたが、朝食のとき、何かお礼を言うのが本筋ではないかと思い、十時の告別式の一時間前に紙と鉛筆を持ち、消しゴムはもたず、書き直しのきかない真剣勝負という気持でアイヌ語を文字化して一気に弔辞を書きました。

書きあげた弔辞をもって、式の時間ぎりぎりに行って、係の人に実はわたしは黒川てしめさんにお聞かせしたいと思ってアイヌ語の弔辞を用意してきました、二、三分時間をくださいませんかとお願いしますと、結構です、どうぞ、とのことです。葬式は仏式でしたので、ひととおりのお経と弔辞が終わったあとに読ませていただきました。

読み終わると、アイヌ語がわかるご老人たちが、いい言葉であったと涙を流して喜んでくれました。わたしはそのとき、ああ、アイヌ語は生きている、アイヌ語というものはアイヌの胸を打つ何ものかがあるんだ、ということを身をもって体験したのです。

その弔辞の全文を次に掲げます。

ク・コロ・ヌペポ　　　　わたしの仏よ
ク・コロ・カッケマッポ　わたしの淑女よ
ウ・ヌカラ・ヘタプ　　　お会いするようす
ア・キ・カトゥ・アン　　と、言いましょうか
タネ・アナッネ　　　　　いまはもう

カムイ・カラ・ナンカ
カムイ・カラ・シリカ
ア・コロ・ワクス
アイヌ・イタッ
エ・プイ・トゥマレ
ア・キ・ロッ・シリ
コ・ヨイラ・クニプ
ソモ・ネ・コロ・カ
カムイ・カラ・イタッ
エカシ・カラ・イタッ
ウ・ネ・ヤクス
ヘル・クワン・ノ
ポネ・オッ・カシ
チ・ケウエ・ホムス
チ・エ・カラ・カラ・ナ
チ・ヤイ・コ・ルシカ
エ・ネ・カラカラ・ワ

神の作った顔
神の作った体
あなたは持つので
人間の言う言葉
聞きたくないと
思われるだろうけれど
それを忘れて
言うのではないが
神の作った言葉
祖先の作った言葉
であったから
ごく簡単に
屍の上に
ねぎらいの言葉を
わたしは捧げます
それを哀れと
考えて

エンコレヤン
エヤシリカ
イタッ・プリ・カ
ア・イエ・ナンコラ
タネ・アナッネ
トノ・ネマヌプ
コロ・イレンカ
イレンカ・カシ
ア・コイ・カラ・ワ
ア・コロ・ワ・ピリカプ
アイエ・ワ・ピリカプ
アイヌ・イタッ
ウ・ネロカワ
チ・コ・ウン・ケシケ
ピカン・コラチ
ウララ・シンネ
ラヨチ・シンネ

くださいませ
本当に
言葉の綾
と言いましょうか
いまはもう
和人というもの
が持つ法律
その法律を
われらも真似させられ
われらが持ってよかったもの
われらが言ってよかったもの
アイヌの言葉
であったが
それが呪われ
それと同じに
霞《かすみ》のように
虹のように

エ・チャン・チャン・ケ
イタッ・ラマッ・カ
ア・イ・コウッ・ノイネ
シリキ・ラポッ
ピリカ・ヒネ
ウナラペポ
カッケマッポ
セコロ・ヘ・ク・イェ
アイヌ・イタッ
エ・エラマン・ワ
エ・アン・アアンヒ
ク・ヌ・ワ・クス
チ・コ・テッテレケ
ピリカ・イタッ
イタッ・フムトゥル
エ・オロ・アポンコ
エン・ヌレ・ワ

消え去って
言葉の魂も
奪われそうに
なったそのとき
良いことには
おば上が
淑女殿が
と言いましょうか
アイヌの言葉
知っておられると
そのことを
わたしは聞いて
訪ねて来て
良い言葉
言葉の髄を
少なからず
わたしに聞かせてくださり

クカオ・ワ・アンナ
タパナッネ
アイヌ・イタッ
イタッ・ラマッネ
オ・トゥ・サスイシリ
オ・レ・サスイシリ
エ・オマ・クニプ
ネルウェ・タパンナ
カムイ・モシリ
シンリッ・コタン
エ・コ・アラパ
ネ・オカ・タ・ネヤッカ
イタッ・トゥントゥ・ネ
ア・ハウェ・ヘ・アナッネ
シッヌ・ワ・アン・ワ
ア・コロ・ソン・ウタラ
ア・ミッポ・ウタラ

わたしはそれを録音しました
これこのものは
アイヌの言葉
言葉の魂
二つの永遠に
三つの悠久に
保存される
ものですよ
神の国土
先祖の村へ
行かれても
その後で
言葉の柱として
あなたの声は
生きていて
われらの子供
われらの孫が

ウタッ・トゥラノ
エ・チャヌプ・コロ・ペ
ネ・ルウエ・ネナ
ク・コロ・ポネポ
インネ・ニシパ
ク・コロ・カッケマッポ
カッケマッ・ウタラ
ウタペラリ
イキッ・トゥム・タ
ネプ・ク・ネワ
ソモ・ネ・ヤッカ
エ・ラム・クイェ・ルスイ
タパン・ペ・クス
チ・コ・テッテレケ
チ・コ・チン・プニ
ク・キ・ハウェ・ネナー
エ・エパキタ

仲間と共に
それを経典と
するでしょう
屍よ
淑女殿よ
大勢の方々や
奥様方が
居並んでおられる
そのなかで
何者でも
ないわたしだが
あなたの業績を
たたえるために
わたしらは、やって
来たのです
そしてわたしは言うのです
その次に

タネ・アナッネ
ポロクル・コ・モヨ
ア・キ・ワクス
テエタ・ネノ
アイヌ・プリ
ソモ・アン・ヤッカ
イッケウエタ
エ・ヘコテ・カムイ
イェ・ロッ・イタッ
エ・コカヌ・ワ
ヘタッタ・ヘタ
ア・オシクル・ロッペ
エ・コロ・ニシパポ
テム・コロ・カシ
エ・ヤイ・トゥナシテ
ホタシシ・ケウトゥム
ヤイ・コレ・ワ

いまはもう
老人も少なく
それ故に
昔のように
アイヌの葬式は
できないけれど
一番に
あなたの火の神が
言う言葉
それに耳を傾けて
さあ、早く
先に亡くなった
あなたの夫の
懐《ふところ》へと
お急ぎください
急ぎの心
自ら持って

ミッポ・アコラ
セコラン・ヤイヌ
ソモ・エ・コロ・ノ
エアットゥコンノ
カムイ・モシリ
エ・コ・アラパ・クニプ
ネ・ナンコロ・ナ
ア・ヌ・エ・ウェン・ペ
ショカ・イェヤラ
ネ・アクス・タプ
ケライ・カッケマッ
エ・ネ・アクス
ネプ・ク・ネワ
ソモ・ネ・ヤッカ
ヘル・クワンノ
ポネ・オッカシ
ケウェ・チ・ホムス

孫がいたこと
そういう心を
すっかり忘れて
ただひと筋に
神の国土へ
あなたは行く
のですよ
あなたにとって聞きづらいことを
死んだ後に
言われること
あなたは淑女なるが故に
そういうことはないでしょう
何者でも
ないわたしだが
ごく簡単に
屍の御上に
ねぎらいの言葉を

チ・エ・カラカラ・ナー　わたしは捧げます
ク・コロ・ヌペポ　わたしの仏よ
コンカミナー　わたしは礼拝いたします

わたしは、アイヌの昔話「ウウェペケレ」を集めた『ウエペケレ集大成』（アルドオ）を著し、その功績で、昭和五十年に第二十三回菊池寛賞をいただきました。そのときもアイヌ語で受賞の挨拶を次のようにしました。

ニシパウタラ　カッケマクタラ　シネイキンネ　コンカミナ　タパンイラムイェ
ご来賓の　皆さまに　一言ご挨拶を申し上げます。この式場
イラムイェカシ　クヘコテカムイ　カムイエトゥレン　チアシケアニ
この祝宴に　神と共に　招待され　こころから
ラモッシワノ　クヤイイコプンテッコロ　フチウタラ　クイリワクウタラ
うれしく思います。語り手の　お婆さんたち　わたしの兄弟友人
クウェンマチヒ　クシオコテ　ニシパマチヤ　カムイマチヤ　クコチンプニ
そして　わたしの妻も一緒に連れて　やって来ました。その次に

クキルウェネ　エエパキタ　タパンイコプンテッタパンイラムイェ
この賞この物は　人間の考えかただけでなく
タパナッネチヌカラアイヌ　コロイラウェ　ソモネナンコロ　アイヌノミカムイ
アイヌが祭った神々　言葉を　つくった神々　全部がそう
イタッカラカムイ　カムイオピッタ　エネヤイヌパヒ　カムイカライタッ
考えて　神のつくった言葉　祖先のつくった言葉
エカシカライタッ　エオロアポンコ　アンロッペ　ラヨチシンネ　ウララシンネ
少なからず　あったものを　虹のように　霞のように
ウコチャンチャンケヒ　コパンクス　パシウテッペネ　エネイワンケワ
消え去ることを　惜しまれて　走り使いとして　わたしを使い
エカシカライタッ　ウウォマラパレプ　ネロックニ　クヤイヌアワ
先祖の言葉を　拾い集めさせた　と　わたしは思います。
シサムウタラ　カムイトゥラノ　ヌカラアアンヒ　タナントヨッタ　タパンペネノ
それを皆さまが　神々と共に　みておられ、今日この日に　このように
クラムアイェシリ　クピリカトゥレンペ　トゥレンペトゥラ　ラモッシワノ
わたしが　褒められるこれこのことは　わたしの憑き神と共に　こころから
クヤイライケプ　ネルウエタパンナ　タパンイラムイェ　タパナッネ　シネンクネワ
うれしく　思います。　この賞　この物は　わたし一人が

ケウンケライペ　ソモネナンコロ　ピリカウウェペケレ　ピリカイソイタッ
もらう物では　ありません。　いい昔ばなし　美しい言葉を
エンヌレア　ウナラペウタラ　コエトゥレンノ　タネアナッネ　カムイネアンクル
聞かせてくれた　いまはもう　亡くなられた　お婆さん
フチウタラ　エカシウタラ　トゥラノケウンケライペ　ネルウェネナンコロ
お爺さん　たちと　共にもらった物が　この賞だと思います。
タパンウシケタ　アシリキンネ　ウナラペウタラ　クコオンカプ　ネルウェタパンナ
この場所で　改めて　お婆さんたちに　お礼を　いいます。
エエパキタ　シサムニシパウタラ　クコラムコロヒ　エネオカヒ　テワノカ
そして　次に　皆さまに　お願いしたいことは　これからも
アイヌイタッ　アイヌプリクルカシケ　コスネオマレ　ネウンポカ　イタッピリカプ
アイヌの言葉や　アイヌの文化に光を　当てられ　なんとかして
オトゥサスイシリ　オレサスイシリオオマクニ　コサンニヨパワ　エンコレヤン
二つの永遠　三つの悠久に　朽ちることのないように　お力添えをお願いします。
シンリッイタッ　クイェアシカイペ　ソモネコロカ　ヘルクワンノ　ヤイライケイタッ
先祖の言葉を　上手には　言えませんが　ごく簡単に　お礼の

チコロイタッカニ　クイェハウェネ　ニシパウタラ
言葉を　アイヌ語で　申し上げます。ご来賓の
カッケマクタラ　シネイキンネ　ネイタパクノ　ニサシヌクニ　カムイプンキ
皆さま方の　ご健康を　神に　念じ
アンナンコンナ
ご挨拶といたします。

アイヌ民族として

昭和五十年春、どうしたはずみか、思ってもいなかった平取町議会の議員候補として推薦を受けました。それまで政治ということに全く無縁のわたしでしたので、その推薦を固辞したのですが、わたしを推す人びとの切り札はこうでした。

「あなたが立候補してくれなければ、平取町議会にアイヌ系の議員は一人もいなくなるよ。それでもいいのですか」――

この平取町の中で生活しながら、アイヌ文化を考えてアイヌの民具、言葉を集め、アイヌ語の復活を考えているわたしが、そういう言い方で詰め寄られるとどうにもなりません。わたしはやむを得ず立候補することにしました。仕立てられた選挙カーに乗せられ、幅三〇センチもあろうかと思われる襷《たすき》を右肩から左斜めに掛けさせられ、平取町内の隅から隅まで歩きました。平取町は香川県に近いぐらい広い町です。

開票の結果、二百四十七票。多くの方々のご支持があって二十二人の定員の八番目で当選させていただきました。

わたしのために、広い平取の町を選挙カーでくまなく走らせてくれた方々には悪いのですが、その選挙運動中、今まで行ったこともない見知らぬ家の横や物陰に、これかかった馬車、馬橇《ばそり》、やんちゃ引《び》き（山の上から丸太を引きおろすために用いられた鎖《くさり》）、数々の古い農機具などにまずわたしの目が移るのです。選挙運動が終わるまでに、町内の古道具の位置地図をしっかりとわたしの頭の中に描くことができるようになりました。

選挙の残務整理が終わってわたしがまずやったのは、その頭に描いた古道具地図にしたがってそれらの物を買い集めることでした。ユニック付きのトラックを頼んで、馬車のあった家、馬橇のあった家……と、一軒一軒を訪ねて、それを譲ってくださるようお願いしました。すると、倉庫の中までもみせてくださり、思わぬ掘り出しものまで集めることができました。

もし町議に立候補しなかったなら、あるいはわたしの目にふれることなく、地に朽ち果ててしまうかもしれない物を買い集めることができたことは、アイヌ風に考えて、神が自分の手でできないことを人間の手をわずらわしてさせる、神様が考えていたことを萱野茂というアイヌに買い集めさせたのだ、と思っています。

その道具は、今、二風谷アイヌ文化資料館の北側の収納庫に、雨風にさらされることなく大事に保管しています。そのうち、資料館を増築し、アイヌ時代から現代までの農機具の移り変わり、昔の木材搬出の様子などを展示したいと考えています。

昭和五十二年の暮れ近く、大阪の千里の万博会場跡にできた国立民族学博物館（民博）の大塚和義助教授が二風谷まで来られました。用向きは、民博につくるアイヌ展示室のアイヌ生活資料を作ってほしいということでした。それまで、アイヌ生活用具の製作は、昭和四十一年の登別温泉ケーブルの資料室、四十四年の北海道大学文学部の資料室、それに四十六年の二風谷アイヌ文化資料館と三回も経験していました。しかし、民博の注文ほど本格的で大量のものははじめてなので、ややびっくりしたものです。

さらに民博では、そのほか、館の中に昔ながらの本式のアイヌの家屋も建てるというのです。わたしはその申し出を喜んで承知しました。

その後、全体の見積書を提出し、正式の発注を受けたのは、昭和五十三年の春でした。わたしは注文の品を、木彫りをやっている若者、貝澤貢男君、貝澤耕一君などを中心にお願いし、さらに女物などは女の人にたのみました。みんなそれぞれ得意とするものを熱心に製作しました。

注文の品物の中には、一年に一度しか作る機会が巡ってこないものもありました。それは桜の木の皮で作る箕《み》とか、かなり大きな木の皮で作る器などです。これらの材料の皮は、わたしたちのアイヌの教えでは、六月十八日からの二日か三日の間に木からはがさねばなりません。早過ぎると、木の本体から皮がはがれないし、遅過ぎると、内皮と外皮とがばらばらになって使い物にならなくなるからです。

わたしたちは「日本国」の「国立」博物館からの注文とあって、みんな一生懸命に作りました。できるだけ昔の材料で昔の道具をもって作ったのです。

おかげで、今まで全く作ったことのないものの作り方をおぼえることができました。たとえば、エムシアッ（刀を肩から下げるときに用いる幅の広い帯のような紐）や、タリペ（物を背負う紐を額に当てる広い部分の布）の編み方です。これを編むのは女の仕事でしたが、これまで誰も編むことができなくなっていたものです。これらの古い物をほぐして、この編み方をおさらいしたわけです。

こういう技術がわたしたちの世代によみがえったことはうれしいことです。それに大きな館内にできたアイヌ家屋も、半永久的に朽ちることはないでしょう。このようなことはひとえに民博のおかげでもあると思っています。また国の施設の中に、これだけのアイヌ関係資料、生活用具三百種がきちんとおさめられたことは、アイヌ文化が国によって認められたという証《あかし》にもなろうかと思います。

わたしも、古物集めだけが博物館の仕事ではなく、忘れられた技術の復活、振興も博物館の役割なのだ、ということを教えられました。

この民族博物館から注文があった品物のうち、アイヌの女が作る物の大方は、わたし

織物をする著者夫人

の家内が作りました。十八年前に、早稲田大学におさめるアイヌ模様つきのござを苦心して作ってからというもの、わが二風谷アイヌ文化資料館におさめられたものはもちろんのこと、北海道大学資料室、小樽博物館、苫小牧資料室、その他多くの道内観光施設用におさめる女物は、すべて家内が作りました。

わたしの口からほめるのはどうかと思いますが、家内は一度やり出すと最後まで根気よくていねいに作ります。いい加減の物は作りません。この根気は生まれながらのものか、嫁に来たときからの貧乏生活を忍従してきたためにできたものか、わたしにはわかりません。本人は口にはしませんが、後世に残る、残せるアイヌの品物を作れることに心密かに誇りを感じているのではないでしょうか。

昭和五十三年、わたしは北海道文化奨励賞をいただきました。受賞の知らせをもらった夜、一本のビールの栓を抜き、家内とコップを合わせました。わたしは家内に向かって、

「文化奨励賞の半分はお前のものだ、おめでとう……」

と語りかけはじめましたが、あとは言葉になりませんでした。

昭和二十六年にわたしと結婚して以来、家内は、大酒飲みの舅を筆頭に八人の貧乏家族の世話をし、畑耕しの苦労をしました。頼りの夫といえば、結婚式五日目には仕事に出てしまい、帰ってくるのは、春と秋の農繁期だけ。しかも、持ち帰った金の一部でアイヌ民具を買い歩く始末。最近でこそ生活には困らなくなりましたが、貧乏生活との闘いでした。

わたしは妻の苦労に気がついていましたので、夫婦喧嘩だけはすまいと心がけていました。子供のとき、わたしの親が喧嘩するのをみていやでいやでどうにもなりませんでしたから、家内との間に生まれた三人の子供のためにも、夫婦喧嘩はやるまいとなおさら考えました。結婚生活約三十年近くなりますが、思い出せるような夫婦喧嘩をしたことはありません。

小さい声で言いますが、わたしがいままで自分の思いのままに仕事をすることができ

たのは、家内のおかげなのです。

昭和五十一年二月、ご招待を受け、第二次アイヌ青年友好訪中団の一員として中国に行きました。その折、出迎えてくださった中日友好協会の幹部の方がまず口にされたのは、次のようなことでした。

「皆さまをお迎えしましたのは、アイヌ国のアイヌ民族としてではなく、日本国の日本国民の中の少数民族のアイヌ族としてでございます。したがって、アイヌの国のアイヌ民族であるというふうに、皆さまが皆さま自身で誤解しないようにしてください」

わたしはその話にはいささか不満がないわけでもありませんでしたが、幹部の方はひきつづいて次のようにつけ加えました。

「アイヌ国という言い方、あるいは認め方をすることは、日本国への内政干渉になりますので遠慮いたします。しかし日本国民の中の少数民族、アイヌ族の皆さまを私たち中国人民は心から歓迎いたします」

わたしはこの言葉である程度納得することができました。

「民族」という語を『広辞苑』で引いてみますと、次のように書いてあります。

「同一の人種的並びに地域的起源を有し、または有すると信じ、歴史的運命および文化的伝統、特に言語を共通にする基礎的社会集団。人種、国民の範囲と必ずしも一致しない」

この定義は世界的に認められた公式のものかどうかは知りませんが、少なくともわたしたちアイヌは、アイヌ・モシリでアイヌ語を使っていたことは明白な事実であり、完璧な「民族」です。

わたしが北海道庁に対して意見を言う機会を得たとき、大略次のような提案をしつづけてきました。

「アイヌはアイヌ・モシリ、すなわち〈日本人〉が勝手に名づけた北海道を〈日本国〉へ売ったおぼえも、貸したおぼえもございません。しかし今となって、北海道に住んでいる〈日本人〉を〈日本本土〉へ帰れと言っても、そう簡単に帰れるものではないことは承知しています。そんな実現不可能なことをわたしは言いません。

わたしは、今このアイヌ・モシリに住んでいるわたしたちも〈日本人〉も一緒になって、このアイヌ・モシリの自然を守りたい。今まで何かと差別されてきた先住者のわたしたちアイヌの生活の向上のために、思い切った政策を実行して欲しい。

家を不自由している人には家を建てて入れること。向学心に燃えても家庭の経済的事情で進学できない人には国費を出してやること。数の少ないアイヌだけでは国会議員、道会議員を選出することができないので、それを選出できる法律や条例をつくること。アイヌ語を復活させ、アイヌ文化の大切さを教えるため、希望する地域にはアイヌ語教育をする幼稚園、小・中学校、高校、大学を設置する。そして、これらに必要な経費は国や道が出す。元々の地主に今まで払わなかった年貢を払うつもりで出すこと……」

少数民族の問題について、国はもちろん道も市町村もあまりにも理解がないと言いたいのです。お隣りの中国では、少数民族の朝鮮族の住んでいる地域では、バスの停留所の標識などは共通語の中国語と並べて朝鮮語でも書いてあります。中国国内で五十四種族の少数民族の自治区はすべてそのように併記されているのです。昭和五十三年の夏、アラスカのボインバロー市へ市長からの招待で行ってきましたが、同市のエスキモーの自治区では、共通語は英語でしたが、小学校ではエスキモー語を教えていました。

細かいことは言いませんが、現在、世界的に少数民族問題が真剣に考え直され、その民族が持っている文化や言語を絶やさない努力がされています。そういう世界の趨勢に日本も遅れないように本気で取り組んで欲しいのです。

アイヌは好き好んで文化や言語を失ったのではありません。明治以降の近代日本が同化政策という美名のもとで、まず国土を奪い、文化を破壊し、言語を剝奪してしまったのです。この地球上で何万年、何千年かかって生まれたアイヌの文化、言語をわずか百年でほぼ根絶やしにしてしまったのです。

このごろ、国の方針か道の方針か村の方針か知りませんが、わが二風谷小学校を廃校にして平取本町の小学校へ統合しようとする動きがあります。教育委員会は大きい設備の整った学校がいいことは決まっていると言います。教育委員会の資料には、平取では差別はない、小さい時から一緒に机を並べることによって……と書いてあります。

しかし、アイヌ差別が厳然と残っている現実において、この統合は多くの問題をはらんでいることは明白です。平取にはアイヌ差別があります。例を挙げれば結婚問題一つにも差別はあります。わたしの知っているかぎり、今までにアイヌとシャモが好きになっても、シャモの親は必ず反対します。「自分たちの血にアイヌの血が混ざったらご先祖さまに申し訳ない」と言います。こう言い放ったシャモはかつて学校でアイヌと机を並べた人なのです。

口だけで「差別はない」と言っても、心のどこかで、アイヌを差別しているのが現実です。二風谷小学校はここしばらく統合しないほうがいいと思うのです。

わたしには残されたものがたくさんあります。祖母などから教わった「ウウェペケレ」は、かつて『ウエペケレ集大成』(アルドオ書店)として出版して、菊池寛賞をいただきましたが、この本に集められたものは、わたしが教えられたウウェペケレの五十分の一に過ぎないのです。わたしは、この仕事もつづけなければなりません。

わたしが二十数年かかって集めた民具約三百種数千点は、「二風谷アイヌ文化資料館」として世に問いましたが、これは幸いなことに『アイヌの民具』(すずさわ書店)と本になって結実しました。

わたしが「世帯更生資金」という金でテープレコーダーを買い求めて録音をはじめてから満二十年になりますが、そのテープの録音時間は五百時間を超えようとしています。このテープもなんとかしなければならないのです。わたしは録音をとらせてくれた一老人の言葉を忘れることができません。

「萱野さん、聞いてくれ。土を掘れば、石器も土器も出てくるが、言葉、おれたちの祖先の言葉は出て来ないもんなあー。言葉は土に埋まっていない。木の枝にひっかかっているわけでもない。口から口、ただそれだけよ。頼むから若い人にアイヌ語を教えてやってくれ……」

文字をもたなかったアイヌ民族の言葉、アイヌ語の再生のためにわたしはなにかしなければなりません。

また昭和四十九年には、東京・杉並のご自宅や熱海の水葉亭で金田一京助先生にお手伝いをしたユカラ、金成まつさんのノートが、京助先生のご子息金田一春彦先生のご好意によって、わたしどもの「二風谷アイヌ文化資料館」にご寄付していただきました。奇しき縁に身のひきしまるのをおぼえます。この金田一京助先生がし残したユカㇻの日本語訳の仕事を私が引きつぐことになりました。これもやりとげねばなりません。

いまは、下手な原稿書きばっかりですが、わたしにはやるべきことがたくさん残されています。誰か原稿を書く人が現れれば書くのをやめて、広い土地にでっかい幼稚園を建て、その園長にわたしはなりたい。園長はアイヌ語だけで日本語は絶対にしゃべらん。するど園児たちはあっというまにアイヌ語を覚えてくれると思うのです。

山子やめて、彫刻やめて、店やめて、原稿書きやめて、わたしは幼稚園の先生になりたい――それがわたしの夢。夢のことをアイヌ語でウェンタラプと言いますが、わたしのウェンタラプもきっと実現してみせます。してみせるんだと、自分に暗示をかけている毎日です。

あとがき

アイヌの一人として、アイヌ民具の保存継承とアイヌの言葉の再生に取り組んできたわたしが、思いもかけず自伝的なものを書いてしまいました。

ものごころついたときには、わたしは、アイヌ語を母語とし、日本語を外国語として学ぶという二重言語で育っていました。青年になったある時期、アイヌのアの字を聞くのもいやで、腕一本が勝負、力がものをいう山奥の飯場暮らしに生き甲斐を感じて一心に働き、少年時代からの夢であった造材山の請負師にまでなりました。しかし、どこでどうして道に迷ったのか、金儲けは誰でもできるとばかり、実現した夢をかなぐり捨てて、シャモ（和人）に持ち去られるアイヌ民具の蒐集に血道をあげるようになりました。もういまでは、アイヌ語という言葉の位牌を背負い、アイヌ民具と心中の道行きをしているようなものです。

たまたま知人と雑談していたとき、「もしも最初の目標どおりに請負師を続けていたら、いまごろは大会社の社長かも……」とわたしが話したら、知人は手を振って、「いやいや、あんたはだめだ。慎重すぎて借金ぎらい、他人《ひと》にだまされても他人をだませない。そのような人間が大会社の社長などになれるものか」と言いました。あるいは知人の言うとおりかもしれません。

それはともかく、いくらなんでもそこまで書かなくとももと顔も赤らむような恥ずかしい話、いままで一度もしゃべったことのない悲しい思い出にまでペンを滑らしてしまいました。そんなに恥ずかしいのなら書かなきゃいい、そんなに悲しいのなら忘れりゃいい、と思いましたが、とうとうわたしの生い立ち、わたしの祖父母、父母、それに死んだ兄弟の生涯の真実を書いてしまいました。作り話でないだけに、悲しい思い出を書くときには、がらにもなくペンを走らせながらひとり涙を流したこともあります。

しかし、これを読まれる方はどう感じ、どう考えるのかも知れず、書きすぎれば自画自賛になり、書かなければわたしたちの真実をわかってもらえない。そんな思いに悩みつづけ、書くように勧められてから書きあげるまで五年の歳月が流れてしまいました。

ほかの本はどんどん出版されるのに、この本だけはつぎつぎとあと回しになっていくのでした。それでもこの本は、文字を持たなかったアイヌ民族の一人の男が日本語で書いたアイヌの碑といえるかもしれません。

とはいうものの、「貧しい」とか「貧乏」とかいう言葉では語り尽くせない子供時代のどん底生活までさらけ出したのですから、わが生い立ちを書いたというより恥を書いてしまったのだという気もします。

しかし、わたしの裸を人目にさらす思いのこの小さな本で、アイヌ民族が背負わされてきた苦難の道、そしてこれからも続く悩み多いけわしい道のひとすじでもわかっていただければ、こんなうれしいことはありません。

昭和五十五年二月　雪の二風谷で

萱野　茂

文庫版によせて

朝日文庫編集部からの電話で『アイヌの碑』を文庫本に、というお話があり、もちろん異存はありませんでした。

が、文庫本なるものの本当の意味は?、と心配になり、あわてて辞典をめくって見ると、「有名な作品の普及を目的に小型で値段の安いものに……」とあります。つたない文章がそうした形で再出発とは願ってもないありがたいことです。

本を読んで下さった多くの方々が「あの本は夜更し本だ。読みはじめたら止められない」と、いってくれていたものです。

ひょっとしたらお世辞ではなかったのかも知れないと思いながら、最初から読み返してみると、創作でないだけに悲しかった所へ来ると悲しみが新たになり、なかなか前へ進めませんでした。しかし、十年前は夢であったことが次々と日の目を見て、例を上げると、二《に》風《ぶ》谷《たに》小学校は統合させずに一昨年新校舎改築落成。アイヌ文化資料館増築の夢は現実のものとなって、平成三年秋完成を目途に現在の資料館の六倍の広さ、三〇〇坪の建物の地鎮祭が十月六日に行われたところです。アイヌ語については道内六か所、二風谷、旭川、浦河、釧路、白老、札幌にアイヌ語教室が開設され、月に二回と少ないけれど地区の人々が勉強に通っています。

金成まつさんのユカラノートは北海道教育委員会の助成によって、一年に一冊、本年で十二冊目が印刷されましたが、残念なことに市販はされていません。

私自身の近況をいいますと、STVラジオに依る、アイヌ語講座「イランカラプテー」、毎週日曜日午前六時五分から十五分間、これも四年目に入りました。『北海道新聞』夕刊毎週金曜日に、「カムイユカラを読む」を、連載させてもらっています。それから、アイヌ語辞典の編纂をトヨタ財団のご援助によって四年前から始めて、平成二年度末に原稿を仕上げ平成三年に出版、出版社は三省堂に決定しています。

辞典に載るアイヌ語は一万語前後、それに例文をできるだけ多く付けるべく、ここでアイヌ語で育った者の強みを思う存分発揮しているところであります。

二風谷村――、目の前の沙流川に北海道開発局がダムを構築中ですが、用地内に貝澤正と萱野茂の土地があり、買収に応じなかった二人の土地は強制買収され、目下異議申し立て中です。

私が出した条件はたった一つ、「有史以前からアイヌが持っていた鮭を獲る権利をアイヌに返還してくれ」という、ささやかな願いです。

罪人にされた父のことを思うと執念を燃やさずにはいられないのが、鮭の問題です。

世界中、それぞれの国の先住民族の権利が足早に回復されつつある中で、日本政府は小回りが利かないのか、利かない振りをしているのか、アイヌ民族の要求に耳を貸そうとしてくれません。

小型になったけれども力強く走り出したこの本によって、アイヌ民族の過去と現在の一端を知ってもらえるとするならば、望外の幸せと存じています。

萱野　茂

一九九〇年十月

イヨマンテの花矢　続・アイヌの碑

アイヌ語の表記について

本書ではアイヌ語をカタカナで表記した。一般の日本語表記にない字の発音は以下のとおり。

○ドは「tu」。英語のトゥデー（today）のトゥと同じ発音。

○「はねる音」や「つまる音」は、小文字でプ、ッ、ク、シ、ムと表記する。それぞれ、p、t、k、s、mに対応するが、－pp－、－tt－、－kk－、－ss－のように同じ子音が続く場合は、ッで表記する。

○小文字のラ、リ、ル、レ、ロは、母音をともなわないrに対応するが、直前の文字がア段ならばラ、イ段ならばリというように表記する。

イヨマンテの花矢

幼い幼いわたしの記憶です。

家の外は夜でも真っ白な吹雪《ふぶき》でした。ひゅうぅ、ひゅうぅと鳴る風が部屋の中に吹き込んできます。ガラスの片側が煤《すす》で黒くなった石油ランプの明かりはただでさえ仄暗《ほのぐら》く、そのうえ三分芯《しん》の先の火は隙間《すきま》風《かぜ》でふわっふわっと、今にも今にも消えそうになりながら、座ってなにやら仕事をしている父の手元を照らしています。

父アレㇰアイヌは、アイヌ語でヘペㇾアイ、俗に花矢と呼ばれる、熊を神の国へ送るときに使う矢を作っていました。

今なつかしく思い出すこの光景は、昭和の初めに古里二風谷《にぶたに》でおこなわれたイヨマンテ（熊送り）前夜の準備でありました。

このとき父が作っていたのはヘペㇾアイの一種のチロシアイというものでした。サビタ（ヤマアジサイ）という灌木《かんぼく》を、長さ約六寸（約十八センチ）にして大人の中指ほどの太さに丸く削り、矢柄《やがら》に差すほうをさらに細く削ります。

鉛筆くらいの幅の細い布を水に濡らし、削ったばかりの白木のままの矢に、右へ左へ斜めにという具合に巻き付けて模様にします。

まだ布が濡れているうちに、細かく裂いた白樺《しらかば》の皮を炉の縁の近くで燃やします。その煤を、布を巻いた矢に当てると煤が付き、矢は黒くなります。全体をまんべんなく黒くしてから布をほどくと布が巻いてあった部分だけが白く残り、きれいな模様が出来上がりました。

このような作り方をチロㇱといいまして、これでできた矢をチロㇱアイというのです。その模様は、マキリ（小刀）で彫った、普通のヘペㇾアイの模様とはまた違う味わいがあるものです。

こうして作った矢の太いほうの先端近くにちょっと切れ目を入れ、およそ一寸（約三センチ）角の真っ赤な布を外れないように留めます。細く削ったほうは長さ一尺七寸（約五十一センチ）ほどの矢柄に差し込み、仕上げます。

矢を作る父のそばにフチ（祖母）てかってが座っています。てかっては囲炉裏《いろり》の木灰を指先で抓《つま》み取っては、ニンカリという耳飾りをその木灰で磨いています。

二人は明日おこなわれるイヨマンテに参加する準備をしているのでした。

てかっては同じ木灰でタマサイの銅玉、鉛玉を一個ずつ磨いていました。タマサイというのは、大粒のガラス玉や銅玉、鉛玉を糸に通して作る、大振りの首飾りのような装身具です。

一夜明けると吹雪も止《や》みました。父アレㇰアイヌはチカㇻカㇻペ（刺繍《ししゅう》をした着物）を着、頭にはイナゥル（儀式用の冠）をかぶります。手には昨夜遅くまで作っていたヘペㇾアイを持っています。

祖母てかっては木灰で磨いたニンカリを耳たぶの穴に通して下げ、タマサイを首に掛けました。胸いっぱいに大粒の玉の飾りが広がり、本当に美しく見えたものです。

わたしは、たしかてかってに手を引かれてだったか、降ったばかりの白い雪を踏みしめてイヨマンテの場所へと向かいました。貝澤シランペノさんの家の東側に建てられた家がその会場ですが、その家を見て驚きました。屋根に萱《かや》を葺《ふ》いてあるのは東の隅の少しだけで、残りはみな骨組みがむき出しのままなのです。子供心に、「雪や雨が降ったらどうするの、寒いべなあー」と思いました。

あとで知ったことですが、そのころはまだ二風谷には電気が通っていなかったので、写真撮影の採光のためにそうしていたのでした。

さて、いよいよ、熊を神の国へ送り返すイヨマンテの始まりです。子熊を木の檻《おり》から出し、首に縄を付け、集まった大勢の人垣の前を二度三度と走らせます。

男の子たちには、昨夜父が作った花矢が一本ずつ配られています。その矢を子熊が目の前を通るときに弓で「えいっ」とばかりに射るのです。

矢先は尖《とが》っていないので熊に当たった矢も跳ね返り、雪の上にばらばらと散らばります。矢の先に付けた真っ赤な布と真っ白な雪との取り合わせの美しかったこと。七十数年前のことなのに、今でも脳裏に焼き付いて忘れられない一場面です。

花矢は熊に刺さりもしないし、傷さえも付けません。生きた熊に向かって矢を射る度胸を男の子たちに付けさせるのが目的なのです。

射る数は、リヤプ（丸一年養った熊）には三十本、シリヤプ（丸二年養った熊）には六十本と決まっています。そのため、男の子だからといって、全員が矢をもらって射れるわけではありません。幼すぎたからでしょう、この日、わたしも花矢を射ることはありませんでした。

無事にイヨマンテが終わると、歌や踊りで祝い、遊ぶ時間になります。このとき、てかってがテレケイペ　ホリッパ（カエル踊り）という古い踊りを踊ったことが問題となりました。

この踊りは、沼の底から水面へ浮かび上がろうとするカエルが、手足を目一杯広げて水をかく姿を真似て、「オーホホホッ、オーホホホッ」と繰り返し声を出しながら踊るのです。

ところが、「アヌン（よその人、外国人）も来ているのに、あのような古い踊りを踊

テレケイペ ホリッパを踊る著者の祖母てかって（昭和5年12月）

り、村人に恥をかかせた」という声が出てきました。

てかっては、「昔はカエルだけでなく、鳥や獣や、いろいろなものの真似をして歌い踊ったものだが、テレケイペ　ホリッパが悪いというのなら、もうこれからは踊りません」と残念そうに言いました。

これでその場は収まったのですが、その後、このてかっての踊りを撮影した写真をいろいろなところで目にすることになりました。当時としても珍しい踊りだったようで、貴重な記録として残ったわけですから皮肉なものです。

このようにして内側から捨てたり、捨てさせられたりした古い踊りや遊びが、アイヌの文化のなかにこれまでどのくらいあったのでしょうか。今にして思うと、古いことを恥と思った時代があったことは残念であります。

ちなみに、このイヨマンテがわたし自身の最も古い記憶のひとつです。二風谷小学校(当時は国民学校)に残る記録を見ると、おこなわれたのは昭和五年十二月二十五日でした。してみると、わたしがまだ満四歳のときのことだったのです。

このイヨマンテは、当時二風谷に立派な家を建てて住んでいた、お医者さんのイギリス人、ニール・ゴールドン・マンローという人がアイヌ研究のためにお金を出してやらせたもので、のちに「マンローさんのイヨマンテ」と呼ばれるようになりました。

なお、ここで付け加えておけば、イヨマンテはアイヌ語のイ(熊)とオマンテ(行かせる)がつながった言葉ですが、発音すると「イヨマンテ」となります。

イヨマンテの前夜に祖母が木灰で磨いていたタマサイのことですが、女性として命の次に大切にしていたその玉飾りに、のちに大変なことが起こりました。

アイヌの風習として、女性が亡くなったときには葬式がおこなわれるまでのあいだ、遺体の胸の上にタマサイを置くことになっていましたが、これが〝事件〟のもととなったのです。

年月日はよく覚えていないのですが、同じ村のれすのてっというおばあさんが亡くなりました。あいにくのことに、れすのてっさん本人はタマサイを持っていなかったので、祖母てかってが自分の大切なタマサイを、出棺までのあいだ貸したのでした。ところがどうしたことでしょう、いざ出棺のとき、そのタマサイを遺体から取り外すのを忘れ、そのまま埋葬してしまったのです。まもなく気づいたのですが、どうにもなりません。埋葬した遺体を掘り起こすことは、アイヌとしては絶対にできないことだからです。祖母は何日も何日も泣いて悲しんでいましたが、遺体を掘れば祟《たた》りがあると信じ切っているアイヌですから、泣き寝入りで終わるほかはありませんでした。

玉飾り事件のれすのてっさんの家とわたしとのかかわりをお話ししましょう。れすのてっとイソンノアシの夫婦には息子が二人いました。兄は滴造、弟は幸一といい、節子というわたしの叔母が幸一の嫁だったのです。大好きだった叔母の嫁ぎ先ですので、幼いわたしは、れすのてっ一家のところに始終遊びに行っていました。しかし、あるわけがあって夕方が近付くと大急ぎで家に帰ったものです。というのは、恥ずかしい話ですが、わたしには寝小便をする癖があったので、叔母の家であっても夜はそこには泊まれず、暗くならないうちに家に戻ることにしていたわけです。

それがある日のこと、どうした弾みか夜泊まることになってしまい、布団に寝かされました。わが家の小便臭い布団と違い、ふんわかとした布団でわたしは本当にいい気持ちになりましたが、一方で、寝小便をしたらどうしよう、どうしよう、と子供ながらに心配で、緊張のあまり結局一睡もできずに夜を明かしたのです。寝小便をしないで済んだことをうれしく思いながら朝早く家に帰りました。

そうして一回泊まり、二回泊まりとしているうちに気がゆるんだのか、ついに叔母の家のふかふかの布団を濡らしてしまいました。その朝はまだ暗いうちに起きて、逃げるように帰ったのです。

ところが、あとで家に来た叔母はにこにこしていて、わたしを一言も叱《しか》らず、母や姉にも内緒にしてくれました。そして二人きりになったとき、両方の腕でわたしを抱きしめて言ったのです。

「茂よ、お前が布団を濡らすとな、困るのは叔母ちゃんだよ。頑張ってな、叔母ちゃんと二人で寝小便を治すんだよ」

それからは、こんなに心優しい叔母ちゃんを困らせてはならないと思うようになり、少しずつ寝小便の間が遠くなり、やがてやっと「茂のねしょんべんたれ」も治ったのです。

今にして思うと、いい布団と身内の愛情ある励ましの言葉が薬でした。小便布団に寝かせると安心してなかなか治らなかったかもしれません。

とうとつですが、ぐっと最近のことをお話しします。

わたしの少年時代、イソンノアシさんがマンローさんに頼まれて造ったイタオマチプ（大型の板付き舟）の模型に偶然対面できたのです。

というのは、NHKテレビの「世界・わが心の旅――スコットランド　響き合うアイヌの心」という番組の主役をすることになり、平成十三年六月、取材のためマンローさんが生まれた土地を訪ねたときに、スコットランド博物館に行きました。その館内のマンロー・コレクションのなかに模型があったのです。

叔母節子の舅《しゅうと》であったイソンノアシさんがイタオマチプを造っていたのを、わたしは何日も何日も飽きもせずに見ていたものでした。その舟の模型に、七十年ぶりに会えたときは、優しかった叔母のことを思い、目頭が熱くなったものです。

話が飛んでしまいました。もう一度むかしのわが村に戻りましょう。

昭和十四年三月、わたしは二風谷小学校を卒業するとすぐに近くのカンカン沢へ造林人夫として行かされました。その後は測量人夫、炭焼きなどもしましたが、山奥の飯場に入って働くときは別として、若い時分のおおかたは祖母てかってと同じ屋根の下で暮らしていました。

アイヌ語しかしゃべれない祖母は、濁音を発音できないため、わたしを「しめる」と呼びます。「シメル、エアンヤー」(茂よ、いるかい)と声をかけるのです。はーい、と返事をするとゆっくりと昔話を始めてくれました。話し終わったら、ヒオーイオイ(ありがとう)とわたしがお礼を言うことになっていましたので、うっかり忘れると叱られたものです。

わたしが覚えているアイヌ語はこういうふうに母語として聞き、しゃべり、身につけたものです。不思議なことにアイヌ語だけは一回聞けば忘れませんでした。

八十歳をすぎた祖母と山菜を採りに近くのオサッ沢へ入ることもありました。山菜は一カ所だけで十分たくさんあったのですが、祖母は場所を移しながら、少しまた少しと採っては袋に入れていくのでした。今にして思うと、これは来年また同じところに山菜が育つよう一度に採り尽くさぬことを孫のわたしに教えていたのです。

アイヌ文化の根幹であるアイヌ語をわたしにしっかりと手渡し、アイヌの採集文化も教えてくれたてかってはいい祖母であったと思っています。

昭和八年ごろと思いますが、父が天塩《てしお》の遠別《えんべつ》での熊狩りから戻ってきたときに、荷物の中から、クワリ(仕掛け弓)の大切な部品であるヘチャウェニ(鉄砲なら引き金にあたる）が束になって出てきたのを覚えています。このころすでに日本の法律によってアイヌの仕掛け弓は禁止されていたはずですが、父はこっそりと使っていたのでしょう。

このクワリは、獲物には矢が当たるが、人間には絶対といってもいいくらい当たらないように弓の高さや、矢の発射のタイミングを調節する延べ糸の長さなどを工夫して作られた精巧な狩猟用具です。

わたしはこれまでに外国へ約三十回ほど行き、行った先々で先住民族の人たちと会ってきましたが、こういう仕掛けを使っているのはロシアのアムール川（黒竜江）付近に住むナナイ族だけでした。

もう一つ、父との話をしましょう。

昭和の初めまで二風谷村の周辺は斧《おの》を知らない原始林が広がっていました。昭和五年から十年ごろ、そこへ日本人がどかどかとやって来て、建築材にするために太い木を次から次へと伐採しました。そして、そのあとに炭焼き集団が入って来ました。まず、太い木がごっそりと伐《き》られ、残った林も炭にされてしまったわけです。

こうして四、五年のあいだに村の周囲は禿《は》げ山にされてしまい、北海道で一番アイヌの多い二風谷の村人が薪《まき》にも困る状態になってしまいました。

炭焼きたちはフクロウの巣があろうが、リスの巣があろうが、どんな木でもおかまいなしに伐ってしまい、山に辛うじて残っているのは最初に伐られた太い木の枝の部分だけでした。

村人はそれらの枝、といってもナラの木の枯れ枝だけに生える椎茸《しいたけ》を採って来ていくばくかの銭にしました。椎茸を十個単位で糸を通してくくり、二里（約八キロ）の道を歩いて隣の平取《びらとり》で売るのです。

ある年の春、父に連れられて近くの山へ椎茸採りに入った折、言われたとおり峰を下りながら採っているうちに父の姿を見失い、心細くて泣いたことがありました。そのとき採った椎茸をいじっているうちに形のいい椎茸の石突きがもげてしまい、怒られると思って、細い木の枝を短く折り、椎茸と石突きに差してつないだことも覚えています。父にはこれで怒られたり笑われたりしたものでした。

しかし考えてみると、価値の高い太い木を、本来の持ち主であるアイヌに一言の断りもなしに伐って持って行かれ、残りの枯れ枝に生える椎茸を父たちは採って生きていたのです。

飯びつのおいしい米を日本人に食べられてしまい、こびりついて残った飯粒を一粒また一粒と指先でつまみ集めるような悲しいものであったろうと思います。

わたし萱野茂は、アイヌモシㇼ（人間の静かな大地、北海道）、シシㇼムカペッ（沙《さ》流川《るがわ》）、ピパウㇱコタン（二風谷村）に、父アレㇰアイヌ、母はつめの四番目の子供として大正十五年六月に生まれました。祖母のてかってはアイヌ語しか話せなかったため、かわいがられたわたしは、わたしの年代でも数少なくなった、アイヌ語も日本語も両方を自由に話せるアイヌとして育ちました。

和人の奴隷だった祖父の生涯や、鮭《あきあじ》を捕ったとして逮捕された父のこと、また、コツコツとアイヌの民具を買い集めて資料館を開いたり、金田一京助先生らのすすめもあってアイヌ語の普及にもかかわってきたわたしの半生については、昭和五十五年に刊行された『アイヌの碑《いしぶみ》』という本に書き留めました。

その本を書いたのちも、もちろんわたしの人生は続き、わたしの村を流れる沙流川の二風谷ダム建設に反対する訴訟を起こしたり、まったく想像もしていなかった国会議員になって活動をするといった、みなさんに知ってもらいたいことが数多く起きました。また、『アイヌの碑』が扱った内容と時代は重なるけれど書き漏らしていたことや、新たに思い出したこともたくさんあります。

この『イヨマンテの花矢』という本は、それらのことを、『アイヌの碑』の続編のつもりで少しずつ書きためてきたものです。どうか前作に引き続き、楽しみながらお読みいただきたいと思います。

二風谷小学校を残す

わたしは昭和八年四月、二風谷小学校に入学しました。

二風谷は北海道日高を流れる沙流川上流のほとり、太平洋からは二十キロ余り内陸に入った所にあります。

家は二風谷神社参道のそばにあり、国道の向こうにある小学校までの距離は百五十間、三百メートル足らずのものでした。朝の授業始めの鐘が鳴ったのを聞いてからでも走っていけば間に合います。

しかし、学校へ走っていっても校舎に入る前にしなければいけないことがありました。まず国道から校門に入る前に立ち止まって二風谷神社に最敬礼し、次に校門を入ってから校舎までの中間の左側にあった奉安殿に向かってまた最敬礼です。

最敬礼というのは、両方の手のひらが膝《ひざ》の下まで来るように深々とする礼のことでした。神社はともかく、奉安殿は、天皇陛下の写真と教育勅語を納めてあった建物で、わたしたちはことあるごとに最大の敬意を示す礼をしなくてはならないと教育されていたのです。

　この最敬礼を省略して、ぺこんとおじぎをしただけで済ませたりすると、職員室から見ている先生に呼びつけられ、「しげる、あの礼は最敬礼か」と、びんたか拳骨《げんこつ》が飛んできました。

　神社や奉安殿に最敬礼をしなかったばかりに、二風谷のアイヌの子供たちが何十回なぐられたことでしょう。

　その奉安殿なる建物は、日本中の学校の校庭にあったものですが、終戦後、アメリカを含め連合軍の命令でそのほとんどが破壊されました。ところが、二風谷小学校の奉安殿は、わたしがこっそりと持ち出したので無事でした。二・七メートル四方ほどの小さな建物で、今は「萱野茂二風谷アイヌ資料館」の軒下に置いてありますが、今でも残っているのは日本国内で、十指に満たないそうです。

　わたしが保存したのはなにも最敬礼をするためではありません。恨みの建物、厭戦《えんせん》の気持ちを表す記念物としてずーっと子々孫々に語り継ぎたいと思っているからです。

　『アイヌの碑』にも書いたとおり、わたしは昭和十四年三月、二風谷小学校を卒業してからおよそ二十年間、仕事で山から山へと暮らし、自分の子供たちも通った小学校と疎遠になっていました。

それが昭和四十三年の夏ごろ、ふとしたことから二風谷小学校に校歌がないことに気付き、アイヌ文化のことで交流のあった更科源蔵さんに作詞を頼んだのです。更科さんはさっそく次のとおりの校歌を作ってくれました。

一．光まばゆい沙流川の
母なる流れ望む丘
赤白黄とそれぞれに
清く明るく　ほがらかに
花咲きにおう　二風谷校

二．みどりの谷を吹く風に
口笛吹いてのびのびと
若木のように胸をはり
強く正しく　たくましく
心の育つ　二風谷校

三．かた組合ってゆくさきに

星と輝く時計台
動かぬ理想胸にして
高くはるかに　くもりなく
夢おおいなる　二風谷校

昭和四十三年十一月制定
更科源蔵作詞
西田直道作曲

校歌を作詞してくださったお礼に、実弟の貝澤末一から置物にする青トラ石（緑泥岩）を一個もらって、更科さんにあげましたが、のちにご自宅にうかがったとき、その石が玄関に飾ってありました。

それから七年後の昭和五十年六月十五日、運動会を久しぶりに見に行くと今度は校旗が見えないことに気付きました。戦前はあったのに、と校長先生に尋ねると、「あの校旗は二風谷国民学校と書いてあるので、今は使えません」ということです。

せっかく校歌ができたのに校旗なしではさびしかろうと、わたしは十万円を寄付し、その金に平取町が十万円を足して新しい校旗を発注したのです。次の年の運動会にはこの校旗が披露され、わたしは町の教育委員会から感謝状をいただきました。

校旗を作るとき、寄付者としてわたしの名前の刺繍を入れたいという相談がありましたが断りました。なぜかというと、小学校時代、わたしは体が大きかったために旗手を務めたことがあったのですが、そのとき校旗に刺繍された寄付者の名前がいやに大きく見えて変に思ったことを覚えていたからでした。

こうして開校以来、七十数年ぶりに校歌が制定され、校旗も新調されたというのに、ちょうどそのころから小学校の統合の話が持ち上がり、二風谷部落会は賛否両論の大きな渦が巻くことになりました。

二風谷小学校を閉鎖しようとする平取町教育委員会の言い分は、大きな学校のほうが大勢で切磋《せっさ》琢磨《たくま》することになり、ゆくゆくは人間形成に役立つのだというものでした。それにもう一つ、跡地には立派な保育所を建ててあげますともいうのでした。

しかしわたしは統合に反対でした。反対の大きな理由の一つは、小学校が統合されてしまうと、二風谷の子供たちが、平取小学校という和人の多い学校でいじめや差別にあうことが火を見るよりも明らかだったことでした。

二風谷アイヌの元気がいいのは、二風谷小学校にはアイヌの児童が多く、のびのびと育つせいだからだと思っています。わたしの自身もそうでした。

アイヌの少ない平取小学校とか荷負《におい》小学校でいじめにあった友人たちが言うには、「二風谷こそアイヌの天国だ。いじめも差別もないものなあ」とうらやましがったものです。

わたしは当時、二風谷から選ばれた平取町議会議員をしていましたから、村人の動きや考えをじっと見ていました。その結果、統合をくい止めるには、教育委員会が餌《えさ》としてちらつかせている保育所を、わたしたちの熱意と力で建てることが一番だと思いました。

そこでわたしはある作戦を練り、昭和五十四年五月十三日に「二風谷保育所建設期成会」を立ち上げました。この作戦というのは、初会合の場で期成会への思い切った高額の寄付を申し出てすぐに寄付を実行することです。その金額は五百万円。五十坪（約百六十五平方メートル）ほどの住宅を二戸は建てられる金でした。

会合が終わると家に戻り、まず家族に報告です。その翌日には、長女直枝に信用金庫の通帳を持たせて二百五十万円をおろし、郵便局に持っていって「二風谷保育所建設期成会会長　萱野茂」という口座に入れさせました。残りの二百五十万円も工面してまもなく入金し、約束どおりの五百万円を期成会の口座に入れたわけです。

この作戦のねらいは、わたしが本気で保育所をつくろうとしていることが、郵便局の職員を通じて、いち早く人々に伝わることでした。

期成会の口座に入れた金の使い方は、飲んでも食っても、ガソリン代にしてもいいが、領収書だけはきちんと取っておくべしということにしました。

期成会のほかの役員たちは、わたしのこの動きを見て、「これは本物だ」と元気になり、村をあげての寄付金集めが始まりました。結局、およそ五百万円が集まり、町外からの寄付を含め、約千五百万円という金ができました。

平取町教育委員会は内心面白くなかったでありましょうが、村人の熱意に対してそっぽを向くわけにはいかなくなりました。

保育所は、国や北海道から補助金をもらい、平取町も債務を負担する形で、約五千百万円をかけ昭和五十六年十二月に完成しました。

結局、保育所が完成してから三年後の昭和五十九年、その年六月に当選した宮田泰郎町長のもとで小学校統合計画は白紙に戻りました。

こうして、小学校統合に反対することにできる限りの力を注いだ結果、二風谷小学校は残りました。作戦のために大金を持っていった当時、郵便局で働いていた松原俊幸君はしばらくあとに、「茂さんのおかげで小学校が残った。もしも学校がなくなっていたら今の二風谷のにぎわいはなかっただろう」と言ってくれました。その一言で、やってよかったなあと、うれしさが静かに込み上げてきたものでした。

こうして書くと簡単に小学校が残ったように思われがちですが、わたしがいつも頼りにしていた貝澤正さんが町会議員の時代に統合に賛成したこともあって、気まずい思いをすることもあったのです。

さて、保育所ができたのはいいのですが、少々泡を食うことが起こりました。というのは、わたしが町会議員であるために保育所の役員にはなれないと言われたからです。そう言われてどうしてあわてたのかというと、方々に寄付をお願いして歩いたときに「保育所で子供たちにアイヌ語を教えたい」と言って回り、それが新聞にも報道されていたからです。役員になれないと運営にかかわれず、アイヌ語も教えられないかもしれません。そうすると、わたしは社会に対して嘘を言ったことになってしまいます。

それに加えて、厚生省から、保育所でアイヌ語という外国語を教えるのならば運営費の補助は出せない、と圧力もかかってきたのです。

しかし、二風谷住民が楽しみにしていた開園がわたしの夢のせいで遅れては困ります。仕方なく保育所でアイヌ語を教えることはあきらめました。

しかし、やはり保育所でアイヌ語を教えると言って一般から寄付金をいただいたのに教えていないことがずっと心に引っかかっていました。

保育所で教えられないのならば、やむをえません。それならば、とアイヌ語を教えられる建物を自分の敷地に自前で建ててしまいました。床をコンクリートにし、断熱材をたっぷりと使ったカナダ式の構造の建物です。

広さはわずか二十八坪（約九十二平方メートル）しかありませんが、「二風谷子供図書館」という名称にして、子供たちが自由に出入りし、本を読んだり、借りたりできるようにしました。

この場所で、まずわたしの姪《めい》っ子にアイヌ語の早口言葉を教えてみたのです。

「ハントイキナカ　コケゥナッキ　ピラピラトイピララ　チューラッテッ　チューピシカン　チャーケレレ　ウッポテンテンカラカラチッチッ」

とくに意味のない早口言葉ですが、こう原稿用紙に片仮名で書いて渡したら、三日で暗記してきたので、いくばくかの小遣いをあげてから次のを渡しました。

「アーサアサ　クヌケタルケ　ノークイェッポ　トークイェッポ　アネトパチューカユㇰトパチューカ　ナーフテナーフテ　ナートロポ　チューチュチュチュ」

これはアイヌに生活文化を教えた神といわれるオキㇰルミが連れている犬たちの名前です。これも三日で覚えてきたのです。

家に持ち帰って高い声で何回も何回も練習するので、それを聞いていたお姉さんやお母さんも一緒に覚えたということでした。

それればかりではなく一緒に遊ぶ友達にも教えて、近所の子供たちがアイヌ語の早口言葉を覚えたのを知り、「言葉には足がある」と思いました。

無理に大勢に教えるというのではなしに、少ない人数に教えることから始めようと思って、子供図書館の中で「アイヌ語塾　子供の部」を開設したのが保育所完成からおよその半年後の昭和五十七年五月でした。

最初に集まったのは七人か八人でしたが、そのうちに人数が増えて十五人ほどになりました。この子たちに、わたし自身の体験のなかから別の世界を見せて視野を広げさせたいと思いました。

ある日のこと、「来年の春はカナダへアイヌ語教室のみんなを連れて遊びに行く。頑張ってアイヌ語を覚えてネ」と発表し、それを楽しみに休まないで来るように言ったのです。

カナダと考えた大きな理由は自然が大切に残されているのと、いろいろな国の人たちが集まり、戦争のない平和な国を目指したというだけに、顔の黒い人、髪の赤い人、いろいろと違う言葉が耳に入ると思ったからでした。

そうやってカナダへ連れて行った子供たちも現在は父親になり、あるいは母親になってアイヌとしての民族意識に目覚め、陰《かげ》に陽《ひ》にわたしを支えてくれているのを見ると、数次にわたるカナダ行きは無駄ではなかったと思っています。

このようにひっそりと発足した、北海道で初めてのアイヌ語塾でしたが、二十年余りたった今は道内で十四カ所のアイヌ語教室があり、それぞれのやり方で自分たちの言葉を手元へ引き戻そうとしています。

これも、わたしが、黙っていては始まらないと、二風谷を震源地として行動を起こしたことから広がったと思い、やってよかったなあと、心ひそかに喜んでいます。

教室でわたしがしゃべった言葉を、二風谷アイヌ語教室事務局長をしている次男萱野志朗がテープからそのまま書き写し、『やさしいアイヌ語』という全部で三巻の教材にしました。

この本が題名どおり、アイヌ語のいろはと言えるほどに分かりやすいとして、それぞれのアイヌ語教室で利用されているそうです。

二風谷小学校の統合に反対するために保育所を建てようと奔走したことが、いい意味での余波としてこのアイヌ語教室に発展したわけで、ああ運命とは面白いものだなあと思うのです。

そうはいっても、北海道百九十六の市町村のうち、五十三市町村にアイヌ民族最大の組織であるウタリ協会の支部（五十四支部）があるのに、そのなかのまだ十四の支部にしかアイヌ語教室がありません。なんと少ない数なのでしょう。

日ごろ、わたしは言葉、すなわちアイヌ語こそは民族の証《あかし》と言い続けています。しかし、アイヌ自身がアイヌとしての民族意識に目覚めなければならないことは言うまでもありません。

わたし自身のことを言うと、実は五十年前は、アイヌ語を、アイヌ文化を、アイヌの民具を、「そんなもの鍋に入れて煮て食えるのか」と言いながら、アイヌ関係のすべてから遠ざかっていた一人です。

アイヌを嫌うアイヌの心は、五十年前にわたし自身が歩いた道であり心なのです。誰よりも早く、誰よりも先に痛みを覚えた者として、アイヌを嫌うアイヌに無理強いはできません。しかし、時代は目まぐるしい変化を遂げつつあり、世界的に少数民族の権利が認められ始めたので、ひところとは大きく違ってきました。

それはそれとして、アイヌ語教室の存在はいろいろなことに役立ってきたことは間違いなく、ささやかかもしれませんが、わたしの人生で誇りに思っていることのひとつです。

木彫りとの出会い

かつてアイヌの男は、熊を射る矢を上手に作ることができて一人前でした。上手に矢を作れなければ、熊に刺さりませんから、矢を作る腕前は生活に直接的に関係がある大事な技術でした。いい矢を作ることで、熊が獲れ、鹿が獲れ、家族を養っていけるわけです。矢作りが下手であれば、お嫁さんももらえませんでした。

たしか昭和三十一年ごろに、恵庭《えにわ》でイヨマンテがありました。そのときに、二風谷の先輩たちが作った矢は、熊の体に刺さりませんでした。竹でできたものを使っていたのですが、役に立たなかったため、結局最後は鉄の鏃《やじり》で射殺《いころ》しました。わたしは、そのことが恥ずかしく思え、機会があったら刺さる矢を作るぞ、と思っていました。そして昭和三十九年に、NHKが「ユーカラの世界」という映画を作ったとき、わたしは、一本何千円かの高い値段で、矢を作ることを請け負いました。「熊に刺さらんかったら金はいらん」と言って作りましたが、いざ本番のときにブツブツと刺さりました。

昔のアイヌの男は、好きな女性がいたら、マキリ（小刀）の鞘《さや》を作って贈ります。それは、「僕はこんなに彫刻が上手になりましたよ。僕と結婚すれば、鹿も獲って熊も獲って、食べるものに不自由させないから、結婚してください」という意味です。女の人は、好きな若者から贈られた場合は腰にさげますが、嫌いな人から来た場合はさげなくてもよく、もらってしまっておきます。マキリを贈ってもさげてもらえないと、今度は、歌攻めにかかります。「俺があんなに丹念に丹精込めて彫ったのに、さげてくれないとは何事だ。俺のことが嫌いなのか」と言うと、女はお返しに、「わたしのように取りえのない女にあなたのような立派なお方からの贈り物、恐れ多くてさげなかった」と、嘘を言って逃げるのです。

メノコマキリ（女用小刀）は、そうした贈り物でもあったけれど、女の人が使う道具として必要なものでした。皮剝《かわは》ぎに使ったり、山へ山菜採りに行ったりするときには、必ず使うもので、タラ（背負い縄）と、マキリをさげて行ったものでした。熊を獲ったときの、イリ（皮剝ぎ）などは、昔の女の人たちは、とても上手だったと聞いています。

わたしが子供のころの昭和十年代は、よくその辺で馬が死にました。そうしたら近所のおばちゃんたちが、マキリを持って、馬の皮剝ぎを男と同じようにやっていました。

昔のアイヌの生活道具というのは、何でも自分で作ったものです。そうやって道具を作ることから、自然に、ほかの刃物もちゃんと使えるようになるのです。刃物を使うというのは大事なことで、矢作りができれば、紋様の彫刻も簡単にできるようになります。

北海道土産というと、木で彫ったヒグマやお盆を思い浮かべる人も多いでしょう。そうした民芸品としてのアイヌの木彫りの歴史はかなり古く、二風谷小学校の校史には、明治三十五年の学校創立当時に、貝澤ウエサナシさんや貝澤ウドレンドクさんが、二風谷でお盆と茶托《ちゃたく》をお土産として作って、札幌へ運んで売っていたという記録が載っています。

当時はほかに木彫りをしている人や土産物店はなかったようですから、二風谷での民芸品製作、販売の先駆けといえるでしょう。ウエサナシさんは貝澤耕一さんの曾祖父にあたる人で、昭和十五、六年ごろに亡くなっています。ウドレンドクさんは、今の二風谷にある民宿チセの貝澤薫さんや、つとむ民芸の貝澤勉さんのおじいさんで、ウエサナシエカシ（エカシ＝おじいさん）と同年配ですが、昭和十年ごろか、早くに亡くなっているので、わたしは覚えていません。ウドレンドクさんの作品も、お手本になるような立派な作品でした。ウエサナシさんより、やや細かくて、手が込んでいるという印象があります。

わたしの世代での二風谷で木彫りをしていた先達《せんだつ》といえば、パイプ彫りをしていた貝澤菊次郎さんや、貝澤前太郎さんです。しかし、わたしも木彫りは得意ですが、作品そのものを見て学んだだけで、直接教えを受けたわけではないので、わたしの二風谷での彫り物の系統というものは、特にありません。

わたしが子供のころには、貝澤菊次郎さんが、巻き煙草《たばこ》のパイプ彫りを専門にしていました。菊次郎さんは背中の曲がったおじさんで、子供のわたしたちが不思議に思うのは仕方がないのですが、「菊兄さん、どうして背中丸いの」と聞くと、菊次郎さんは「窓から落ちてこうなったんだからな、お前たちは窓さ上がるなよ」と答えていたものでした。

二風谷小学校のすぐそばに、オサッ川の枝沢になるポンオサッという沢があります。ポンオサッの沢のへりに湧き水があり、飲み水はそこへ汲みに下りて行っていました。沢のこちら側に、間に一軒を挟んでわたしの家があり、沢の反対側を少し上がった所に菊次郎さんの家があって、わたしは家の母親に水を汲むように言いつけられると、担ぎ棒の両側にバケツをぶら下げて行くのですが、「ちょっと菊兄さんのパイプを見てくるか」と、沢向こうの菊次郎さんの家に行き、座って見ていたものでした。

こういうわけで、水汲みに行かせた母親が、いくら待っても茂は帰って来ません。沢へ行ってみるとガンガン（ブリキのバケツ）が放ったらかしてあって、「また、菊兄さんの所だな」と言われたことが何度もありました。こんなふうに、わたしは物心がついたころから、彫り物をしている姿を見て育ちました。好きでしたから、行くと時間いっぱい座って、飽きもせずに見ていたのです。

小学校五、六年生くらいになると、同級生で仲良しの友達に貝澤健次郎君がいて、菊兄さんに、「健次郎と二人で行って、パイプの材料を伐ってこい」と言われると、二人で山へ行って伐ってきます。パイプを彫るのはサビタの木で、木の髄《ずい》がちょうどよい太さのものが必要です。あまり若い木では髄が太すぎるので、三、四年たった、なるべく風当たりの強い所の木であれば、髄の細い木が取れます。健次郎君は、始終パイプの材料を伐らされていたので、どの木の髄が細いかが分かっていて、ちゃんと材料選びができるので、「伐ったやつを背負え」と、わたしは山に行かされました。たくさん伐って、背負って帰ると、「おお、茂えらいな」と、十銭か二十銭の小遣いをもらえました。

それから貝澤ウエサナシさんが、小学校の平取寄りのほうに工房を持っていました。ウエサナシエカシのあだ名はピサックエカシといいますが、そのピサックエカシの工房は、現在の小学校の下の貝澤辰男さんの家の真向かい辺りにあった古い家でした。わたしの家は学校を出て左、ウエサナシエカシの工房は右ですから、逆方向なのですが、学校帰りに、エカシの工房へ行っては、黙って座って見ていたものでした。ウエサナシエカシが、お盆の中を彫るために、板の上に両足を乗せて手斧《ちょうな》で削ったり、角をレウケマキリ（曲がった小刀）で削っていたのを見た記憶があります。工房の隣に鎌田商店という雑貨の店があったので、お使いに行かされたときにも、ちょっとだけと思ってエカシの工房へ行くのですが、エカシが一生懸命お盆彫りをしているのを見ていると夢中になってしまい、帰りがだいぶ遅くなってしまうのでした。それが昭和十年から小学校を終える昭和十四年ごろまでのことです。のちに、自分で彫り物をするようになってからは、ウエサナシエカシの作品から型紙を作って使い、お手本にしていました。

わたし自身が木彫りを始めたのは、昭和二十八、九年ごろからです。そのころは、村内で木彫りをしている人は誰もいませんでした。戦争とその後の不景気のせいで観光土産などは売れなくなったため、エカシたちは彫り物をやめてしまっていたのです。しかし、父親の貝澤清太郎（アレㇰアイヌ）も木彫りをしていましたから、刃物などの道具はすぐそばにあったので、何かしら真似をして彫ることができました。

いたずら半分とはいえ、わたしが木彫りを始めたのにはあるきっかけがありました。昭和二十七年五月に、層雲峡《そううんきょう》へ山仕事の出稼ぎに行ったときのことです。層雲閣というホテルがあり、そのそばに「アイヌ民芸・アイヌ細工の店」という店がありました。そのころ、わたしはアイヌにまつわることがあまり好きではありませんでしたし、二風谷アイヌの目から見て、ほかの地域のアイヌに対しても、「なんだあいつら、観光アイヌなんてやっていて」という軽蔑する気持ちがありました。そのアイヌ細工の店に入ってみると、そこにあったものは、昔からわたしが見て知っているお盆やパイプ、お祈り用のドキパスイ（捧酒箸）など、二風谷のアイヌ細工とはまったく違うものでした。鱗《うろこ》彫りのものはなく、木彫りの熊と衣紋《えもん》掛けなどでした。わたしは、「本物のアイヌ細工はこうでないぞ」と思い、「よし、そうしたら、今度は俺が彫ってやる」、そんな気持ちでその店を出ました。その当時は山仕事をしていましたから、山で雨が何日も降り止まないようなときには外での仕事ができないので、鉈《なた》で木を削って彫り物を始めたのでした。

その後、昭和二十八年と三十年には、踊りなどを見せる観光アイヌとして六、七人で本州の青森、秋田、山形、群馬、山口などへ興行に行き、それぞれ二カ月くらい巡業するあいだに、たくさんの木彫りを売りました。あまり覚えていないのですが、おそらく当時よく売れていたのは木彫りの熊で、札幌で百円ぐらいで仕入れたものが三百円ぐらいで売れていたと思います。このときに本州で見たものや、一緒に行ったおじいさんやおばあさんから話を聞いた経験は、その後、民具やアイヌ語などの資料を集めるきっかけにもなりました。

昭和三十一年ごろ、新聞で「美唄《びばい》の冨沢冨之助という人が、アイヌ紋様を題材にして、新聞入れなど、いろいろなものを作って、お土産として大変好評です」という記事を見ました。わたしはその冨沢さんに会いたくなりましたが、字が下手でしたので、まず二谷一太郎（ウパレッテ）さんという近所の字の上手なおじさんの所へ、葉書一枚と当時一本八十円か百円だった焼酎の二合瓶を持って行き、「この人の所へ行きたいんだけど、葉書を書いて」と頼みました。一太郎さんは「ああ、よしよし」と言って、「わたしは少し彫り物をする者ですが、彫った物を持って行くので見てもらえませんか」というようなことを、丁寧に書いてくれました。そうしてその葉書が冨沢さんの所へ届き、冨沢さんから、「すぐにあなたの彫った物を持って来なさい」という返事が来ました。

その返事に喜んで、わたしの作ったごちゃごちゃした物をリュックに入れて背負い、冨沢さんのいる美唄まで行きました。そのときはわたしが作った物だけを背負って行ったのですが、当時二十歳くらいだった弟の貝澤留治が、一緒に荷物を背負って付いて来てくれました。弟は当時人夫のような仕事をしていて、今は桂造園という会社を経営しています。美唄は、二風谷を早く出ても、当時の国鉄を乗り継ぎ、昼過ぎでなければ着かない距離で、一人で行くのが寂しかったので、二人で行きました。

そうして美唄へ着いて、入り口で「こんにちは、ごめんください、二風谷の萱野です」と言うと、出てきた冨沢さんは、戸を開けるなりわたしの顔を見て、「あら、若い人でしょ」と第一声を発しました。代筆をしてもらった葉書の字は上手だし、候文《そうろうぶん》で書いてありましたから、かなり年寄りのおじいさんが来ると思ったのに、来た本人は三十歳そこそこで想像とはまるで違っていたわけです。

冨沢さんは一升瓶をぽんと立てて、「さあ飲め」と言いました。「俺は飲めないんだ」と言うと、「ほんとか」と言うので、「ほんとだ」と言うと、「これから付き合いが長いんだから、いま嘘を言ったらずっと飲めないぞ」、「ああ、飲まんからいいよ」、「ああそうか、それは分かった」と、そういうやりとりもありました。

冨沢さんは、わたしが持って行った四、五枚のお盆を見て、「おお、こりゃいいぞ。これは売れるぞ」と言ってくれました。わたしはそのころ、ドキパスイもたくさん彫っていましたから、それも持って行きましたが、冨沢さんは「これはアイヌがお祈り用に使う大事な物だから、お土産用には向かない。こういう物を彫ったほうがいい」と言って、ニマ（刳《えぐ》り鉢）の写真を見せてくれました。いま考えるとそれは、金田一京助先生と杉山寿栄男先生共著の『アイヌ芸術』という本の一部であったと思います。

冨沢さんは耳の不自由な人で、新聞入れや状差しや、こけしなどを作っており、いい人でした。ほめてくれて自信をつけさせてもくれたし、助言をもらったり、道具をわけてもらったりもしました。

一万円の小切手をもらいましたが、木彫りを始めてから最初にお金を得たのはこのときです。小切手というものを受け取ったのも初めてで、「これでお金をくれるべかな」と思いながら、札幌の銀行へ行くと、「はいどうぞ」と、お金を渡してもらい、うれしくてうれしくて、帰って来てから、いっそう一生懸命彫るようになりました。

昔は木彫り専用の刃物はありませんでしたから、自転車のパンクを直すときにタイヤのチューブをこする三角やすりを研《と》いだり、イナウケマキリ（イナウ〈御幣〉を削る小刀）を研いだりで、工夫していろいろな道具を作っていました。わたしはしたことがありませんが、貝澤前太郎さんの話によれば、鋸《のこぎり》をたがねで切って、切り出しみたいに使ったりもしたそうです。昔の人たちはいい道具は持っていませんでしたが、さまざまに工夫をしていたのです。

二風谷へ三角ノミ、丸ノミ、切り出し、皮切りなどの彫刻刀を持ってきたのは、昭和三十二、三年ごろ、わたしが初めてで、その前まではありませんでした。それらは美唄で冨沢さんに教えてもらって、買ってきたもので、お盆の内側を彫るのにも、それまではレウケマキリを使っていたのが、丸ノミを買ってきたら丸く彫れるので、すごく役に立ちました。丸ノミには、八分と寸八《すんぱち》といって、八分（約二・四センチ）ノミと一寸八分（約五・五センチ）のものとがありました。

わたしが父親から受け継いだ道具は、イナウケマキリで、それで筋《すじ》も彫るし、鱗も起こします。ですが筋を入れるときには、筋が広くなって周りが欠けてしまいます。ところが美唄で分けてもらった切り出しは、薄くて切れるし、軽いものでした。そうして三角ノミも使える、丸ノミも使えるというふうになって、なんて良い道具があるものかと思い、そういう道具が手に入るようになってからは、ぐんぐん上手になりました。

わたしは長年、山仕事をしてきました。炭焼きから始まって、鋸を使い、鉞《まさかり》を使い、鉈を使いました。ですから刃物を上手に研ぐことができます。すごくよく切れるので、わたしの作品はサンドペーパーは使いません。アイヌは、木彫りのものを研ぐのには、シプシプ（木賊《とくさ》）を使います。いったんシプシプをかけても、もう一回刃物を入れられますが、サンドペーパーをかけると刃物が欠けてしまいますから、使ったことはありません。そういうものでごまかすのは嫌だし、わたしは刃物の切れ味が勝負だと思っています。

冨沢さんに美唄でもらって来て使った道具は、減って減って先だけになっているけれど、今も残っており、資料館に展示してあって、国の重要有形民俗資料の指定を受けたアイヌの生活用具の中に含まれています。

そうした道具をもらってからは、暇を見て、ニマを彫っては、冨沢さんの所に二カ月に一回ぐらい運んで行きました。そういうことで、二風谷で商品としての木彫りを始め、久しく途絶えていたものを復活させたわけです。

昭和三十二年ごろには、作った物が売れるようになって、冨沢さん経由で札幌の青盤舎という民芸品店に卸していました。青盤舎のほうはわたしの顔も知らなかったけれど、俺の物、売れたべかな、と思いながら、ときどき青盤舎へ寄って黙って見ては帰って来たものでした。そのうちに冨沢さんから、「俺の所へ持って来ないで、青盤舎を紹介するから行ってきなさい」と言われて、親方の許可を受けたので、青盤舎へ直接に、彫った物を卸すようになりました。

彫った物がみな売れるようになって、彫り物で食べられるようになったのが、昭和三十四年の春でした。それまでは半分山仕事、半分彫り物で生計を立てていましたが、その年の二月で山仕事を辞めることができました。腕もどんどん上がっていきましたが、その理由を考えると、まじめさというのが大事だったのではないか、と自分ながらに思っています。

民具とともに五十年

木彫りで生計が立つようになったころ、尊敬していた知里真志保先生に、登別温泉の玉川商店の本店を紹介してもらい、そこへも木彫りの物を入れるようになりました。青盤舎の注文と玉川商店の注文を受けていて、作っても作っても、いくらでも売れたものです。

そうしたご縁で、昭和三十五年の春に、玉川商店に頼まれ、街なかの店の脇に観光用のチセ（アイヌの家屋）を一軒建てました。間口二・七メートル、奥行き三・八メートルの小さなチセでしたが、その翌年、そのチセと中の物をまとめて「登別温泉ケーブル」という会社が買い取って、ロープウェーで結んでいる山の上へ移すことになりました。

昭和三十六年の六月からであったか、その山の上で、イヨマンテの公演を毎晩することになったので、「二、三日、手伝うわ」と言って、イヨマンテの解説をしました。そうしたら温泉ケーブルの神田武専務が、わたしがしゃべるのを聞いて、「萱野さん、ぜひずっと居てくれ」と頼んできたのです。わたしは、「家に帰ったら、ちゃんと彫り物で稼げるから嫌だ」と答えました。

「彫り物でなんぼ稼げる」と言うから、「月に六、七万、稼げる」と答え、「冬の稼ぎは」と聞かれたけれど、「冬だって、俺が作った物は玉川でも、青盤舎でも取るよ」と言うと、「よし、そうしたら、夏は六万円の給料を温泉ケーブルから出す。冬の営業していない時期も三万円の給料を出す。彫った物は自分で売ってよし、夜だけマイクを握ってくれれば、あとは自由だ」と、最高に良い条件を出してもらったので、それならやってみようかということで、観光アイヌになったわけです。こうしてわたしは、彫り物をしたり、五月から十月のあいだは観光アイヌをしたりして得たお金を、歌や踊りや伝承の録音のために使ったのです。

登別温泉ケーブルというのは昭和三十一年ごろに開設された観光施設の会社ですが、その少し前にロープウェーで死亡事故があったこともあり、経営に困っていたときでした。そこへわたしが行って、夜に二回ぐらいイヨマンテをやると、昼間ロープウェーに乗った客が夜もまたやって来て、昼と夜の二回来るようになって、山の上は押すな押すなの大盛況になりました。それで昭和四十年ごろからは、夜ばかりでなく昼間もイヨマンテをやることになりました。経営はだんだん安定してきて、昭和四十二、三年には「ユーカラの里」という施設もつくられました。

登別にいたときには、お盆とか、茶托とか、ペン皿を彫りました。それはもう、毎日、売れに売れていましたが、なかでも一番売れた物は、お盆です。その当時は一日の稼ぎがいくらになればいい、という思いで彫っていました。それまでやっていた山仕事では、一日いくらでしたから、彫り物でも一日いくらになればいいと、そういう勘定の仕方をしていました。ですからたいへん割安の値段を付けており、それだから、お客さんも買えたのだろうし、売れたのだろうと思います。

登別での給料は、月六万円でしたから、一日働いて二千円、山仕事をやっても二千円ぐらいでしたから、商品の値段は、数百円から数千円とか、あまり高く付けませんでした。登別では、店先で彫ったり、宿舎で彫ったりしていました。青盤舎を通して売った物でも、多いのはお盆でした。それからペン皿や、ニマですが、ニマは材料が厚いのと手間がかかる割に、それほどお金にはなりませんでした。

昭和三十五年に、二風谷に念願だった生活館が建ちました。今の生活館の、二つ前のものです。二風谷では、わたし一人が彫っているだけではとても足りないくらいの需要がありましたから、みんなに木彫りの技術を身につけてもらおうと、木彫りの先生に旭川から来てもらい、生活館で講習会を開きました。そのときの一期生は、山仕事の仲間だった川奈野武敏さんとか、貝澤守幸さんとか、貝澤隆さん、貝澤時男さんなどです。木彫りの講習会で学び、熊彫りからほかの木彫りの仕事もするようになって、店を持つ人も出てきました。

そのうちみんなの腕も良くなって、あちこちのアイヌ関係の観光地から声がかかるようになりました。そうした仕事のなかで、アイヌの家屋の建て方とか、物の作り方とか、いろんなことを二風谷の先輩たちから教わり、また若者たちに教えてきましたから、今はわたしがいなくてもチセも建てられるようになっています。家の建て方や順序は、貝澤前太郎さんや、わたしの舅の二谷善之助に、全部を教えてもらいました。わたしも一人で抱え込むことはせずに、覚えていることは何でも若者たちに伝えようと思っています。鱗の彫り方や、三角ノミの研ぎ方を教えたこともあります。三角ノミは研ぎ方が悪いと刃物が木に食いつかず、研ぎ方がよいと鉛筆で描くようによく削れるものです。

わたしより年上の貝澤福市さんには、仕事の段取りを良くするために、家に何カ月か泊まってもらって、一緒に仕事をしたこともありました。福市さんには、舟彫りをしてもらったり、ニマ彫りをしてもらったりと、いろいろと手伝ってもらいました。それから貝澤貢男君にも泊まってもらって、一緒に仕事をしました。貢男君の父親の貝澤前太郎さんは、わたしがドキパスイに鱗を彫っていたのを見て、「突き鱗はお盆の角が彫れないから、ノミの刃を自分のほうに向けて彫る引き鱗を覚えれ」と、鱗彫りの基本を教えてくれました。みっちゃんこと貢男君は、わが家へ通って来ていたので、家を建てるのでもなんでも、一緒に仕事をしたのは一番多いのではないかと思います。それから貝澤守幸さんの弟子の藤谷憲幸君にも、家を建てることを含め、多くのことを手伝ってもらっています。

みっちゃんが家へ来ていた昭和三十四、五年ごろに、わたしは日刊紙の北海タイムスに原稿を書きましたが、新聞社から原稿を頼まれて書いたのはそれが初めてでした。北海道の郷土、二風谷のことについて書きましたが、五、六枚の原稿に、半月ぐらいもかかって、こんなことではわたしは物書きなんてできないなと思ったものです。そうはいうものの、活字になるとうれしいものだったという思い出もあります。そのうちにわたしは仕事が替わり、だんだんと本物の物書きのようになってしまいました。

平成十年十二月に、木彫りをしている二風谷の若者たちが、「木彫りの記録を知りたい」と言って、わたしの所に取材に来たことがあります。わたしは約五十年間にわたって日記をつけており、現在は大学ノート十七冊か十八冊になっていますが、今になってみると本当に大事な資料だと思います。以下に、昭和二十九年から昭和三十六年までの木彫りにかかわる部分を抜粋しておきます。二風谷の工芸の記録といえば、拙著『パスイは生き物』（北都出版）にも簡単に載っています。

・昭和二十九年九月二日に、貝澤前太郎さんと二人でカリンパウンク（桜の皮を巻いた弓）作り。（この弓は現在、二風谷アイヌ文化博物館に所蔵されています）
・昭和三十一年十一月八日に、ウェンザルの飯場で、ドキパスイを彫った。
・昭和三十二年五月十七日、二谷一太郎さんに、代筆をしてもらって、美唄へハガキを出した。六月七日、ハガキの返事が来た。六月十五日、彫った物を持って、弟の貝澤留治と二人で、美唄に行った。百年間も続いている二風谷の運動会の日だったが、運動会には行かずに、美唄へ出かけた。そのときに、小切手というものを初めて手にした。その小切手を、札幌の銀行へ出し、一万円のお金を受け取った。持って行った物の代金を、七月二日に全部もらって、自信がついた。
・昭和三十二年七月六日と七日、家の前に物買いが来て、ニマなどが、六百円で売れた。
・昭和三十二年七月十九日、美唄へ三回目の納品に行く。七月二十二日、今日から本式に彫り物だ。一人で、イタ（お盆）の紋様も彫って、中彫りもしていたら、作品が追いつかなくなってしまい、七月二十二日から、舅じいさんの二谷善之助さんに、お盆の粗彫りをしてもらい、俺がそれを仕上げた。
・昭和三十二年十月八日、冨沢さんの紹介で、札幌の青盤舎へ初めて行った。
・昭和三十二年十月十八日、糸巻きをつくる。
・昭和三十三年一月十三日、飯場で休みのときに、厚賀《あつが》上流カンパペッという川の飯場でパスイ（箸）を彫った。
・昭和三十三年二月三日、パスイを四本彫った。二月十一日、茶托彫り。十二日、パスイ彫り。十三日、平盆彫り。二十二日、パスイ一本、百五十円。平盆一枚四百円。（昭和三十三年ごろになると一生懸命やっているようです）
・昭和三十三年三月二十二日に、木彫りのいろいろな道具をくれた富沢富之助さんと阿部さんという人が二人で来て、わが家へ泊まった。
・昭和三十三年三月三十一日、ペナコリでカラフトニマ（樺太の刳り鉢）を一個買った。（これは現在二風谷アイヌ文化博物館にあります）
・昭和三十三年七月二日、貝澤みさをから、ウエサナシエカシが粗彫りをしてあったお盆に、紋様を彫ってくれと頼まれて、二千三百円の彫り賃をもらった。（これを四十年後、わたしは貝澤ウエサナシの作であろうと思い、自分が彫った物なのに二十五万円で買ってしまいました。その理由は、ウエサナシエカシ〈あだ名ピサックエカシ〉のお盆の彫り方は、触ってみると分かるのですが、お盆の縁の下に厚みがあるという特徴があるので、迷ったわけです）
・昭和三十三年七月の値段は、パスイ一本百五十円、ニマ一個百二十円。
・昭和三十三年七月二十七日、マキリの鞘作り。
・昭和三十三年七月二十八日に、マキリの鞘、エドヌプ（片口）、ニマを青盤舎から初めて受け取りに来た。
・昭和三十三年九月一日から、美唄経由ではなく、青盤舎へ直接に物を運ぶ。
・昭和三十三年十月、エドヌプ彫り。
・昭和三十四年二月五日、日高町千栄《ちさか》にある沙流川の上流、今井組の飯場から帰って来てからは、山仕事は全くしない。後は彫り物に専念する。
・昭和三十四年八月、お盆、彫刻だけで食べられるようになった。日照りの夏だった。
・昭和三十六年四月、煙草入れを作る。

昭和四十二年もおおかたがすぎると、わたしは家へ帰りたくなり、登別温泉ケーブルを辞めて、二風谷に戻りました。そこでも彫り物はいくら彫っても売れましたが、彫った物を卸すためには、いちいち札幌へ背負って行ったり、登別へ持って行ったりしなくてはなりませんでした。それで昭和四十四年ごろに、地元で売る場所が欲しいと、貝澤正さんに相談をして、国道沿いに八間（約十四・五メートル）の間口に一マス二間ずつ、四つの店が入る建物をつくってもらいました。かつてあったドライブイン「ピパウシ」の下の小さな棟割り長屋のような店でした。それが現在の二風谷の観光土産品店の始まりです。すずらん祭りのときでしたから、昭和四十四年の六月一日に開店し、店の屋号は萱野工芸店にして、貝澤守雄、貝澤末一、萱野茂、貝澤貢男、この四人で始めたのでした。

その当時はのんきなもので、家でお昼を食べていると、「兄さん、バス入ったよ、店の前に止まってるよ」と連絡が入り、あわてて自転車で店に戻ると、もうバスは行った後、ということもありました。そのうちに昭和四十四年中だったと思いますが、日勝峠《につしよう》を抜ける国道が開通したおかげでバスが多く通るようになり、二風谷では観光土産品店が三十軒くらいに増えました。

わたしが店先に座ってお盆を彫っていると、観光バスが来ては止まっていました。

そうなるとお客さんの足をもっとたくさん二風谷で止めるのにはどうしたらいいかというので、資料館を建てようという話になりました。わたしの家はそのころ、集めたアイヌの民具で足の踏み場もないほどになっていたので、自分の敷地に自前で資料館を建てるつもりでした。そうして予定の場所をブルドーザーで平らにし、枠板まで上げたのですが、それを見た平取町役場は、あわてて当時の町長と、地区会長の貝澤保さんと、貝澤正さんと、貝澤松太郎さんとでわたしのところに来て、「協力させてほしい」と申し入れてきました。そういうわけで、わたし個人と町、役場が協力して資料館の建物ができ、昭和四十七年六月二十三日に開館したのです。

開館当時の資料は約百六十種類、約二千点ほどでした。資料館ができてから、陳列する資料も彫るようになりました。そののち、武蔵野美術大学の相澤韶男先生と知り合いになって、『アイヌの民具』という本を昭和五十三年に出しましたが、そのときにも写真とイラストを掲載するために多くの物を作りました。開館から二十年たった平成四年には、資料館の資料は三百二十から三百三十種類くらいになっていました。わたしには自分で木を彫れる腕があり、丸木舟であれ、アイヌの家屋であれ、全部自分たちでつくってきましたから、展示してある物はみな本物です。

昭和二十八年からですから、アイヌの民具や、二風谷の文化にかかわって、半世紀がたちました。わたしという一人の道楽者がここにいて、資料館であるとか、二風谷の文化のいろいろな流れをつくることに取り組んできたわけです。

木彫りではずいぶんたくさんの物を彫ってきましたが、じつは資料館の物を除くと、わが家には自分の作品はあまり残っていません。数年前の十月に、帯広の「千年の森」という所の人から、講演を頼まれて行きました。そうしたらお客さんで、わたしに会いたい人が来ているというので、話し終わってから会いました。九十歳になる安田茂正というおじいさんで、「萱野さん、僕は四十年前かに、あんたの所へ泊まったとき、これをもらってきたんだ」と言って、ニマを持ってきました。それはわたしの作品のなかでも、いいニマで、一番脂の乗り切っていたときの作品でした。

そのときは見せてもらっただけでしたが、平成十三年の秋に、わたしと息子の志朗と妻の三人で、安田さんの所へ行き、「あのニマを里帰りさせてほしい」と言って譲ってもらい、今は資料館に展示してあります。

一番大きいニマは、よく売れたものでした。リンゴを載せたりして出すのにもちょうどよい大きさです。木があまり乾きすぎないうちに仕上げて、傾けても自分で起き上がるように、座りよく作ります。側面、縁のへこみは、下げすぎると格好が悪いので加減します。

やっぱり昔の作品には、力強さがあるものです。鱗一つを見ても、力があります。わたしの場合は、一寸（約三センチ）四方に百二十粒の鱗彫りをしました。

わたしの先祖は、何代前にさかのぼるのかは分かりませんが、三人兄弟で、十勝のほうから日高海岸に来て暮らしていました。そうして静内《しずない》の手前のハエの村へ来て、一カ所にいるよりも別々に、どこかで住む所を探して暮らしましょうということになり、しかしもともと先祖は一つだという証に、アイシロシ（矢の印）という家紋のような印を作ったと伝えられています。それを鏃の窪みにつけて、ほかの矢と区別するために用いたのです。

一番上の兄のアイシロシは、一本棒にアシペノカ（シャチの背びれの形）、二番目は二本棒にアシペノカ、三番目は三本棒にアシペノカ、という印をつくり、そこでそれぞれが別れました。わたしの印を教えてくれたのは、二谷国松さんで、昭和三十年ごろだったか、父親がまだ元気なときに、わたしが炉端で彫り物をしていると、遊びに来た国松さんは、父親とゆったりと話をしながら、「そういえば、ここの家のアイシロシは三本棒に背びれだったなあ」と言いました。

わたしはアシペノカと聞いたので、忘れないようにその場で目の前にあった竹の物差しに、印の三本棒とその上に付く背びれをかたどった縦の紋様をノミと小刀で刻みました。そういうわけで、わたしのアイシロシというのは、三本棒にアシペノカで、その印を入れた彫り物もあります。

それから、自分で彫った物には、「カヤノ」という陰刻を彫っていました。昭和三十年代などの、若いころの作品は、カヤノのヤの字が右上がりになっているという特徴があります。近年に彫ったものは、ヤの字が平らになっています。

わたしは刃物を使うことが、楽しくてしようがありません。彫り物を身につけるというのは、すごいことで、何十年か休んだからといって、技術や感覚を忘れることはありません。刃物を持ったらそれに集中できるし、ぴたっと彫ることができるのです。わたしは書斎では、書いているときと、彫り物をしているときと、寝ているときとがあります。書き物をしていて、頭が痛くなったら、寝るか、彫り物をするかのどっちかなのです。

まず、木彫りは仕事として金にもなりました。しかしほかの人たちは熊彫りの練習をしたけれど、わたしは熊彫りはしませんでした。もともとはアイヌは四足の動物は彫らないことになっているので、嫌だと思って彫らなかったのです。というのは、熊、狐《きつね》、狼《おおかみ》といったものは心のよいアイヌが彫れば大丈夫だけれど、心の悪いアイヌが彫ると、化けて歩き出し、悪さをする、といわれていたからです。

わたしは伝統的なアイヌの生活用具を復元したいと思い、資料館を建てるときにも作ったし、一番一生懸命に彫り物の仕事をしたのは、先ほども触れた『アイヌの民具』という本を作ったときです。「ないものは描けんぞ」と相澤韶男先生が言うので、なるほど、と思って、山から木を伐ってきて、組んで作る物は組んで、削って作る物は削って、というように、ほとんど毎日仕事をしました。そして毎日、図を描いてもらいました。一カ月で少なくとも五十種類の民具を作ったでしょう。今では、アイヌの民具でわたしが名前を覚えていたものは、ほとんどが資料として二風谷にあります。

いつもわたしの書斎のなかは、木っ端《こば》が散らかっています。資料館には、国会にいたときに彫っていた物も展示してあります。国会にいるときはユカㇻの訳の仕事もやって、家へ帰ってきたらムイ（箕《み》）を彫ったり、煙草入れを彫ったりしていたものです。数年前に彫った煙草入れには、「萱野茂七四歳作」と彫っておきました。二風谷の博物館に、「貝澤ウエサナシ六三歳作」と書いてあるお盆があるのですが、六十三歳になって彫り物ができるだろうか、と思っていましたが、わたしは七十歳を過ぎてからも彫れましたから、やれるものだなぁ、と思っています。

ユカㇻとウウェペケㇾ

ユカㇻというのは、アイヌ民族に口伝えで伝えられてきた大きな物語です。ポンヤウンぺという空想上のヒーローがいて、斬《き》ったり斬られたり、殺されたりしながら、ときには骨と筋と目だけが残っているというような姿になり、そこへ美女があらわれて、フッサカㇻというおまじないで強い息を吹きかけられると生き返る、というようにアイヌ自身ができないことを空想して、ポンヤウンぺにやらせる、というお話です。ポンヤウンぺは、体一つで魚と一緒に泳いだり、風に乗って空を飛んだりできるのです。

一方、ウウェペケㇾは、僕もあなたもわたしもが主役になれる、ごくありふれた生活のことを教えてくれるお話です。

カムイユカㇻは、自然すなわち神様が、アイヌにこうしなさい、こうしてはいけませんということを、神様（カムイ）の口を借りて人間（アイヌ）に教える、というお話です。ですからカムイユカㇻのなかでは、鹿を獲ったとき、熊を獲ったときなど、それらを神の国へ送るやり方を教えています。たとえば、村長《むらおさ》の嫁さんが、行者にんにくを採るときに、根こそぎ採ってしまったので、ばちがあたって死んでしまいますが、山萩の神様が心根の善い娘に死んだ原因を教えて、娘がそのとおりに行者にんにくの神様にお詫《わ》びをすると、その村長の嫁さんは生き返った、というような話があります。

このようにカムイユカㇻは自然との付き合い方も教えてくれます。

『アイヌの碑』に詳しく書きましたが、ユカㇻを熱心に研究していた金田一京助先生と初めて話をしたのは、昭和三十七年の夏、登別温泉で、わたしが観光アイヌをしていたときのことでした。その前年、知里真志保先生の葬式で金田一先生を遠目に見、「有名だのに若い人だなあ」と思った記憶がありますが、その先生が助手を連れて来て、「明日から平賀さだもさんのいるアイヌチセへ行くんだ」と言いました。当時は登別グランドホテルのすぐ横に、観光用のチセが一軒ありました。「邪魔にならないようにするから、行っていいですか」と言うと、先生は「どうぞ、どうぞ」と言ってくれたのです。

翌日、平賀さだもさんがいるチセへ行きました。ユカㇻを、金田一先生が、「イレスサポ、イレシパヒネ、ランマカネ、カッコㇿカネ、オカヤニケ、シネアントタ、イレスサポ」というように一言ひとこと読み、分からない所へ来るとぱっと止めて、「この意味は」と聞きます。それが朝の十時ごろから、夕方四時ごろまで続きました。ずっと黙って聞いていたわたしは、それが終わったあとで「先生、今日のユカㇻはこうでしたね」と、日本語でべらべらと、一つの物語にして話しました。先生は驚いて、眼鏡のつるに手をかけて上げたり下げたりしながらわたしの顔を見て、「この若さでこれほどに、ユカラを知っているのか。今まで僕に日本語でこれほど正確にユカラを聞かせてくれた人はかつていなかった」と喜んでくれました。

そうして知り合いになり、金田一先生が編纂《へんさん》していた『アイヌ叙事詩　ユーカラ集』の四巻から九巻までの仕事を手伝いました。昭和四十六年に金田一先生が亡くなったとき、ご子息の金田一春彦先生が、金成《かんなり》まつさんが金田一先生の所へローマ字で書いて送っていたユカラを、「この仕事は萱野さんであれば続けられるから」と言って、二風谷アイヌ文化資料館にくださいました。

金成まつ筆録、萱野茂訳・注のユカラの本は、昭和五十三年に一巻目を出してから、一年に一冊ずつを出し、今は二十七巻目になっています。

正直なところ、ユカラというのは覚えてしまうと退屈なものです。常套句《じょうとうく》というのか、決まりきった言葉が多く、新しい巻を出しても、初めての言葉は二つか三つ出るか出ないか、というくらいのものですが、それでもやり始めるとこの仕事は面白いものです。

じつは今までに、一カ所、訳を間違えてしまったところがあります。それは平成十五年に出した第二十五巻のなかの「オハウノッチャリ」という言葉で、相手を殺してその魂が、西へ行ったり東へ行ったりして、それから西のほうへ行った、というくだりで、そんな所へうっかりして、「オハウ＝汁が、ノッチャリ＝散らかる様に」と訳してしまいました。本当は、「オハ＝空《から》、ウ＝お互い、ノㇰ＝魂、チャリ＝散らかる」という意味で、後で訂正文を入れたいと考えています。

『アイヌの碑』でも触れましたが、金田一先生と訳をして、たった一つ、二人とも分からなくて持ち帰った言葉に、「ウェンメノコ、リクンチョロカ、ランケチョロカ、アイエキッカㇻ」というのがありました。

家の構造のことなどではなかろうかと、家の中を見回しても、柱はイクㇱペ、梁《はり》はウマㇺキ、行桁はソペㇱニ、横桁はソエトコドイェニで、一つひとつ見たけれどさっぱり分かりません。困り果てて、荷負本村に住む黒川てしめさんというおばあさんの所へ行って聞いたら、「それはね、ユカㇻだから、言葉詰まっているんだ」と言って、リクンチェホロカ、ランケチェホロカ＝上へ私逆さに、下へ私逆さに（チェ＝それ、ホロカ＝反対）という意味だと分かりました。

わたしは今年、満七十九歳ですが、ぼけないで、毎年一冊出すユカㇻ集を、あと三冊、三十冊は出したいなぁ、と考えています。現在は息子の志朗が逐語訳をし、かなりできるようになったのですが、上手に訳すためには、まだまだ言葉をきちんと覚えなくてはなりません。

ウウェペケレは、子供のころから聞いていたせいもあってユカㇻのように難しい言い回しもなく、訳すのはわたしにとってお手のものです。わたしの一冊目の本は、ウウェペケレを題材にした『キツネのチャランケ』（昭和四十九年、小峰書店）で、二冊目は『ウエペケレ集大成』（同年、アルドオ）で、この本で菊池寛賞を頂きました。

昭和二十八年と三十年、本州を興行して回ったときに録音機というものの存在を知りました。最初に見たのはテープではなく、針金のようなワイヤーに録音をする機械で、じゃらじゃらと鳴る音の悪いものでした。始終ワイヤーが切れたりもするのですが、そのうちにテープを使うテープレコーダーになりました。すごい機械があるものだと、とにかく感心して見ていました。

アイヌ語の資料を集め始めてから、そのテープレコーダーをたいへん欲しくなりました。しかし、高価なものなので買うお金などありません。そこで思いつき、平取町から世帯更生資金というのを五万円ほど借り出して、札幌の青盤舎を通じて、昭和三十五年九月二十六日に二万九千五百円でテープレコーダーを買いました。そのとき、年に百時間録音するぞ、と決意しました。最初は録音したものを書き写し終わったら、録音し直して、前の音は消してしまおうと思っていたのですが、声を録音したおばあさんが、何日かして入院したり、亡くなったりということがあって、もったいなくて消すことができなくなりました。

録音の一回目は、貝澤前太郎さんの所へ行って、「テープレコーダーという新しい機械を買ったから、魂入れをしてください」と言って魂入れのお祈りをしてもらいました。それほど大事にしたテープレコーダーは、現在でも音が出ます。録音テープは、現在、中身を調査したものが、六百五十時間分はあり、ほかに百時間以上ありますが、そちらはまだ調べていません。本として世に出たものは約四十時間分で、宝の山から頭の先をちょっぴり出しているようなものです。これからどのくらい本を書けるかは分かりませんが、頑張ってやりたいと思います。

当時萱野工芸店にいた柏崎るみ子さんや、仕事の助手をしていた上田悦子さんなど、若者たちが運転する車に乗せてもらって、あちこちへ録音に歩きました。場所は、静内、様似《さまに》、鵡川《むかわ》のルペシペコタン、カイクマコタン、今は和泉《いずみ》という所や、一番多いのは沙流川筋で、二風谷は言うに及ばず、貫気別《ぬきべつ》、ペナコリ、去場《さるば》など、いろいろな所へ行きました。

そのころ、人類学者とか民俗学者とか称せられる日本人の学者たちが来て、おばあさんたちから聞き取りをしたあと、金もろくに払わず、金額を書いていない白紙の領収書にハンコを押させて持って帰っていったそうです。故鳩沢佐美夫君が書いた『証しの空文』という本にもありますが、録音に行ったらおばあさんだけでなく、その家族全員の手を止めさせるという迷惑をかけることになります。ですから、わたしは、当時の日給では自分でももらえない一万円から一万五千円ほどのお礼をしました。川上勇治さんが、「萱野さんは十分お金出すから、ちゃんとみんな待っているけど、俺が行くと言ったら、今日は忙しくてと応じてくれない」と笑って言っていました。

その川上さんは、わたしの仕事を大いに助けてくださった人の一人です。現在は乗用車に乗っていますが、昔はミシンのセールスをやっていて、オートバイに乗っていました。後ろに人が乗れるやや大型のオートバイで、わたしがテープレコーダーを入れたリュックサックを背負い、大男の川上さんの背中にしがみついて、あちこちへ行ったものでした。吹雪の寒い日に、荷負のシケレペコタンへ行って、木幡三次郎さんという造材山の請負をしていたおじさんの連れ合いの、木幡うもんさんというおばさんであったか、そこへテープレコーダーを持って行ったときには、子供たちが隣の部屋から障子を少し開けて、その隙間からテープが回るのを見ていました。そのように家族みんなが声をひそめている様子を見て、なおさら十分にお礼をしました。

録音をして歩くにはいろいろ苦労もありました。

荷負本村では、なんでそんなことをするのかと文句をつけられ、あとになって協力してくれた西島てるさんも、初めはなかなか協力してもらえませんでした。

勇治さんが車を買ってから、新聞記者の本多勝一さんと、わたしとの三人で、静内町豊畑《とよはた》へ行って、マイクを立てて録音をしていたら、その家がナマコトタンの一枚屋根で天井も上がっていなかったものですから、雨が降ると雨の音が強くて、録音を中断して帰ることになってしまいました。そうしたら勇治さんの車がぬかるみにはまって動かなくなってしまい、わたしと本多さんとで車を後ろから押すわけですが、タイヤが空回りして、ズボンがあんころ餅のあんこを塗ったように、べったりとどろんこになってしまった思い出もあります。

慶応大学の化学の先生で水原裕さんという人と、わたしの二人で、豊畑の福島そまてっさんという九十歳近いようなおばあさんの家へ行ったときのことです。さりげなく目の前の小屋を覗くと、大きなニマなど何点かの道具が、屋根も飛んでしまった小屋だったので、雨ざらしになっていました。それらをそっと、まだ屋根の残っているほうへ寄せておきました。

一年がすぎて、助手の上田悦子さんと再び録音に行き、道具がそのままになっていたので、おばあさんから分けてもらい、それは現在、二風谷の博物館や資料館に収められています。そまてっさんのテープはほかにもあるはずなので、現在どうなっているのか、そのうちに心当たりの所に問い合わせてみたいと思っています。

去場の鍋沢ねぷきさんの所へ録音に、妻のれい子も連れて行ったことがありました。口の周りに入れ墨をした八十歳くらいのおばあさんと五十歳代のねぷきさんの娘さんとがおり、「なんだお前、時計もないのか、来る時間も遅れて」と怒られてしまいました。

わたしは年寄りとの付き合いを心得ていましたから、「ああ、俺の時計が狂っていたんだべ」と言って、さっさとコンセントに差してテープの準備をしました。れい子はとても驚いて、「うちの父さん、あんなこと言われながら、よく歩くもんだ、もうわたしは絶対一緒に行きません」と言って、それからはただの一回も、一緒に録音に歩いたことはありません。わたしは、年寄り相手と思って、怒られてもにこにこして話を聞いたものでした。

こんなこともありました。鹿戸よしさんという厚賀にいた人や、厚賀川のプケマという所にいたおばあさんのことなど、録音した人について、北海道教育委員会から頼まれて報告書を出すと、それを読んだ日本人の学者がおばあさんたちを訪ねて行くわけです。そうしてその家へ泊まって、布団の上げ下ろしまでしたり、おばあさんが昆布拾いをしていたら「クサポへー、ウナㇻぺへー（姉さんこんにちは、おばさんこんにちは）」とアイヌ語を話しながら若者が近付いて来て驚いた、ということなどがあったそうです。下手に報告書を出すと、そのあとで山言葉でいうサイメン荒らし（持ち場荒らし）をされてしまうというわけです。

昭和四十年ごろ、貫気別へ録音に行き、家から車を呼ぶためにだったか、電話をかけようと、電話を借りに席を立って、録音のテープを止めないまま、おばあさんたちに見えないように蓋《ふた》を立てておきました。すると「こうやって、あれはＮＨＫさ売って、金儲けするために録音するんだべ」なんて言っていましたが、シャモ（和人）の学者とは違って、わたしは頑張って働いたお金で十分にお礼をするので、だんだんと信用もでき、みんな喜んでくれたものでした。

荷負本村へ録音へ行くときには、木村いとさんや貝澤勝男さんの嫁さんに、「何時のバスで行くから」と言っておくと、生活館に行って火を焚《た》いて待っていてくれました。お正月の七日から二十日ごろまで、録音をしました。火を焚くために何人かの人に来てもらって、そのころは石炭ストーブでしたので、がちゃがちゃとかき回す音も立ちますから、この録音テープは、臨場感あふれるものになっています。

アイヌ語の現在の状況は、かつて本当に消えかかっていたころに比べると、大変良くなったように思います。教材が多くなり、手軽に手に入りますし、勉強をしようと思えばすることができます。アイヌ語の継承は良い方向へ向かっており、皆さんのやる気さえあれば、復活するものと思います。

わたしが書いた『ウエペケレ集大成』は、片仮名で書いて、逐語訳を付け、さらに意訳も付けてありますから、勉強しようと思えば、これ一冊でもすごく勉強になります。この本はいったん品切れになりましたが、平成十七年七月、ＣＤ二枚が付いた『新訂復刻　ウウェペケㇾ集大成』（日本伝統文化振興財団）として復刊されました。

ビクター・エンタテインメントから出た『萱野茂のアイヌ神話集成』（全十巻）には、解説とともに、ユカㇻが三時間、ウウェペケㇾが三時間、その他が一時間、CDに音声が収められていますから、現在の若者たちが勉強をしようとすれば、これも本当に役に立つはずです。

録音については、二風谷に観光で訪れたことのある真島愛子さんという方が、テープを自分で買っては送ってくださいました。そのように表には出ませんが、心ある日本人が助けてくれたことも忘れられません。

アイヌ語に興味を持ち始めてからだいぶたった昭和六十年ごろだったでしょうか、ある学者に、「俺はアイヌ語辞典を書きたいんだ」と言うと、「萱野さん、言葉を知っているからといって、辞典は簡単には書けませんよ」と言われました。相澤韶男先生が家へ来たときにその話をすると、トヨタ財団から補助金をもらえるだろうと教えてくれました。さっそく申請書を出すと承認され、その補助金で、助手の本田優子さんの給料が出たり、専用の電話を引けたりして、大変助かりました。パソコンの機械を買おうと、東京の相澤先生の所へ米田秀樹君を派遣して、使い方を教えてもらったこともありました。米田君や本田さんは、アイヌ民族と文化に関心を持ち、初めはわが家へわらじをぬいだ人たちで、そののち学芸員の資格を取り、現在はそれぞれの仕事を持って活躍しています。

昭和五十三年に出した『アイヌの民具』の索引を作るときには、資料館の民具に一つひとつ名称を書いた札を付け、その札を集めてアイウエオ順に並べ直したものでした。しかし、それからおよそ二十年後の平成八年に出した『萱野茂のアイヌ語辞典』（三省堂）をつくったときには、パソコンを使った作業になりました。そのパソコンもトヨタ財団からの補助金で買うことができ、本田さんがそのデータを入力してくれて、「アイウエオ順に並べてくれ」と頼むと、ぱっと並べてくれました。

わたしが口で言い、パソコンに入力してもらったアイヌ語を並べ直してみると、ヌトッカリ（めまい）という言葉を六回も入れていたことが分かり、「俺もめまいしたなぁ」と笑ったことがありました。

少しさかのぼって昭和五十七年には、札幌のリラの会の細川まり子さんの所からも、「好きな物を買いなさい」と寄付金を頂き、そのお金でコピー機を購入しました。そうした機械も大いに役に立ちましたし、そのようにして手伝い、助けてくださった方々がいました。

アイヌ語の表記方法についてですが、「ｔｕ」という音は日本語の文字では書けません。大先輩のアイヌ学者である知里真志保先生は、平仮名の「と」に丸を付けて読ませており、明治時代にアイヌに読み書きなどを教えたイギリス人宣教師バチェラーさんはただツと書いており、またそのほか、ツに丸を付けているものもあるというように、いろいろな表記方法がありました。昭和四十年代になってから、トの下に小さなウをつけて、トゥと書いたものもありました。そこで『カムイユカラと昔話』（小学館）という本では、トゥと書いて教材に使いましたが、うちのアイヌ語教室の受講生たちは誰もtuとは読んでくれませんでした。

というようなことがあり、『萱野茂のアイヌ語辞典』では、「と」に丸を付けていた知里真志保先生の表記を踏襲して、トに丸を付けてㇳと表記しました。頭にㇳが来る言葉は、百八十語もありましたから、なんとかこの表記法に市民権を与えたい、と思うのですが、学者の方々はなぜかあまり使いたがらないようです。

このアイヌ語辞典を書いていたころ、お正月なのに、平凡社の下中邦彦さんが来て、「二風谷荘へ泊まっているからご飯を一緒に食べよう」と言われましたが、わたしは「家にいるときはよそへ出ない」と断ると、立派なお膳が届きました。後になってから、本当はアイヌ語辞典の原稿が欲しくて来たのだと、聞きました。

この辞典は平成十一年に、パソコンで読むことができ、わたしの声も聞けるCD－ROM版も発売されました。

『萱野茂のアイヌ語辞典』の良さは、例文がたくさんあることだそうです。そうしてアイヌ語辞典を出すことができ、出版から六年後の平成十四年にはさらに増補版を出すことができました。また数年後に増補版を出したい、と考えています。

アイヌ語教室は、大人の部と、子供の部とをやっています。子供たちはアイヌ語をぺらぺら話せるようにはならないかもしれないけれど、言葉の勉強を通じて民族意識だけは持つことができるはずだと信じています。子供のときから、踊りも踊り、歌も歌っているので、現在の若者たちは、おばあちゃんたちが足元に及ばないほど上手に踊れます。これは、アイヌ語を含めた民族の教育として、大きな成果であると思います。

CD-ROMになった『萱野茂のアイヌ語辞典』

わたしの次男で現在資料館の副館長兼学芸員をしている萱野志朗は、東京の大学へ行き、弁護士になるのだと言って、二、三回司法試験に落ちていましたが、カナダへ連れて行ったとき、カナダでは三、四歳の子供も民族衣装を身につけて歌や踊りを踊っているのを見たことで、民族意識に目覚め、二風谷へ帰って来ました。またこのときは、姪の村山るみ子も一緒でしたが、るみ子もそれまではあまりアイヌ語教室に来てはいなかったのですが、カナダへ行ってからは、民族文化に興味を持つようになり、手伝ってくれるようになりました。

現在、毎年一回、アイヌ文化継承活動の発表の場として、シシリムカアイヌ文化祭がおこなわれています。アイヌ語の教室はあっても、発表の場がなければ面白くないであろうという志朗の発案で始まったものです。

この地域の文化祭ということで、わたしが名付け親になって、シシリムカという沙流川の古い呼称を付けました。初めのころは、シレトㇰ(器量がよいこと)賞、ラメトㇰ(度胸がよいこと)賞、パウェトㇰ(雄弁であること)賞を設け、審査委員をしました。第一回目のパウェトㇰ賞は貫気別の木幡サチ子さんで、それから自信をつけて、今では私の代理が務まるほどアイヌ語がしゃべれるようになり、いろいろな場で活躍しています。

ようやく平成七年ごろから、二風谷小学校でも、ハララキタイムといって、アイヌ文化について体験や学習をずる時間を設けるようになりました。ハララキとはアイヌ語で鶴の舞という意味です。

つい先日も、荷負小学校から、アイヌの踊りをしたいのでと、衣装を借りに来ました。荷負はアイヌへの差別がとてもきつかった所ですが、そうした地域からもそういう動きが出てきました。ゆっくりではありますが、町内でもアイヌ文化にかかわるそうした活動がおこなわれるようになり、蒔《ま》いた種は小さくなかった、と思っています。

アイヌ研究と学者たち

わたしが関係している北海道の文化関係の組織に、北海道文化財保護協会とアイヌ文化伝承保存会の二つがあります。昭和三十五年ごろ、当時平取町会議員だった貝澤善助さんの所へ、北海道文化財保護協会を設立したいので会員に、という一枚の葉書が来ました。善助さんはこれを「俺には合わないから、茂なんとかしてくれ」と言って持ってきたのです。わたしはそれを引き受けて創立当時の一回目の会から出席し、現在でも会員です。当時の文化財保護協会は、シサム（和人）の学者が中心でした。

昭和四十年に北海道の文化について力を尽くした人への表彰制度が設けられ、その第一回目に、アイヌ出身のわたしを入れていただきました。友人の川上勇治さんに頼んで書類を書いてもらい、平取町教育委員会を推薦人に、応募をして、表彰の審議会の日に、審査委員であった児玉作左衛門先生の所へおじゃましたら、「今日は審議会があるけど、萱野君は若いから、また後でもいいなぁ」と言われたのですが、一時間ほどして先生が戻ると、「今日は萱野君も賞に入ったよ」と教えてくれました。ところが、その賞状は平取町教育委員会宛に送られて来るはずなのですが、いつまでたってもわたしの所に届きません。その年の暮れ、平取町内で教育委員会の前畑さんという職員に偶然行き会うと、「萱野さんの所に良い物届いてたっけなぁ、届けもしないで悪かったでや」という調子なので、「役場まで来たものを、何カ月も寝かせておかんで、早くくれや」と少し怒って言いました。すると翌日、当時の教育長が、酒一升をつけて表彰状を持って来てくれました。

三十九歳のときのこの文化財保護の表彰状が、わたしの表彰歴の一番初めでした。文化財保護協会の賞は、一回目にアイヌが入ったために、それからずっと、年に二、三人が表彰されるなかに、必ず一人はアイヌが入るようになったということです。川上勇治さんには借りをつくったので、十年ほど前でしょうか、わたしが推薦人になって、勇治さんもその賞をもらっています。

アイヌ文化伝承保存会というのは、浦河《うらかわ》出身のサラブレッド調教師小川佐助さんが三千万円のお金を基金として出してくれて、その利子を運用する形で始まったものです。小川さんは滋賀県の栗東《りっとう》で厩舎《きゅうしゃ》を経営し、大成功を収めたのです。保存会には当時はアイヌ研究の学者が含まれ、山田秀三先生がその中心になっていました。保存会は、現在は記録映画の撮影をしたり、また、金成まつ筆録、萱野茂訳・注のユカラシリーズ出版の窓口ともなっています。

山田先生は、学者であり実業家でした。山田先生との最初の出会いは、昭和三十七年、札幌の商工会議所での講演のときでした。白髪頭のおじさんが、わたしの言うことを、盛んにメモしていました。わたしが話し終わってから、「じつは、僕は知里君と仲良しだったのだけれど、知里君が亡くなってしまい、困っていました。萱野茂という若い人がいると聞いて、今日の講演を聴きに来たのです」と言って近づいて来ましたが、これが山田先生でした。山田先生は明治三十二年、一八九九年生まれで、「生年月日を書くときに、（つい一九九九と書いてしまうので）いつも西暦の三桁目を書き直すんだ」と言っていたのを覚えています。

山田先生は、幌別《ほろべつ》にあった日本ソーダという会社の社長でした。初めて会ったその晩は日本ソーダの札幌事務所に泊めてもらい、いろいろな話をしました。それ以来、作った木彫りを札幌に持って行くときには民芸品店青盤舎の不寝番の部屋に泊まり、そうでないときには山田先生の会社の寮へ泊めてもらうようになりました。そうして山田先生との交流が始まり、いろいろな話をするうちに、「僕一人で聞くのはもったいないからこれに書きなさい」と言って、白紙のノートを一冊くださいました。そこに「二風谷物語」と題して書いたものが、後に出版した『おれの二風谷』（すずさわ書店）の元になっています。

先生の自宅は東京の洗足池《せんぞくいけ》の近くにありましたが、私が東京に行って泊めてもらうときには、いつも午前二時、三時まで話し込んでしまうので、先生の所へ行くときは、前の日に十分に睡眠をとって行ったものです。お宅へうかがったときに、「僕の所へは大臣も遊びに来る。大臣にお茶を出しても恥ずかしくない茶托を作ってくれ」と言われて、ニマ型の茶托を五枚彫りました。その茶托は、平成十六年に国立民族学博物館で開催された特別展「アイヌからのメッセージ」などにも出品されました。

昭和四十二年に、わたしが家を建てるときに山田先生が「萱野君、お金困らんか」と言うので、「困らんことないよ」と答えました。すると、「北海道電力の創立記念の記念品に萱野君のニマを使うから、一個一万円で三十個作れ」と、仕事を頂いたこともありました。これで、家を建てるときにはずいぶん助かったものです。

二風谷の資料館を建てるときにも、大口の寄付は全部、山田先生の紹介でいただいたものでした。資料館開館のときには、山田先生に感謝状を出しました。わたしがあとで、「アイヌをいじめたシャモはたくさんいるけれど、アイヌから感謝状をもらったシサムは、先生が初めてではないでしょうか」と言うと、先生は、「僕も内心そう思ったけれど、口には出せなかった、萱野君がそう思ってくれるならうれしいことだ」と喜んでくれました。

ちなみに、和人のことをアイヌ語でシャモともシサㇺともいいますが、シャモにはどちらかというと「悪い和人」という意味合いが含まれています。

先生の会社の事務所は山田サロンといって、先生を慕う人たちがいつも集まっており、山田先生がお金を出して寿司屋に行ったり、ごちそうになったものでした。山田先生は、いつでも両方のポケットに煙草を入れて、にこにこしながら煙をくゆらせていました。そのせいか、北海道のアイヌ文化研究センターでは、ほかの学者から来た資料よりも、山田先生の所から来た資料は虫喰いがない、と本田優子さんが言っていました。このように、山田先生とはいろいろな思い出があります。助言も適切であったし、とても善い人でした。平成四年七月二十七日に山田先生が亡くなったとき、わたしは参議院議員の選挙運動の疲れで入院していたので、お葬式に参列できず、今でもそれは心残りです。

いろいろな学者の方々との交流もありました。昭和三十一年ごろ、千歳のナイベツ沢で、知里真志保先生と、魚捕りの撮影をしたときに、千歳の旅館の二階で、知里先生が、わたしに手を差し伸べながら、「萱野君、いつどこで、誰から聞いたか、ということを、書き添えておきなさい。ゆくゆくは、僕や茂君が書いたノートで勉強をする人たちが出るのだから、それらのことを書き添えることによってその資料は動かぬものとなる」とおっしゃってくださったことも忘れられません。それからなるべく、年月日や実名を書くことにしていますし、それらが資料の価値を倍にしているのです。

金田一京助先生は、熱海の水葉亭で一緒に仕事をしたときに雑談で「文化勲章ももらったし、年に不足はないけれど、長生きしすぎたから僕が死んだときには友だちは誰も来てくれないだろう。それは寂しいことですねぇ」と言っていました。先生は「僕のために彫ってくれたから、君のために書いてあげよう」と言って「鉄志玉情」、つまり志は鉄のごとし、情けは玉のように、という言葉を色紙に書いてくださいました。

また先生は「アイヌに文字がなかったのは恥ずかしいことではありません。世界中で文字を発明したのは、ローマ字、アラビア文字、中国の漢字などで、日本の文字は中国から来た文字から、平仮名、片仮名をつくったのです。文字がないことで文化の度合いが低いということにはなりません。だから文字がなかったことは、悲しいことでも恥ずかしいことでもありませんよ」と教えてくださったこともありました。

児玉作左衛門先生は、二風谷の墓を掘り返したことなどで、悪口も言われていますが、たくさんの物を資料として残してくれたことには感謝しています。児玉先生の所に、おそらくイワㇰテ（物送り）されたであろう底の腐ったサマッキニス（一人暮らしの老人用の臼）がありました。話としては聞いていたものの、二風谷には実際には残っていなかったので、わたしはそれを見て、資料として作ったことがあります。

有名な研究者、更科源蔵先生に関しては「肖像権裁判」という大変な事件も起こりました。昭和三十八年から三十九年にかけて、ＮＨＫが中心になって、『ユーカラの世界』

という記録映画を作りました。冬の編は二風谷でも撮影しましたが、夏に鮭を捕る場面は、根室の西別川《にしべつ》へ撮影に行きました。貝澤貢男君がアイヌの若者役、伊賀美恵子（チカップ美恵子）さんがアイヌの娘の役で出演したのですが、そのときに撮影した写真を、だいぶあとになってから更科先生が、本人には無断で、全く関係のない本に載せたということで、チカップ美恵子さんが昭和六十年に肖像権侵害だとして裁判所に訴えを起こしました。そのときに更科先生は「飼い犬に手をかまれた思い」と言ったため、アイヌを犬呼ばわりしたと大騒ぎになったのです。間もなくして更科先生は亡くなり、裁判は共同研究者だった高倉新一郎先生に引き継がれましたが、最終的には百万円のお詫びを出して和解しました。

その裁判にわたしは証人として出廷し、「アイヌとして一番嫌なのは、毛深いことであろう、それをあの本は、はじめにアイヌの男の背中に毛の生えた写真をぼとんと載せている。俺はあの本を人前に出すのも恥ずかしいし、そのページはめりめり破って捨てたから、何冊か持っているその本にはその写真のページは一枚もない。アイヌを研究材料としておきながら、犬呼ばわりするとは」と痛烈に批判しました。

そういえば昭和三十九年ごろ、NHKテレビの取材で、高倉先生や、更科先生、萩中美枝さん（知里先生の妻）と一緒に西別の宿に泊まったことがありました。萩中さんが、アンメルツという肩こりの塗り薬を持って来て、更科先生、高倉先生の背中にべたべたと塗り、「萱野さんも背中めくって」と言うので、わたしは肩もこっていなかったので断りましたが、萩中さんはシャツをめくって、「あら、毛ないんでしょ」と言ったのです。どうやら、わたしの背中の毛を見たさに作戦を立てて塗り薬を持ってきたものらしく、そんなところにも和人の学者たちの無神経さを感じることがあったのです。

河野広道さんという研究者がNHKの人たち四、五人と、フォルクスワーゲンという車に乗って、調査に来たことがありました。そのとき、荷負本村の、木村いとさんの家の道路を挟んで貫気別寄りのほうに、どの家かのヌサ（祭壇）があり、そこに神として祀《まつ》られて数十年はたっているであろう、黒光りしたキツネの頭骨がありました。それを見つけた河野さんは、ぱっと、オーバーの内ポケットにしまったのですが、すぐ後ろを歩いていたわたしはそれを見て、たじろぎました。運の良い家のものであれば良いが、悪い家のものであれば、それを背負うことになりかねないので、アイヌはそういうものに触ったり、じろじろと見たりしてはならないとされているのです。

アイヌのことを絵入りの本で書いたりしていた四辻一朗さんという人が、アイヌの墓地を見たいというので案内したこともありました。わたしが墓地へ行くときには必ず、わずかなお供物《そなえもの》と二合瓶の酒でも持って行って、入り口付近のお墓にあげながら、「ごめんなさい、ちょっと用事があって来たけれど、悪い気持ちがあって来たのではないから」と言ってから入ります。しかし四辻さんは、メノコクワ（女の墓標）の先端が折れて落ちていたものを見つけると、拾ってオーバーの内側に隠しました。わたしの資料館にも古い墓標はありますが、それは墓地を改修するときに、きちんとお祓《はら》いをして持ってきたものです。アイヌの考え方と、シサムの考え方には、そうした違いがあるのです。

昭和三十六年に、貫気別の木村文太郎さんの息子の木村陽一さんが、狢《むじな》を生きたまま捕って、しばらく養ってから狢送りをしました。そのときにわたしの手持ちのアイヌの着物やサパンペ（冠）を出して使いました。その中に、上貫気別の芦沢さんというおじさんがわたしにくれた、頭も耳も金や銀の細工でニンカリ（耳飾り）もぶら下がっている、すごく立派なサパンペがありました。ところが、札幌から来て同席していた学者が自分が持って来ていたサパンペとすり替えて帰ってしまったのです。目の利く者が持って行ったことは間違いなく、代わりに置いていったサパンペは、頭にきたので燃やしてしまいました。あのサパンペのことは忘れられません。こういうわけですから、学者にうかうかと良い物を見せることはできないのです。

昔、わが家で使われていたアペサムンパスイ（火の神様にだけ使う捧酒箸）も、誰やら学者が持って行ってしまったのですが、幅が広くあまり彫り物のない漆塗りのパスイで、端の三本線の筋彫りの紋様の、一番端がぽきっと折れていて、きっと今でも見れば分かるであろうと、それも忘れられません。

アイヌの言葉や文化に関心を持った日本人の学者や研究者にはありがたいと思う半面、そういった泥棒まがいや無神経な振る舞いも数多く見てきました。

舟下ろし祭りと違法ダム

昭和五年から十年の間くらいのころですが、二風谷には、ポロチプ、ポンチプ、アタプチプという三艘《そう》の丸木舟がありました。

ポロチプは大きな舟で、大豆の俵を二十俵くらい横に並べることができました。そのポロチプがつくられたのはずいぶん前のことのようで、二谷栄治さんという十年ほど前に亡くなったおじいさんが子供か青年のころだったようです。今のカンカン沢の真向かいの沢、沙流川左岸から見ると川から百メートル少々入った所の右側の枝沢、オポウシナイ（沢尻に子供のある沢）の沢を入って行った左側に、ソカオマプという小沢がありますが、そこで舟を造って、当時五、六十戸の村中の人たちが集まって、舟を川に出すときにはお祝いをしたものだ、と教えてくれました。

ポンチプは五、六人乗りの手ごろな大きさの舟でした。

アタプチプは、松崎商店の松崎浅吉という人やわたしの父親たちが魚捕りに行っていて、舟をつくれということになってつくったのですが、下手なつくりでアタプ（ひっくり返る）舟でした。子供だったわたしが乗ってもくるりとひっくり返るのですから、大人ではよほど上手な人でなければその舟には乗れません。

わたしが小学校四、五年生のころですから、昭和十年ごろに、貝澤とぅるしのさんの男の子が川で溺《おぼ》れて亡くなり、子供たちが勝手に舟に乗ることは厳しく禁じられたのですが、子供たちは言うことをきかずに、舟で遊びました。

わたしが覚えている渡船場のおじさんは、古い順に、貝澤義則さん、貝澤六郎さん、貝澤金次郎さんで、金次郎さんのあたりから丸木舟でなく板舟に替わります。

金次郎さんは、アイヌレへ（アイヌ語の名前）を、ウイタㇰアシといい、測量人夫として昭和十年代から村の外を歩き、有珠《うす》山の噴火のことやいろいろなことを日記に書いていました。

金次郎さんにはちょっと愉快な話があります。まだ戦争中の昭和十九年十二月、現在は沙流川の少し上流のハヨピラにあるオキクㇽミ像が平取本町の神社の鳥居から右へ上った坂の上のほうにあったとき、そのオキクㇽミの像の前で、ドミセレマㇰウシといって日本が戦争に勝つようにと、二風谷から主だったアイヌたちがみんなでお祈りをしました。そのときにウイアチャポ（ウイタㇰアシおじさん）が「日本人の持っている刀はきらりと光り、敵の刀には錆《さび》が付く」と言うべきところを、間違って「日本人の刀には錆が付き、敵の刀はきらりと光る」とアイヌ語で言ってしまい、家へ帰ってから腹を切って死ぬかというほど、恥ずかしい思いをしたというのです。

しかし、それから少したって日本は戦争に負けることになりました。そこで、あれはカムイイタㇰテといって、神様がウイアチャポの口を借りて教えたのであろうと、語り草になったものでした。

そのウイアチャポが渡船場にいたころに、わたしは一番多く舟に乗って遊びました。舟は岸辺に上げられていて、子供たちの力では簡単に動かないのですが、アチャポが昼寝をしている隙に、年上の者たちと一緒にこっそり忍び寄り、ドリ（棹《さお》）を二、三本、水に入れて濡らし、舟の下にさしこんでから押すと、すーっと音もなく舟を出せるのです。そうして乗って遊んでいると、目を覚ましたアチャポは、丘のほうに立って、足踏みをして、踊り狂うように怒ります。そうするとわたしたちは舟を戻して、「ごめんなさい」と謝ったものです。

昭和二十二年の秋に、沙流川の川向かいとこちらを行き来するために、営林署が丸木舟をつくることになりました。そこで振内《ふれない》営林署の荷負担当区にいた木村重雄さんという森林主事が、わたしの父親に舟をつくってくれと頼んできたのです。それで初めて、わたしと父親と二人で丸木舟をつくることになりました。

そういえば、森林主事というのは戦前はたいそう威張った存在で、昭和十年代には洋風の短剣を腰にさげていたものでしたが、終戦後は丸腰に変わりました。

舟の材料は、当時、平村三吉さんが炭焼きをしていたため、「三ちゃんの沢」と呼んでいたパラタイ沢を入った右側の河原に立っていた桂《かつら》の木を、一本伐り出しました。根元のほうがガッポ（空洞）になった木で、営林署の人が来て、ぽんと刻印を押し、その立木の神様を舟にするということで、イナウ（御幣）を立て、御神酒《おみき》をあげて、「あなたをこれから舟に造って、その舟には、たくさんの魚を積み、たくさんの穀物を積みます。あなたは神様としてアイヌの生活の役に立つので、どうぞアイヌにお下げ渡しください」という意味の言葉を言ってから、それを根元から倒して、舟をつくりました。

終戦後、貝澤正さんの弟の貝澤芳夫さんが、現在は二風谷ダムの右岸の袖になる所にあるピンニの沢とウェンナイという沢の間の台地に、入植して畑を耕していました。昭和二十五、六年ごろ、芳夫さんが舟を貸してくれというので、営林署のものではありましたが、わが家のもののように管理していたその舟を貸しました。ところが、冬に大水が出て、その舟は流されてしまい、残念に思ったものでした。

それに先立つ昭和二十年ごろ、一本の木をくりぬいて一艘の丸木舟を造るよりも、軽くて安定していて経済的な板舟をつくろうということになり、川向かいで伐った桂を、ゴムタイヤの馬車に積んで、平取の木工所へ行き、板に挽《ひ》いて、板舟をつくったこともあります。二風谷の工務店村上組の創始者で、マンロー館を建てるためにやってきた村上弥太郎という人が、二風谷小学校の前で、カラマツとカラマツの間に棒を地面と平行に渡し、その棒に舟底にする板を立てかけて、底に多少の丸みをつけるように舟を造っていました。わたしはその舟の残り板をいくらかで買って、村上さんに経机《きょうづくえ》を作ってもらい、ずいぶん長いあいだ使いました。その机も今はさすがに役目を終えましたが、大切にしまってあります。

昭和四十二年には、沙流川を渡って畑へ行くために鉄筋コンクリートの永久橋がかかりました。それ以前には吊り橋があったのですが、壊れてしまったので永久橋を造ったのです。それまでは舟で渡ることもあったのですが、永久橋ができてから丸木舟にしろ板舟にしろ、舟の役目はなくなりました。

昭和三十四、五年ごろ、マンロー館を北海道大学が引き取って大学の分室としました。そこへ展示物を置きたいとのことで頼まれて、丸木舟やいろいろな民具を作りました。丸木舟はその後十年余り、水に浮かべることのないまま飾ってあったのですが、ある年にみんなで舟下ろしのお祝いをしたいということになり、トラックに積んで、オポウシナイの沢の中へ運び、縄のかけ方などは父親に教えられたとおりにし、貝澤健次郎君や平村万次郎さん、貝澤貢男君、貝澤とぅるしのさんなど、当時のおじさん、おばさんたちが集まって、昔のやり方をそのままに舟を出しました。

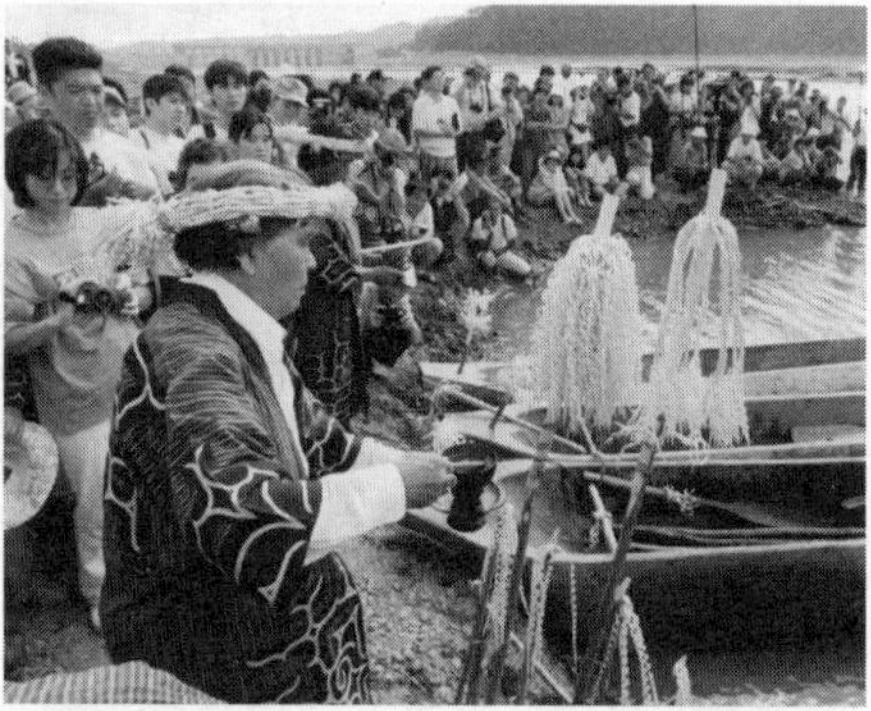
沙流川の河原でチㇷ゚サンケの儀式を執りおこなう著者（平成8年8月）

当時、朝日ソノラマという雑誌が取材に来ており、掲載された当時の記事を見ると、昭和四十七年四月にこの舟下ろしをおこなったとなっています。

それから何年か後、舟下ろしのお祝いの順序や、舟の縄のかけ方などを若い世代に伝えていくためにも、二風谷で舟下ろしのお祭りをしようということになり、チㇷ゚サンケ（舟下ろし祭り）が始まりました。

一回目は昭和の何年であったか、マンロー館の舟のときを一回目としたものか、自前の舟のときを一回目としたものか、定かではありませんが、そのころが始まりです。そのときは、食べることから飲むことから、全部をわが家で、妻れい子にやらせたものでしたが、あとからは弟たちが、庭石が売れて景気がよくなったので、辻々にビールや酒のこも樽を置いて、どうぞご自由に、と飲んでもらいました。

そのようにして始まったチㇷ゚サンケですが、お祭りを続けることによって、舟の乗り方や、イナウなどのお祈りの道具のつくり方、どぶろくづくり、お祈りの順序などを学んだり、お祈りの席順、つまり囲炉裏端の火に近いのが上座で、東側の窓に近いほうが下座になるなど、そういった文化の伝承ができ、盛大なお祭りになっていきました。

　初めのころは舟の扱い方も知らない者が多く、あるとき、貝澤耕一君が一人で舟を出したら、くるくると回って陸へ着けなくなってしまい、陸のほうから大きな声で、棹を右へ突け、左へ突けと叫んだこともありました。現在、みんなが舟を操れるようになったのもチプサンケのおかげです。

　もう何十回目になるのか、毎年ずっと続けてきた祭りなのですが、その舟下ろしの場所は、二風谷ダムができたために今は水につかってしまいました。そこは二風谷の渡船場のあった場所で、お祓いや慶び事にかかわる場所でもあり、漁の一回目に新しい魚が捕れるようにというお祈りをしたり、病人が出たらお祓いをするという所でもあったのです。

　この二風谷ダムはのちに裁判で「違法」という判決が出た代物です。

　平成八年八月に、さよならのお祈りをするというので、ダムの水を抜かせてお祈りをしました。それ以降は、わたしはチプサンケから手を引いて、現在はダムよりも少し下流の河原で若者たちが毎年続けています。

たった二人の反乱

さてここで、チプサンケの場所を水没させた二風谷ダムの話をしなければなりません。このダムの計画がわたしたちに聞こえてきたのはもうずいぶんと昔、昭和四十年代のことでした。一番初めの説明会が二風谷の生活館であり、わたしも聞きに行きました。自然を神と崇めて暮らしていたアイヌ民族の母なる川、その沙流川にダムを、しかもわたしたちの村の目の前に造るということでしたので、わたしは最初から反対しました。

ただの調査ですからポンプの井戸の水位を測らせてください、と国から言われても自分の土地や屋敷へは杭《くい》の一本も打たせませんでした。当時の平取町の考え方は、工事をする、しないは別として調査はさせてよいという言い方でありましたが、わたしは「庇《ひさし》を貸して母屋《おもや》を取られる恐れあり」と思っていたのです。

しかし、村うちでの事情は人それぞれ違っていて、農協への借金が数千万円もあって困っている人もあり、人によっては喜んで土地の買収に応じたのです。

わたしは川向こうのダム予定地に一町歩(約一ヘクタール)の畑を持っていて、幸いなことに農協に入っていないし、借金もなかったので、その土地のおかげであとで述べるように国と五分に渡り合うことができたのでした。

二風谷ダムの問題については、裁判の判決後に出版された『二風谷ダム裁判の記録』（三省堂）に詳しく載っていますが、簡単に説明しておきましょう。

そもそも二風谷ダムは、当時計画されていた苫小牧《とまこまい》東部大規模工業基地（苫東計画）への工業用水の供給源として計画されました。苫東計画は面積一万一千二百五十ヘクタール、東京の山手線内側の面積とほぼ同じというものすごく広大なものでした。沙流川にダムを造り、一日二十五万トンの水をそこへ送ろうとしたのです。ところが、この計画は大失敗し、昭和の終わりになっても、苫東の土地は少しも売れず、工業用水を送ろうにもそれを受け取る工場も来ないし、二風谷ダムからの導水管を設置する計画も立てられないという始末になりました。

こうして本来ならば、もう造る必要もなくなったダムなのに、国は今度はダム建設の目的を変更し、やれ洪水調節だ、やれ灌漑《かんがい》用水だなどといろいろな名目を付けて建設を続けたのです。

わたしは反対し続けましたが、用地買収や平取町への地域振興費の交付などが進められていき、昭和六十三年までには、わたしと貝澤正さんの二人を除く地権者全員が土地の売り渡しに同意し、その時点で「たった二人だけの反乱」になってしまいました。

当時、わたしは平取町の町会議員でもありました。山田佐永一郎町長や議会からの圧力もあったので、わたしのほうからは、ダムを認めるたった一つの条件として、かつてはアイヌ民族が主食として自由に捕っていたサケの捕獲権をアイヌ民族に返還せよ、と求めました。このわたしの案に対して平取町議会も多少は動いたものの、話は一歩も進みませんでした。

わたしと正さんの土地を手に入れようと焦った国は、北海道土地収用委員会に持ち込み、昭和六十三年二月十五日、地権者の意見聴取がおこなわれました。貝澤正と萱野茂の意見陳述ということなので、前日の夜、収用委員会の委員の身分なるものについて資料を読んでみると、委員の身分はきちんと保証され、公平無私な人たちが選ばれていると記されていました。しかし、意見聴取の結果は国の言いなりで、一年後の平成元年二月六日、二人の土地を強制的に収用するという決定通知書がわたしたちの手元へ届けられたのです。

困ったわたしたちはその通知書を持って、ただ一人だけ知っていた弁護士、田中宏先生の札幌の事務所に駆け込んだ、というより泣き込んだのが二月十六日のことでした。

二人の話を聞いた田中弁護士は、「あなたたちが、土地の補償金をもっとたくさん欲しいというのであれば手伝うことはできません。しかし、アイヌ民族の権利回復の問題として取り上げるのであればやりがいがありそうなので、友人の若い弁護士たちに相談してみましょう。もう一度念を押すが、裁判というものは長くかかるので、途中でやめたとかいうことなく全面的に任せるならば引き受けましょう」と言われ、「分かりました」とお願いすることになったのでした。

二月二十二日には、強制収用した土地の代金として一千百万円とやらの小切手をダム関係の人たち四人が持って来ましたが、もちろん受け取りを拒否しました。

二月二十四日、札幌で田中弁護士を中心に、二風谷ダム裁判支援弁護団が十二人の弁護士さんによって結成されました。お願いに行った日から数えてわずか九日目のこと、弁護士さん方の行動力に驚きながら、日本の歴史、いや北海道の歴史上に未だかつてなかったことだ、これほど大勢の先生方が応援してくれるのだから絶対に負けないであろうと、本当に本当にそう信じて正さんと二人で帰って来たことが忘れられません。

それからまもなく、正さんとわたしは、土地の強制収用の取り消しを求める行政訴訟を札幌地裁に起こしました。

その後は正さんの死や、いろいろなことがあったけれど、有能な弁護団のお陰で何十回も開かれた裁判が終わり原告の最終弁論という日、平成八年十二月十九日が来ました。

この日、わたしに与えられた時間はわずかに十五分。まずアイヌ語でべらべらとまくしたて、その後ゆっくりと、

「裁判長、あなたを含めて、この場におられる多くの方々は、わたしの言ったアイヌ語を

お聞きになられてもまったく理解できなかったでありましょう。ここはアイヌの国、アイヌの国でわたしどもアイヌ民族がなぜ、よその国の人、日本人によってこのように裁かれなければならないのか、本来はここに立つ必要はまったくないような気がしている。かつてアイヌモシリ（アイヌ民族の静かな大地）としてアイヌ民族のみが平和に暮らしていたこのでっかい島、あとから雪崩《なだれ》のように移住して来た日本人が勝手に北海道と名付けた島。地名を見ても四万から五万カ所のアイヌ語地名、そこへ来た日本人たちが、人跡未踏の北の大地に開拓の鍬《くわ》を下ろして幾星霜などと囁《ささや》き、アイヌ語の地名の上を歩きながら、人跡未踏とアイヌを人間扱いしなかった。裁判長、あなたの口で、あなたの判断で、アイヌ民族を、民族として、先住者としてお認めくださることを、お願いする」

というように日本語に訳しました。

そして、翌平成九年の三月二十七日に判決の日が来ます。その前夜、夕食を食べていると、田中弁護士は、訴訟を引き継いだ正さんの息子、貝澤耕一君に、明日の判決はそれほどわがほうにいい判決ではないはず、したがって、その後の記者会見で国に対しての悪口というか恨みつらみを言う心の用意をしてくれと話しました。

しかし、それを聞きながら、わたしはなんとなく楽観的に考えて、きっとアイヌ側にいい判決が出るであろうと思っていたのです。銭金でなく、あれほど誠心誠意頑張ってくださった弁護士の先生方や、証言台に立ってくださった方々のアイヌ民族側に有利なたくさんの証言があったのに負けるはずはないと信じきっていました。

さて、判決当日の午前十時、傍聴者や原告、被告、一同が席に着き、一宮和夫裁判長の声が、法廷内に響いた、というほどではありませんが、「原告らの請求をいずれも棄却する」とはっきり聞こえました。しかし、法律用語に疎《うと》いわたしには、勝ったのか負けたのか分かりません。

次の言葉を待つと、「ただし、沙流川総合開発事業に係わる一級河川沙流川水系二風谷ダム建設工事に関する権利取得裁決の申請及び明渡裁決の申し立てに対して、被告が平成元年二月三日付でした権利取得裁決及び明渡裁決のうち、別紙物件目録一ないし四記載の各土地に係わる部分はいずれも違法である。訴訟費用のうち、参加によって生じた分は参加人の負担、その余は被告の負担とする」。

わたしの耳に残ったのは、「違法である」という部分と、「その余は被告の負担とする」この二言だけでありました。

判決理由の骨子、と裁判長が読み始めてようやくのこと、ほぼ全面的な勝訴ということを少し理解できましたが、本音を言うとあの場ではあがっていたらしくぼーっとしていました。間を置いて裁判長が退席するために全員起立、礼。そのあとになって弁護士の先生方が破顔一笑、よかったよかったと、お互い涙とともに握手を交わして、実感がわいてきました。

このときの面白い話があります。判決の直後に結果を支援者や報道陣に知らせるため、大きなビラを支援団体が五種類用意していたのですが、それらは「不当判決」「アイヌ文化を否定」「先住無視」「アイヌ文化を尊重」「一部勝訴」といった具合で、全面勝訴を示したものは一つもなく、大慌てで「全面勝訴、先住民族と認める」というビラをこしらえてみんなの前に掲げたのです。

当時、わたしは参議院議員だったのですが、東京に戻って間もなく、またうれしいことが起こりました。四月四日、参議院議員会館三〇一号室のわたしの事務所に、亀井静香建設大臣から電話がかかってきて言うことに、「建設大臣の亀井ですが、二風谷ダム裁判のことで、萱野先生のほうはどのように考えておられますか。僕はあの判決で打ち切りたいと言っているが、法務省はやめないで控訴すると主張している。萱野先生の考えをお聞きしたい」。

わたしは内心跳び上がるほどうれしかったのです。

「大臣、ありがとうございます。わたしも弁護士の先生方も、この判決に不服もなく、このまま控訴しないで終わらせたいと思っていました。どうぞ大臣のご決断でこの裁判を終わらせてください。お願いします」

わたしの言葉を聞き終わった亀井大臣はややあって、「よし分かった、萱野先生がそう言われるのであればこちらも控訴しない。二人で決めよう」とおっしゃって電話が切れたのです。

切れた受話器を左手で握ったままわたしは目を閉じました。あーあ、長い闘いが終わった、田中先生さ、なんと言って報告するべかなー。わたしの目から涙が溢れました。

アイヌ民族のことがこの判決のときほど大きく、新聞やテレビで報道されたことは未だかつてなかったことでしょう。記者や関係者の皆様、弁護団の諸先生方、またアイヌの側に有利な数々の証言をしてくださった皆様に本当に感謝したいと思います。

この裁判の最中は多くのウタリ（仲間）もわたしの真意をはかりかねていて、五十数年来の友人、川上勇治さんでさえわたしに「町会議員を五期もやり、国会議員にもなったのに、なんでいつまでこんな裁判をやっているのだと内心腹を立てていたが、判決文を見て、やっとこ萱野さんが頑張った意味が分かった」と言ったものです。川上さんが、本当にご苦労でしたと言ってくれた言葉がうれしかったものでした。

判決文には、アイヌ民族がアイヌモシリ、人間の静かな大地、北海道に先住していたことや、先住民族であることが認められ明記されています。

アイヌ民族を語るにはこの判決こそ有力な武器になることは間違いないし、次の世代のアイヌ青年たちがこれを読み、理論武装をして、民族としての権利回復に役立たせてほしいと願っています。

二つになったアイヌ資料館

「二風谷アイヌ文化資料館」を昭和四十七年に開館するまでのいきさつは『アイヌの碑』に詳しく述べたとおりです。それから十数年が経過した平成元年ごろから、二風谷ダムの建設にからんで、水没地域振興のための国の予算で資料館を博物館にしようという計画が持ち上がりました。資料館の建物の所有者は平取町でしたが、展示物はわたし個人の所有物でしたので、これらの民具を買い取りたいと町から相談がありました。

ちょうどそのころ、以前から欲しいと考えていた家の裏山が売りに出されていました。十町八反歩（約十一ヘクタール）ほどの土地が抵当に入って平取農業協同組合の手に渡っており、それを三千万円の値段で放出するというのです。偶然ですが、平取町がわたしに言ってきた民具の買い取り額も同じ三千万円でした。

さて、どうしようか、と迷いました。

民具をわたし個人の持ち物として背負ったまま博物館に嫁入りするか、三千万円で売って土地を手に入れるのか。

ここでわたしは、アイヌ民具の有力なコレクションのたどった道を考えました。札幌の河野コレクションは旭川市に売られましたが、ごたごたが起き、のちに裁判沙汰《ざた》になったと聞きます。これも有名な児玉作左衛門コレクションもやはり売られて、収蔵品は白老《しらおい》や函館に分散していったそうです。

こうしてみると、個人所有のままにしておいた場合、コレクションにとって将来安全とは必ずしも思えなくなり、思い切って民具一式を平取町という公のものにする決心をしました。

とりあえず、資料館に展示してあった民具を三千万円で売り、展示していない残りの物は後日相談することにして、平成三年に町から金を受け取りました。

その間、博物館の工事は、ダム関係からの予算を含めて三億六千五百万円をかけ、着々と進みました。

開館予定の平成四年四月に先立つことおよそ半年、平成三年九月二十一日、平取町議会の終了後、わたしは町長室に呼ばれました。そこで宮田泰郎町長が言ったことは、「博物館の館長は萱野さんに、と思っていましたが、六十五歳になられますので、嘱託でも定年は六十五歳という町の方針に反します。したがって名誉館長に就任していただきたい」というものでした。

突然の話なのでその場で返事はせずに帰りましたが、まあそういう口実ならばひっくり返すことはできそうもないと判断しました。

わたしはもしも新博物館の館長になったら、手持ちの民具を毎年少しずつ町に売り渡していこうかなあと考えていました。しかし、名誉館長という申し出は、体のいい断りであり、棚上げであろうと読み取れましたので、「よし、これで町立博物館とは円満に別れることができる」と思い、翌日から、博物館とはかかわりなく、現在の「萱野茂二風谷アイヌ資料館」の内容充実に向かって本気で動き始めたのでした。

民具を売り、空になった資料館の建物はもともと町の所有物でしたから、わたしが買い受けました。平成四年四月二十五日に、平取町は「二風谷アイヌ文化博物館」を開館しましたが、同じ日に、わたしは「萱野茂アイヌ記念館」(のちに「萱野茂二風谷アイヌ資料館」に改称)を開館したのです。

そして平成六年には、資料館の左側に五十坪(約百六十五平方メートル)の建物を増築しました。その増築中に参議院議員として国会へ行くことになり、国会には平成十年の七月までいて、帰ってきてから、七十坪ほどの二階を増築しました。当初は五十坪の建物だったのですが、自力で百二十坪余りを増築し、さらに小さいながら農機具展示館と漆塗《うるしぬ》り道具展示館も建てたので、今は四棟、計二百坪を超える規模になっています。

博物館と資料館とがアイヌ民具の展示で本家争いをすることになってはいけないし、同じ内容だと人が来なくなってもいけないので、資料館にはよその国のものも展示しました。お客さんにはこの外国の民具も好評です。

入館券のチラシには、「アイヌ語のこと、アイヌ民具のこと、アイヌ紋様のこと、アイヌ刺繡のこと、アイヌ風俗のこと、世界先住民族・民具のこと、アイヌ語辞典の著者、萱野茂館長がご案内」と印刷してあります。これは来館者への約束ですから、一生懸命に案内もしてきました。言葉でも紋様でも、わたしならその場で全部分かるわけです。町立博物館の名誉館長にならず、別の道を選んで自分の好きなようにやってこれたことは、結果的にいいことだったと思っています。資料も増えましたし、資料館と博物館、二館の間の人の動きも、行ったり来たりがあることがよいのです。両方を訪れるお客さんのために、二館共通の割引料金も設けてありますので、ぜひ一度ご来館ください。

参考までに開館当日の日記を開いてみると、次のようなことを書いています。

「下の博物館の開館式。十時半から、川上勇治らに感謝状を出せと言ったのにそれがないことを今朝知って、行かないと思ったが仕方なしに出た。

町長の度量のなさにはたまげた。教育長が朝にぜひ出席して欲しいと頭を下げてきた。

十二時過ぎに帰って来たら萱野茂のアイヌ記念館に八人入ったとか、八木義徳一行五十人と山歩き、三万円もらった、その団体を含めて初日入館者六十九人とか。

アイヌのことをやって四十年目にして、やっとのこと、個人で資料館を持ったことは文字通り記念すべき日である、うれしいよ。迷いに迷った名称も『世界先住民族民具とシシリムカ民具展示　萱野茂アイヌ記念館』看板もきれいに出来たし良かったよ。ある意味でアイヌ人生民具と共に四十年の再出発の日になった。ようやく子供らの食う種が出来たみたいだ、トイレも水洗にしたし、ヤヤ思い通りになったよ。目玉はチョウザメの剝製とナナエ族の絵が主役になりそうだ。大西という女性が昨日と今日手伝ってくれて助かった、いつも女に助けられ俺はポンヤマウンペみたいだよ。」

（日記のまま）

このとき付けた「記念館」という名称には後日談があります。開館してしばらくしてから、ある週刊誌に「萱野茂死亡、ご愁傷さま」という記事が掲載され、驚いて電話をすると、編集部の方が二人、東京から詫びを言いに飛んで来ました。そこで聞くところには、記念館というのは本人が死んでから使う名称とか。（まあ記念館という名称を聞いただけで死亡記事を書くというのはどんなものかと、そんなことが言い訳になるのかしらんなどと思いましたが）

それは困ったと二転三転し、現在の「萱野茂二風谷アイヌ資料館」という名称に落ち着きました。札幌からのバスの乗車券を購入する場合も「二風谷アイヌ資料館前」で買えるようになりましたし、これまでの歴史の重みを感じます。

日記に出てくる「感謝状」のことについて、少しだけ説明しておきましょう。資料館から博物館になるまでの間、わたしを補佐してくれた友人、川上勇治さんと、物を作るのに協力した貝澤貢男君、実弟の貝澤末一、留治らに開館記念に感謝状を出してくれ、というものでした。

ところが、出していないことを開館式の当日に知り、出席をやめようと思うほどに腹が立ちましたが、欠席するのも大人げないと考えたのと、当時の教育長がわたしの動きを知って朝早く自宅に来て頭を下げたので、出席はすることにしたというわけなのでした。

葬式はアイヌプリで

平成二年の秋ごろから翌年にかけて、当時の日本社会党が「アイヌ民族から国会議員を」という方針を打ち出し、候補者選びを始めているということはしばしば耳に入っていました。

しかし、平成三年の夏であったか、顔見知りの北海道新聞の記者が何かの会合の席でわたしのそばへ寄ってきて、「候補者の一人として名前があがっているのは萱野さんなんですよ」と言ったときには本当に驚きました。

それからしばらくして、札幌のウタリ、樺修一さんに札幌市内の高級料理屋に誘われ、行ってみると、顔も知らない紳士たち四人が待っていました。

さあ食べなさい、飲みなさい、と丁寧に接待されるのですが、見知らぬ人からそう言われたところで、どうもそう落ち着いて飲み食いできるものでもありません。なんだかよく分からずにお開きとなりましたが、あとになって知ったところによると、この接待は、社会党がわたしを候補者として適当な者かどうか品定めをする場であったそうで、ここで「合格」ということになったらしいのです。

このことがあってから、社会党から北海道ウタリ協会へ、誰とは名指しをせずに参議院選挙の立候補者の人選を依頼してきたそうです。自薦他薦の動きがあるが人選は難航していると、ウタリ協会本部理事の川上勇治さんが、そのつど協会の動きを教えてくれました。

下馬評にのぼっていると聞かされても、わたし自身は何と言われても出馬する気などまったくありませんでした。ただ、社会党が本気で考えているのであれば、アイヌのなかからはぜひ代表者を出したいものだとは思っていました。

しかし、これまでも何人ものアイヌが国会議員に立候補しましたが、みな落選していたので、国会とはそう簡単に手の届く場所ではないとも思っていたのでした。

その話が出てからわたしの家に貝澤正さんが来たり、アイヌとして国政選挙に立候補したことのある成田得平さん、豊岡政則さん、澤井政則さんたちが、わたしの様子を見に来たりしました。

そのうちに貝澤正さんが体調をこわして入退院を繰り返すようになり、平成三年の夏には癌ということが分かって、余命いくばくもないとの話が聞こえてきました。

正さんはアイヌのなかで、わたしにとってはたった一人のおっかない存在だった人です。歯に衣《きぬ》を着せない物の言い方をしてくれる最も信頼できる先輩でしたので、そのときは自分のことのように悲しい思いでした。

その秋、正さんが自宅に戻ることを許された折、わたしはいつもの調子でお宅にうかがいました。長椅子に横になった正さんは瞼《まぶた》が少し腫《は》れぼったく見えました。いろいろと話をしたあとで、正さんは「俺が死んだら、葬式は、神主や坊さんは頼まないでアイヌプリ（アイヌの風習）でやってくれや」と嘘のような本当のような言い方で言うのです。

けれどもそう言われたからといって、はいはい分かりました、と答えられるような話ではないので、なんとなく笑い合ってごまかしたものです。

そして年が明けた平成四年一月四日、正さんが、入院している苫小牧の病院に来てくれと言っている、との知らせがあり、また死んだときの葬式の話だろうかと重い気持ちになって行きました。

病室でわたしの顔を見ると、正さんは弱々しい声でゆっくりと話を始めました。

その話とは、今までわたしにアイヌ語やアイヌ文化のことで仕事をしてもらっていたけれど、今度は別の面でウタリのために仕事をしてほしい、という内容でした。

「ウタリ協会本部の理事会でおそらく茂さんが参議院議員候補として正式に推薦されるだろう」と言うのです。

もしそうなったら、頼むから嫌がらないで受けてくれと、腫れた瞼にうっすらと涙がにじみ、息も絶え絶えに言うものですから、わたしは今わの際《きわ》の兄から遺言を聞いている思いでした。

正さんはそれまで、「ウタリの生活向上は俺たちがやれるが、アイヌの言葉や文化のことは萱野さんしかできないからやってくれ」と言っていたのです。それが、国会議員の候補になれとは、どういう心境の変化があったのかと、わたしは本当に困ってしまいました。

そして一月十三日の朝、ウタリ協会本部理事長の野村義一さんから、「昼すぎに行くから留守にしないでくれ」と電話がありました。それから間もなくテレビや新聞社の人も来ましたが、一時がすぎ、二時、三時になっても何の音沙汰もありません。何か問題が出てきたのかなと思っていたら六時半になってようやく、野村さん以下貝澤与一、川上勇治、秋田春蔵さんたちが着きました。

この日のウタリ協会の理事会で、わたしを協会推薦の候補者にすることを正式に決めたこと、そしてそれを受けて立候補してほしい、と言うのです。

十五日には全道労協（全北海道労働組合協議会）の方、四人が表敬訪問とかで来てくれました。札幌の料理屋で何も理由は言われずに引き合わされた、あの四人の方々でした。ここで初めて表に出てきた人たちの顔を見て、国会議員の選挙の手順というものはこういうものかと、しみじみ思ったものでした。

さらに二十四日には貝澤正さんがまた一時帰宅し、わたしを呼んで、ぜひこの話を受けてくれ、と最後の念押しのように言うのです。このころ、正さんは会うたびに弱っていくのが分かりました。

わたしとしては、平取町議として五期目になって間もないし、無理をして国政選挙に立ち、火中の栗を拾うような真似をする必要はありませんでした。

しかし、一番頼りにしていた正さんから何度も頼まれるし、わたしに対する「包囲網」が音もなく狭められて、断りづらくなっていくのが分かりました。

七十歳をすぎた貝澤幸吉というおじいさんが、新聞を読んだから頑張って、と三千円のカンパを持って、自宅から一里半（約六キロ）の道を歩いてきて手渡されたときは、目頭が熱くなりました。

町議選のときのわたしの後援会のみなさんも、せっかくの機会だから立候補してほしい、ただし比例代表制の順位が当選確実になるようなものにしてもらうのが条件だ、と言うようになりました。

二月二日、札幌のホテルで社会党北海道本部の池端清一委員長に会い、アイヌ新法の制定、アイヌ民族の権利回復などの話をするうち、結局、要請を受けることになってしまいました。ホテルを出ると、十社くらいの報道機関の人たちが待っていましたが、まだ正式ではないので日を改めて、と逃げるように車に乗り込みました。

その帰り、正さんのいる苫小牧の病院に寄ったのですが、昏睡状態で今日の話を報告することもできず、悲しい思いで病室を出ました。そして次の日の朝、正さんはとうとう亡くなりました。

正さんが生前口にしていたとおり、アイヌプリで葬儀をしてほしい、と遺族の方からも頼まれ、逃げられるものでもありませんが、それからが大変でした。

わたしは子供のころから昭和四十二年までアイヌの葬式を何十回も見たり手伝ったりしてきましたから、墓標のつくり方や墓標に巻くウトキアッという組み紐《ひも》の巻き方などは知っていました。

しかし、手で作るものは教わっていたけれど、カムイケウェホムス（火の神に対してのねぎらいの言葉）、ポネケウェホムス（死者に対してのねぎらいの言葉）などは知らず、書き残したものもありません。

亡くなった人に合った言葉で最大の賛辞を贈らねばならないのです。

正さんが亡くなるであろうことは覚悟はしていましたが、いざそこに直面すると、それはそれは胴震いがするほどの緊張を感じました。でもそれに負けてはいられません。

書斎に籠《こも》り、昭和三十五年に録音してあったアイヌの葬式のテープを聴きながら、一生懸命に書きました。

カムイケウェホムス、ポネケウェホムスをまずアイヌ語で、それから日本語訳を付けて、翌日の午前三時に書き上げましたが、ほんとうに涙で目がかすみながらの仕事でした。

人が亡くなった晩は、ポネコユカㇻ（死者に聞かせるユカㇻ）といい、ユカㇻのなかから一編の物語を最初から最後まで聞かせることになっていますので、ユカㇻを記録したテープから選んで、正さんの枕元で流しました。

翌日四日は、昔のままのイルラクワ（送りの墓標）作りです。正さんの家のすぐ前を流れるシケレペ沢へ入り、チクペニ（えんじゅの木）を選んで伐りました。

そのチクペニを使い、その昔わたしが年寄りたちから教えられたのと同じように、若者たちに手伝わせて墓標を作りました。男の墓標ですから最上部を先のとがった槍形に彫って作ります。ちなみに女の墓標は、糸を通す穴が付いた縫い針形です。

この墓標にウトキアッという、白紐二本、黒紐二本で四つ編みにした組み紐を行きつ戻りつさせながら巻いていきます。この巻き方も男と女では違うので、かつてウマカシテエカシがわたしに教えたとおりに、若者たちに教えました。

出来上がった墓標を正さんの家の中に入れ、クワアフンケ アペサㇺタ（墓標を家の中に入れたと火の神に報告すること）をし、クワアフンケ ポネサㇺタ（墓標を入れたと仏さまに報告すること）をします。

翌日夜は近くの二風谷生活館で「貝澤正を語る夕べ」を開き、駆けつけた二風谷ダム裁判弁護団長の田中宏さん、朝日新聞の記者だった本多勝一さん、民族文化映像研究所の姫田忠義さんなど数人の方に思い出を語ってもらいました。

六日は葬送の日です。告別式が始まる朝十時ぎりぎりまでかけて、日本風にいうと〝引導渡し〟の言葉をアイヌ語とそれに和訳を付けておよそ四十枚書き上げました。

イヨイタッコテ　アペサムタ（引導渡しの言葉を火の神へ）とイヨイタッコテ　ポネサムタ（引導渡しの言葉を霊前に）をやれることはかつてのアイヌ社会では、一人前の男として認められる重要なことでありました。

故人の生い立ちから地域のために貢献したことなどを、居並ぶ人たちが感心し納得するように声を出して弔《ちょう》するのです。

まずわたしがアイヌ語で心を込めて読み上げ、その日本語訳を弟輝一と友人の川上勇治さんが読み、参列者が理解できるようにしました。

言うまでもないことかもしれませんが、アイヌの里二風谷のことですから、アイヌ語を聞いてそのまま理解できた老人たちのなかには、あとで「俺のときもアイヌプリでやってくれ」と頼んでくる人もいました。

ここで少々長くなりますが、二月六日、わたしが貝澤正氏の葬儀に用いた引導渡しの言葉をそのまま掲げます。

イヨイタッコテ　アペサムタ

イレスカムイ
モシリコルチ
ヌペコロピト
オリパㇰドラ
ネワネコロカ
アパセケウドㇺ
クコオンカミ
コイエドレンノ
ホシキクイエㇷ゚
エネオカヒ
タプイキクㇽ
レコロカドㇷ゚

引導渡し　火の前で

火の神さま
国土をつかさどる神
わたしは
遠慮しながらで
あるけれども
あなたの心に
そっとふれたいと
思います
最初にわたしが
言いたいことは
亡くなられた
このお方は

タパン　タダシ
ネルウェネヒネ
チホッパイタッ
ウネロックス
チェパパㇰノ
アイヌプリアニ
ネプキアシクス
オドケシトタ
コタヌンウタラ
コエドレンノ
アパネウタラ
ニシパウタラ
カッケマッウタラ
ウウエカラパヒネ
タパンペネノ
アコロヌペポ
コロイケスイ

貝澤正という方で
その遺言に
したがいまして
このようにわたしどもは
できうるかぎりの
アイヌの風習で
葬送の儀を
取りはこんで
いるのです
二風谷村の村人や
ご親戚の方
はるか遠いところからも
大勢の方々が
集まって来られ
これこのように
ていねいに
いろいろな

イケスイカシ
チコイトムテシリ
ネルウェタパンナ

イタップリカ
ソモネヤッカ
タネアナッネ
アイヌイタッ
アイヌプリ
アパンテヒネ
シサムプリ
アエイカウヌ
ネヒアナッネ
コヨイラクニプ
ソモネコロカ
タプイキニシパ
ホッパイタッ

準備を
進めて
いるのです

言葉のあやでは
ありませんが
今はもう
アイヌの言葉
アイヌの風習
うすめられ
和人の風習が
多いことを
忘れているわけでは
ないけれども
いま亡くなられた
この方が
このようにしてくれと

エペカクㇲタㇷ゚
クイェエニタンペ
アイヌイタッ
ソモネヤッカ
アパセケゥドㇺ
チコイタッカㇻシㇼ
タパンペネナ
チヤイコㇽㇱカワ
ウンコレヤン
コエドレンノ
イレスカムイ
シヨロㇿワノ
チカㇱパオッテヒ
アエサンニヨワ
ウンコレヤン
アコㇿヌペポ
エタカスレ

遺言をされた
それを守って
このように
わたしどもが
していますが
アイヌ語を
上手には言えないが
まず最初に火の神である
あなたにわたしはお願いを申し上げます
そこで火の神から
亡くなられた
あのお方が
無事に
神の国へ
帰る道筋を教えてほしい
亡くなられた
このお方は

エカシヌプルクル
フチヌプルペ
エヤイセレマッイェ
アコロヌペポ
ネワシラン
セコラナッネ
シンリッコラヒネ
ウレコロカド
オナエペカ
マクタエカシ
ウウェサナシネナ
オナエペカ
マクタフチ
レコロカド
モヌンパノネナ
オナコロワ
レコロカド

特別に
先祖のことを
誇りに思って
大切にされて
おられた
この方の
その先祖
そのお名前は
父のほうの
古い祖父は
ウエサナシと
いう方です
父のほうの
古い祖母
そのお名前は
もぬんぱのと
いう人です

ヨジロウー　ネナ
ウヌコㇿワ
レコㇿカド
ペカㇱヌレ
ネルウェタパンナ
ウテㇺコㇿサマ
イモカピㇼカㇷ゚
イモカトㇱカ
コエドレンノ
エヤイシンリッオㇿ
エコシレパ
カムイモシッタ
オドケㇱトタ
オレケㇱトタ
イクマラㇷ゚ト
イペマラㇷ゚ト
オシッチユーノキワ

父親の名を
ヨジローといい
母親の名前を
ぺかしぬれと
いう方です
そのおそばへ
たくさんの
みやげを持って
先祖のところへ
行ったならば
神の国の
先祖たちは
何日も
何日も
飲みのうたげが
食事のうたげが
繰り広げられるで

エヤイエカㇱオㇿ
エヤイフチオㇿ
ウタペヤシㇼ
シラㇺイェレペ
ネナンコㇿナ
イセㇺラㇺセコㇿ
イレスカムイ
アコㇿサンニヨ
ウハイタㇷ゚
イサムナンコㇿ
エエパキタ
アタナンラㇺポ
ウウェセマナンラㇺポ
エペカクスタㇷ゚
イルラカムイ
イルラクワ
イタカンチキ

ありましょう
そうすると
先祖たちは
よろこんで
迎え入れて
くれるでしょう
火の神の
考え方に
まちがいは
ないであろうが　よくよく考えて
やってください
そしてそれから
お互いを大切にする
そのために
送りの神
送りの墓標
といいましても

ロルンヌササン
ヌササンカシ
コパセピト
シランパカムイ
カムイウタリ
メトッソクㇽカ
イウォロソクㇽカ
コインネヤッカ
イキッドㇺタ
ラメトッオロケ
パウェトッオロケ
サクサドラ
チノサラマ
アエカㇻカㇻクニ
チクペニカムイ
カムイラメトッ
チノサラマ

上座の祭壇に
祭壇の上に
鎮座する神
立ち木の神
神の仲間の
多いなかで
そのなかでも
特別に
頼れる神
度胸から
雄弁から
その香りまで
信頼できる
神のうちの神
エンジュの木の神
神の勇者に
お願いをし

アエカㇻカㇻキワ
エカㇱカㇻクワ
クワペンニシ
イレスカムイ
カムイシロシ
アイェヌイェカㇻ
クワパンニシ
フチシロシ
アエムイェカㇻ
ウタペヤシㇼ
チニスッカムイ
ピカンシㇼネ
アケムヌヌペ
チヨイケウシ
コエドレンノ
エカシルウェサン
ルウェサンカシ

わたしどもは
墓標をつくった
墓標の先へ
火の神
そのしるしを
ぬってある
墓標の下へは
先祖のしるしの
ひもを巻きつけ
ほんとうに立派な
送りの神を
つくりました
この墓標を
亡くなった方へさずけました
それとともに
沙流川の水
その流れに

コパセカムイ
ワッカウㇱカムイ
カムイウタㇻパ
カムイエカシ
ヌプㇽケウドモロ
アヤイコメウェ
ワッカウㇱカムイ
カムイミッポネ
アパセアレプ
ワッカウㇱカムイ
ヌプㇽサントペ
アウレㇱパペ
チニセワッカ
イタカンヤッカ
カムイカッケマッ
ワッカウㇱカムイ
ウコロイルラ

鎮座する神
水の神さま
神の勇者の
その水の神
その霊力をも
頼りにして
神の国へ
仏を送る
そのために
水の神をも
頼みました
水の神さま

コエタㇺケノ
イレスカムイ
アカムイドンチマッ
インネワシラン
イキッドムタ
パワシヌオッタ
ラメトッオッタ
チノサラマㇷ゚
イルラノピト
イルラレヤン
アケムヌヌペ
クワペンニシ
コテケユプ
クワペンノッ
クワテンポッ
コウレユプ
エカシカㇻトイル

それと一緒に
火の神の
召使いが
大勢いる
そのなかで
雄弁も
度胸も
かねそなえた
送りの神々が
送ったならば
神の国へ帰るために
墓標の先を
手でにぎって
足を踏みしめ
墓標の神に
みちびかれて
神の国への

トイルクㇽカ
コヤイドナㇱカ
キノクニタㇷ゚ネ
イレスカムイ
コロプンキ
コロサンニヨ
タパンペタㇷ゚ネ
オリパㇰドラ
ネワネヤッカ
アパセケウドㇺ
コラㇺシㇰヌ
クキルウェネ
エアシㇼ
イレンカサッペ
クネクスタㇷ゚ネ
ドイタッククㇽカ
レイタッククㇽカ

道すじを
まちがいなく
行けることを
火の神からも
聞かせて
ほしい
これらのことを
遠慮とともにで
あるけれども
神である
火の神へ
わたしのほうからお願いを申し上げる
ほんとうに
いたらない者
わたしなので
二つの言葉
三つの言い方

クコハイタレ
クキアヤッカ
ケライノピト
ケライノカムイ
アネロックス
アオゥペカレ
アコㇿㇷ゚ンキ
ピリカヒケ
アンクニタㇷ゚ネ
コヨイチパチパ
クキㇷ゚ネナ
アコㇿヌペポ
ケライウタㇻパ
ケライニシパ
ウネロックス
シキルオカタ
シヨカイェヤㇻ

まちがえたかも
しれないけれども
それらのことを
神である
あなたのほうで
それをなおされ

火の神が
守ってくださることを
心から期待するとともに
お願いを申し上げます
亡くなられた方が
立派な方で
立派な男で
あっただけに
先祖の国へ
帰ったあとで

コイサㇺクニ　いやなうわさが
イレスカムイ　立たないように
シヨロㇿワノ　火の神からも
ピㇼカノネシ　よくよく聞かせて
チカㇱパオッテヒ　ほしいのです
タパンペクイェコㇿ　それらのことを
コンカミナー　お願いして
イレスカムイ　火の神への
モシㇼコルチ　願いの言葉を終わらせます
　　　　　　わたしは礼拝いたします

イヨイタッコテ　ポネサムタ　**引導渡し　霊前で**
ククㇿクユポ　わたしの兄上よ
クコㇿヌペポ　仏さまよ
タネアナッネ　いますでに

カムイカラシリカ
カムイカラナンカ
アコロワクスタプ

アイヌイエイタッ
アプイドマレプ
アコヌコウエン
ネヒアナッネ
コヨイラクニプ
ソモネコロカ
チホッパイタッ
エペカクスタプ
タパンペネノ
チエパパクノ
アイヌプリアニ
ネプキアシシリ
ネルウエタパンナ

神の体
神の顔を
あなたは持たれ

人間の言う言葉
お聞きになるのを
いやだと思う
そのことを
忘れたものでは
ないけれども
あなたの遺言
それを守ったわたしどもは
これこのように
できうるかぎりの
アイヌの風習で
わたしどもは葬送の儀を
執りおこなっているのです

イセㇺラㇺセコロ
イレスカムイ
モシㇼコルチ
ウピㇼカイェㇷ゚
タパンペパテッ
コアンラマッテ
アキワシラン
タタィヨロタ
イレンカサッペ
クネコロカ
アパセケゥドㇺ
エコイタッカラ
クキヒマシキン
イドカリケ
コシケラナ
ウアッテクニㇷ゚
クネワシラン

いつものことで
火の神さま
国土をつかさどる神
その神さまの
そのお言葉を
聞いておられる
ことであろうが
そこでわたしは
言葉の下手な者
ではあるけれど
仏であるあなたに
お話を
するについては
あなたのそば近くへ
遠慮しながら
目をふせて
ものを言いたい

セコラナッカ
チエヌムシ
アエネカラカㇻ
オリパㇰドラ
チカㇱパオッテ
チパドパレ
クエカㇻカㇻナ
チコイコカヌワ
ウンコレヤン
エアシㇼカ
イタップリカ
ソモネコㇿカ
ペゥレアンヒワノ
アイヌモシㇼ
イタカナッカ
シシㇼムカ
チコㇿピラドㇽ

これこのことも
あなたの遺言に
したがって
わたしがあなたに
引導渡しの
大切な言葉を
贈るのです
耳をかたむけ
お聞きください
ほんとうに
言葉のあやでは
ありませんが
若いときから
青年時代から
わたしどもアイヌ民族のこと
沙流川のこと
平取のこと

チコロニプタニ
コタンエウンアイヌ
アウタリウタラ
エネネヤッネ
イペネヤッカ
イミネヤッカ
チセドラノ
ポプケオカ
ラッチオカ
エアシカイクニ
コラムシクヌ
アキクスケライ
タネアナッネ
アウタリウタラ
アコロサンニヨ
エペカクスケライ
ポプケチセオッタ

二風谷村のこと
そこに住むアイヌが
その村人たちが
どのようにしたら
食べることも
着ることも
家もともに
あたたかく
幸せに暮らすことが
できるだろうか
そのことに力をそそがれ
そのお陰で
今はもうわたしどもの
その仲間たち
昔にくらべると
夢のような
あたたかい家に住み

イミノパシリ
イペノパシリ
アヌカラルウェ
ネルウェタパン
パテッソモネ
アイヌイタッ
カムイカライタッ
エネネヤッネ
オドサスイシリ
オレサスイシリ
オオマクニ
アエサンニヨ
クスケライポ
タパンニプタニ
コエドレンノ
ハンケドイマ
アンコタンタ

いい物を着て
いい物を食べ
それをあなたは心から
よろこんでくださった
そればかりではなく
アイヌの言葉
神がつくった言葉を
どうしたならば
のちの世まで
生きた言葉として
受け継ぐことが
できるだろうか
そのことに気くばりされて
この二風谷
ここばかりではなく
遠い村や
近くの村で

アイヌイタッ
イタッラマチ
シシピピパワ
アウタリウタㇻ
アイヌイタッ
エラマンパ
エカシカㇻイタッ
カムイカㇻイタッ
イタッラマチ
ラマッコㇿパワ
アㇷ゚カㇱナンコㇿ
タパンシリキカ
アコㇿイラウェ
クスケライポ
アンペネヒ
イラㇺクイェㇷ゚
ネルウェタパンナ

アイヌの言葉を
教えられる
場所をつくられ
アイヌたちが
アイヌ語を
おぼえるために
努力している
先祖の言葉
アイヌの言葉が
たましいをもって
歩けるように
なりつつあります
これこのことも
あなたの力に
よるものでわたしは
心からお礼を
述べます

パテッソモネ
アイヌコロペ
エネネヤクネ
アイヌエイワンケプ
アポホウタラ
アミッポホウタラ
ネイタパクノ
ヌカラパヒネ
エチャヌプコロヒ
アエサンニヨ
クスケライポ
アアシロッペ
イコロオドンプ
イコロオケンル
ネルウエネアワ
タプウフナッ
イコロオケンル

そればかりではなく
アイヌの民具
生活用具が
どうしたら
子供たちや
孫たちが
のちの世にも
それを見て
勉強できるか
そのことにも
心をくばられ
計画したのが
二風谷の
アイヌ文化資料館で
ありました
その資料館が
ついこのごろ

ヤイェアシㇼカㇻ
アラスイネポカ
アヌカラルウェ
ネアコロカ
アシㇼケンル
ケンルノミオッタ
ドマシヌドママ
アコロカネワ
イペマラプト
イクマラプト
アキクニカ
コヨイチパチパ
クキロカワ
ネワアンペカ
ラヨチシンネ
ウコヘチャカワ
イサㇺルウェネ

博物館として新築され
一回ばかりも
足をはこばれ
よろこんでくださったが
博物館の
落成式には
元気になられ
お祝いの日には
おいしい酒を
一緒に飲むと
思っていたのに
そのことも
今になっては
残念ながら
虹のように
消えてしまい
これこのことも悲しいことです

シンリッオカタ
ネイタパㇰノ
ニサㇱヌドマㇺ
アコㇿワネヤッ
オナチェヨッネ
コタンドンドネ
アナナンクニ
クラムロッアワ
ネプウェンカムイ
コロイケシケ
シロシマキワ
アパネウタㇻ
コロイカフイェ
コエドレン
タネアナッネ
クスリドラ
アエニシテプ

年寄りの少ないなかで
いつまでも
元気な体で
おってくれれば
わたしから見ると父親のように
村のはしらと
仰ぎ見ると
わたしは思っていたけれども
どんな魔物が
いたのだろうか
それに魅入られ
ご親戚の
手厚い看護
それとともに
いま現在は
薬とともに神と同じに
頼りになる

イサ　ニシパ
コロイカフイェカ
アナコロカ
タパンペネノ
カムイカラシリカ
アコロルウエネ
タンペアナッネ
マッアイエヤ
アナッキコロカ
ウヌペカタ
イラムトイネレ
ハンケオカウタラ
ドイマオカニシパ
カムイドラノ
カッケマクタラ
メアンヒタ
カムイエドレン

お医者さまの
手当てもむなしく
このように
なってしまい
神のつくった顔になられ
これこのことは
あきらめるより
仕方がないこと
ではあるけれど
悲しみのなかへ
ありがたいことに
近くの人たち
遠くの方々
神とともに
寒いなかを
弔問にこられ

チェプリウェン
チョマノカド
ラモッシワノ
アエヤイライケプ
ネルウェタパン
タネアナッネ
カムイカラシリカ
アコロワクスタプ
アラメドライヌプ
アシケドライヌプ
イサマナンコロ
ネヒオロタ
マクタエカシ
ウレコロカド
エネオカヒ
ウウェサナシネナ
マクタフチ

なぐさめて
くださったことに
心から
感謝の気持ちを
持つものです
今はもう
神のすがたを
お持ちになられ
見えないもの
知らないものは
ないであろうと思うものです
古いほうの
先祖の祖父
そのお名前は
ウウェサナシと
いう方ですよ
先祖の祖母

ウレコロカド
エネオカヒ
モヌンパノネナ
オナアコロワ
ウレコロカド
ヨジロウー　ネワ
ウヌアコロワ
ウレコロカド
ペカシヌレ
ウネルウエネ
タプクイエロッ
シンリッウタラ
テムコロカシ
アヤイドナシカプ
ネルウエタパンナ
ウシンリップリ
ウネロックス

そのお名前は
もぬんぱのと
いう方です
あなたの父
そのお名前を
ヨジローと
いうお方です
母のお名前は
ぺかしぬれと
いう方です
いまわたしが言った
先祖たち
そのおそばへ
ただいまから
出発されますが
先祖の風習で
ありますので

イルラクワ
イルラピト
イタカナッカ
キムンイウォロソ
イウォロソカシ
シランパカムイ
ウインネヤッカ
イキッドムタ
パウェトッオロケ
ラメトッオロケ
サクサドラ
チノサラマ
チクペニカムイ
チニスッカムイ
ピカンコラチ
エカシカラクワ
チテケカラナ

送りの墓標
送りの神
と、いいましても
広い山の
山ふところに
立ち木の神
数多いなかに
雄弁も
度胸も
そのにおいまで
かねそなえた
エンジュの木の神
それでつくった
送りの墓標
先祖の墓標を
わたしどもはつくりました

コエドレンノ
イルラワッカ
ワッカウㇱカムイ
クワテッサモㇿケ
コプンキネナ
タパンネプキ
タポピッタ
テエタオイナ
オイナカムイ
オキクㇽミカムイ
テッルコチ
アコイカㇻペ
ネルウェタパン
クワペンニシ
コテッユププ
クワパンニシ
クワテンポッ

それとあわせて
送りの水を
水の神さまも
墓標のそばを
守っています
これら葬送の儀式
これらすべてが
わたしどもアイヌに
生活文化を教えた神
オキクㇽミという神
その教えに
したがいました
すべてのことが神の責任になっている
墓標の先端を
手でにぎられ
墓標の神
その先導で

コウレユプ
イモカトシカ
エセカネワ
エコㇿシンリッ
エコシレパㇷ゚
ネルウェタパンナ
ケライニㇱパ
ケライウタㇻパ
アネヤクス
アヌエウェンペ
シヨカイェヤラ
ネロッアナ
ポアコㇿア
ミッポアコㇿア
ネワアンヤイヌ
ソモアコㇿノ
アヤイホタシシ

神の国へ
たくさんの
みやげを持って
先祖のところへ
無事に着くことが
できるのです
立派な方
立派な男が
あなたですので
聞きづらいもの
化けて出たとかと
いうことです
子供がいた
孫がいた
それらのことを
考えずに
ただひたすら

エシキルプ
ネルウエタパンナ
テエタウタラネノ
ニシパネノ
アイヌイタッ
クイエエニタンペ
ソモネコロカ
チホッパイタッ
エペカクスタプ
チカシパオッテプ
ネルウエネナ
ククロニシパポ
コンカミナー

神の国へ
お急ぎください
昔の人のように
偉い人のように
アイヌ語を
上手には
言えなかったが
遺言に
したがいまして
引導渡しの言葉を
わたしは言いました
兄上よ、さようなら
わたしは礼拝いたします

思いもかけなかった立候補

「アイヌプリで送ってくれ」と言い残した貝澤正さんの葬式はこうして遺言どおりに無事おこなわれましたが、一方、正さんのわたしへのもう一つの頼みである参議院選挙への立候補のほうは、なんとも忙しいことになりました。

平成四年二月二十五日に全道労協センターから立候補を要請する文書をもらいました。二月二十六日には東京で田辺誠社会党委員長にあいさつをするのだというので、わたしはそのお土産に、ドキパスイを一本彫りました。これはアイヌが神々に願い事をするときに用いる神事用の道具です。そのときわたしが考えていたアイヌの願いとは、アイヌ民族に関する法律の制定でしたが、そのためにはアイヌ民族出身のわたしが議席を獲得する必要があると思いました。

社会党の党本部では十数名の国会議員が同席して激励してくださり、心強かったのですが、なによりうれしかったのは、かつて、疲弊しきっていたわたしたちの村、二風谷を救ってくださった救世主的な存在の五十嵐広三さんに久しぶりにお会いできたことでした。厚みのある手で握手してもらったとき、ひょっとして俺が本当に国会議員になれるかもしれないと思ったことは忘れられません。

二月二日に社会党の池端清一さんと会ったときから、事実上の出馬決定とみなされたものらしく、あれよあれよという間に新聞やテレビで次から次へと報道されたのです。

正式な出馬表明は三月七日に札幌市内の北海道庁近くにあるフジヤサンタスホテルでおこないました。記者会見場ではわたしの目の前にマイクが七本立てられていて、テレビカメラ七台、記者は五十人ほどいました。

少々緊張しましたが、しゃべり始めればこちらのものですから、一時間ほどは話しました。同席した池端先生が、「萱野さんの話の上手なのには驚いた」とべたぼめしてくださり、お世辞であったかもしれませんが、わたし自身はそれを聞いてホッとしたものでした。

その席で「立起受諾にあたって」という文章を皆さんに配り、発表しました。あれから十数年がすぎましたが、いま読んでもまあまあの中身だったと思うのです。

立起受諾にあたって

一九九二年三月七日　萱野茂

1．その昔、いま、わたくしたちが住んでいる北海道という『でっかい島』には、わたくしたちの祖先であるアイヌ民族が、その島を自分たちの祖国として豊かに暮らしていました。その時代、この北海道を『和人』は『エミシ（アイヌ）』の住む島として『エゾヶ島』と呼び、わたしたちアイヌは『アイヌモシリ』と呼んでいました。アイヌとは人の意であり、『モ』は静か、『シリ』とは大地の意味です。アイヌは、自分たちが住むこの島を『人の住む静かなる大地』として、暮らしていたのです。

2. やがて、（十五〜十六世紀）和人社会が統一国家の道を歩みはじめ、また、社会が生産社会を歩みはじめるにつれ、多くの和人がなだれのように、エゾ地に侵入してきました。

わたくしたちの生活の場であるコタンも、わたくしたちの生命を育んでくれる大地も自然も和人の活動の場となりました。

和人によるアイヌ民族への侵略、迫害、搾取は、世界の多数民族が少数民族・先住民族を侵してきた歴史と同様、横暴を極め、わたくしたちの祖先の抵抗にもかかわらず、アイヌ民族は滅亡の道を辿ることを余儀なくされてきました。

3. 日本が近代社会をむかえる明治に至って、アイヌモシリはアイヌから奪われ、和人社会への『同化』がすすめられ、『旧土人』としての蔑みと差別の中で、民族が誇りとする生活、文化を失ってきました。しかし、わたくしたちの祖先はもちろん、わたくしたち今いるアイヌも『一度として、このアイヌモシリを和人に売ったことも、貸したこともありません』。

4．不幸にして、世界の至るところで多数民族が少数民族を支配し、先進国といわれる国家がその領土的野望のために先住民族の生活、文化を滅亡させ、土地を奪いつくしてきたのです。

その歴史はいまもつづいています。

わたくしたちが住む日本においても、アイヌ民族への永い迫害の歴史はもとより、日本を祖国としない人びとへの差別と蔑視があります。日本を代表する識者にも、自分たちの文化のみをすすんだ文化とみなし、他の国や他の民族を蔑む風潮があります。

わたくしはこのような異民族への蔑視の思想は、表われ方はちがっても性差別や障害者などへの差別と病根を同じくするものと思っています。

5．わたくしの住む日高は、『エゾ地』では、早くから和人が居住した土地でありました。また、北海道で、もっともアイヌが多く住む地域でもあります。産業の中心は、農業、軽種馬生産農業、林業、漁業の一次産業であり、多くは、谷間の山間地であります。

ここでも、環境変化がすすんでいます。

森は伐られ、川は流れを止められ、魚は住むことを阻まれ、土地もまた、やせおとろえ、農薬による汚染がすすんでいます。

地球の環境破壊や環境汚染はここでも十分見ることができます。

かつてのわたくしたちの祖先は、生態系などの学問的知識がなくても、自然の摂理に従い、資源が枯渇しないようにつとめていました。アイヌの生き方は自然を神として生き、自然を大切にする生活を営んできたのです。
6．一九九三年は、国連による『世界の先住民のための国際年（国際先住民年）』であります。
この国際先住民年は、わたくしたちの住むこの地域から、民族的な差別観をとりのぞくとともに、侵されてきた先住民族、少数民族の権利の回復はもちろん、先住民族や少数民族の生活や文化を共に保障する社会を目指して行くものであります。

わたくしは、世界のすう勢である先住民族の権利保障が日本にあっても普遍的な価値として受け入れられる社会を創るため皆さんに訴えたいと思います。

かつて、わたくしたちアイヌ民族の祖国であるアイヌモシリを侵したのはあなた方ではありません。

しかし、あなた方の祖先が犯した過ちを正せるのは『今生きているあなたです』。

あなた方の祖先が犯した過ちを正す行為は、決して恥ずべき行為ではないばかりか、差別の無い共生と平等な社会にむけての出発点であり、日本が国際社会で生きていくための基本であると考えます。

また、一九九二年（本年）は『地球サミット』の年でもあります。すべての生物の生存を可能とする地球環境の保護こそ、人類が生きていく条件であることはすでに人びとが知っていることと思います。社会は、限りなく求めつづけられている『人間の欲望』をどう抑制するかの時代にあります。

わたくしは、わたくしたちの祖先が生きてきた生活や文化に学びながら、カラス、キツネ、フクロウ、熊などもろもろの生きものと一緒に生きられる地球環境を守るために全力をつくしていきたいと考えています。

7．わたくしたちアイヌ民族は、永年、『旧土人保護法』を廃止し、これにかわる『アイヌ民族に関する法律（アイヌ新法）』の制定を求めてきました。わたくしたちはこの中でアイヌ民族に対する特別な参政権（議席の保障）を求めています。

参議院比例代表制度は、このわたくしたちの願いを実現しうる一つの手法であります。北海道ウタリ協会はこの選挙制度を活かし、わたくしの推せんを決定いたしました。わたくしはこれまで平和と人権に深い見識を示し、アイヌ民族の諸権利の実現に寄与されてきた日本社会党の良心を信じ、日本社会党推せんの候補として参議院比例代表選挙を戦うことを決意し、立候補を受諾することといたしました。

わたくしの立候補は、わたくしをご支援下さるアイヌ民族の仲間はもちろん、国内における様々な差別の撤廃を求める多くの人びと、そして限りなくつづく環境破壊を憂える人びととも共感しうるものであると固く信じています。

わたくしはこの受諾にあたって、これまで述べてきた平和、人権、環境、とりわけ世界の先住民族・少数民族の地位の保障などのさまざまな課題解決に全力を挙げて取り組むことをお約束し、その政策とする目標をあきらかにいたしました。こころからのご支援をお願い申し上げます。

ともあれ、いったん出馬表明したあとは、わたしの日程はすべて、札幌にある選挙事務所でつくられ、それに従って全国を駆けめぐることになりました。自分の体が自分のものでなくなったことはこれまで経験がなく、参ったものです。

地元に帰ればまだ平取町議としての仕事が残っていましたし、忙しいとはこのことかと思い知らされました。

道内二百十二市町村（当時）のうち五十七カ所にあるウタリ協会の支部総会に顔を出し、応援をお願いしました。ウタリ協会本部理事長の野村義一さんがいつも同行してくださり、車は社会党が用意してくれたマイクロバスを使いましたが、広い広い北海道のこと、なんとも疲れたものです。

それだけではなく、昼までは北海道にいたかと思うと、夜は京都で、翌朝は大阪で集会があり、その夜はまた札幌でしゃべったあと二風谷に帰る、という具合で、五月に入ってとうとう体調をこわし、十一日に札幌郊外の手稲ルカ病院に逃げ込むように入院しました。しかし、その後も退院すれば、道内では函館、富良野、旭川などの集会、道外では東京、岡山、鹿児島と全国各地の集まりに出席し、そのつど話をするという日が続きます。こうした生活に慣れていないため、なにかまごまごしているうちに、夕食もとれずじまいということもしばしば起こりました。

熊本では水俣病の最初の発生地といわれる小さな港に案内されました。そこで放置されていた古い錨《いかり》が目に入り、ふと〝博物館屋〟のたましいがよみがえり、その錨と古い蛸壺《たこつぼ》を二風谷に送ってもらうようお願いしました。

後日談になりますが、その二つは今はわたしの資料館に展示し、来館者に、人がつくって人が苦しむ水俣病を理解するきっかけとして見てもらうようにしています。

日記にある、六月の行程だけをちょっと紹介しましょう。

九日、鹿児島、熊本、二風谷。十日、平取町長選挙応援。十一日、福岡。十二日、長崎、下関。十四日から二十日まで、福岡、四日市、名古屋、大阪、沖縄、札幌、二風谷。

こういう具合に動き回っているうちに、告示日前日の七月七日朝、社会党が比例区候補順位を発表し、わたしの順位は十一位と知らされました。

五十嵐広三さんから直接電話があり、「社会党は前回の選挙で二十人当選しているから、今回は悪くても十五人は当選するだろう。十一位は悪い順位ではないので、これからも頑張ってほしい」と言われました。

しかしこのころ、わたしの健康状態がかなり悪くなっていて七月九日から再入院が決まっていましたので、思いは複雑でした。

その夜は札幌に設置された選挙事務所で出陣式をし、翌朝、札幌駅前で北海道の社会党候補が勢揃いして、あいさつをしました。

この出陣式にはなんとか無理をして列席し、トラックの上で揃い踏みをしたのですが、それでもう限界でした。

告示日の八日から投票日の二十六日まで選挙にとっては一番大切な期間に、候補者本人が入院してしまうというのが致命的なことであるのは、小なりといえど町会議員の選挙を五期戦い抜いてきたわたしにはよく分かりました。そこで、社会党が付けてくれた秘書たちと相談して、病気のことはできるだけ伏せて外に広がらないようにしました。

しかし半面、九日夕方、札幌市真《ま》駒内《こまない》の病院の個室に入れたときは、これで死ぬことはあるまい、と正直なところほっとした気持ちでした。主治医によれば三カ月ほどはかかるという話でしたが、入院慣れしているわたしとしては、そんなに長くはいないぞ、と考えながら話を聞きました。入院は天が休みを与えてくれたものと思い、頭を空っぽにして寝ることにしたのです。

不遜な言い方かもしれませんが、選挙と心中するわけにはいかない、命あっての物種だ、と決めたのです。

ところが、どちらかといえば注目の的であった萱野候補が選挙戦が始まったとたんに行方不明になったわけで、マスコミが騒ぎ始め、とうとう生きている証拠をみせるために病院で記者会見を開くということになってしまったのです。病院の中庭でテレビカメラや記者さんたちを前に「過労で数日入院しますが、元気ですのでよろしく」と話をしましたが、その日の北海道新聞の夕刊に、「萱野氏は結核」という記事が出てしまいました。本当の病名は違うのですが、病院は結核専門の療養所だし、まあ仕方がないかなあ、と思いました。

とにかく候補者不在の選挙運動になってしまい、アイヌ民族の声を国政へ届かせる機会をくださった社会党に申し訳のないことでした。しかしこればかりはどうにもならず、投票日にやっと病院を出て二風谷で投票を済ませた後、札幌の選挙事務所に久しぶりに顔を出して、運動員の皆さんにお礼とお詫びを言ったのです。

市内のホテルで開票速報を見ていましたが、社会党の票は期待したほど伸びず、二十七日午前三時すぎ、わたしの次点落選が決まりました。朝の四時半から落選の記者会見を開きましたが、ありきたりの落選の弁のほかに、「今回は社会党にいい意味で貸しをつくったので、いつの日か返してください」と言ったのをよく覚えています。

夜が明けていくのを車の中から見ながら二風谷に戻りましたが、落選者の村はひっそりとしたものでした。一通りあいさつを済ませ、また病院に舞い戻ったものの、町議は辞めたし、国会議員は落ちたし、急に体が軽くなったように感じました。

それから数日、ゆったりと眠っては食べてを繰り返していましたが、八月五日朝、主治医が回診のために病室に入ってくるなり、「萱野先生、おめでとうございます」と言います。もういつ退院してもいいというのでした。

考えてみると、しじゅう病院を抜け出してあちこちへ行き、入院とは名ばかりのようなものでした。何はともあれ、七カ月のあいだ、ほとんど留守にしていた自宅の書斎へ戻ったとき、これでドシドイ　チカッポ（紐の切れた小鳥、自由になった小鳥）になれたなあと実感したのです。

またアイヌ語で、ヌスムピタタ（瘧《おこり》が落ちた、我に返った）とはこのことか、とも思ったのです。

月末近くに野村理事長ら十人ほどが来て、三年後にもう一度選挙をやりましょう、と言ってくれましたが、正直なところ、さてどうしたものかと思いました。

そうそう、ここで忘れないうちに書いておかねばなりません。社会党はわたしに約束したとおり、選挙運動にかかる費用の一切を出してくれて、わたしからのお金の持ち出しはまったくありませんでした。

当選前夜のカムイイタクテ

その年平成四年の一月から七月いっぱいにかけては、「鳥の鳴かない日はあっても萱野茂の名前が新聞に載らない日はなかった」と冗談を言う友人がいたほど、たっぷりと報道してもらいました。

そのせいかどうか分かりませんが、わたしが退院し、選挙にも落ちて二風谷に帰ると、自宅にいつでもいると知った人たちが、次から次からお見舞いに訪れてくれました。そのなかには、取材やらテレビ出演の依頼やらも少なからずありました。

真顔で「落選してよかったよ。当選したら無理して死んでしまうところだった」と言う人もいて、わたしも内心、「人の気も知らないで」という気持ちと、「本音は俺も同じさ」という思いの両方がありましたが、口には出せませんでした。

いっときは入院しないといけないほどの健康状態だったのに、そのうちすっかり元気になり、十七年余りも務めていた平取町議という束縛からも解放されて、気楽に身軽になったのでした。

これまで長いことアイヌ文化の保存と継承に努めたり、太い立ち木を町の指定樹木にするなど自然を宝として守ろうともしてきましたが、あまりに一人で先へ行きすぎたのかもしれません。

参院選に立候補したため、それまで四年間、毎週一回出演していた札幌テレビ放送のラジオ番組「アイヌ語講座」には出られなくなりました。町議は辞めて歳費もなくなり、月々四十万円ほどの収入が一気になくなりました。

これは困ったことになるかと思いましたが、実はそうなりませんでした。資料館を訪れる団体の入館者が増えたし、講演の依頼も次から次へと舞い込んできたからです。講演は一回で町議一カ月分と同じくらいの謝礼が出ることもありました。結局、経済的に困ることがなかったのは助かりました。

団体の入館者たちは中学や高校の修学旅行生が中心です。アイヌの歴史や二風谷の自然をよく知ってもらおうと、一生懸命に話をしますが、みんなが座れるような建物は資料館にはありませんでした。外の芝生に座ってもらい、弟がやっている民宿からカラオケ用のマイクを借りてきてしゃべるという具合でした。雨降りの日には、生徒たちに傘をさして立ったまま聞いてもらうこともあって、「これではいけない」と資料館の脇に小さな講堂を建て増しするお金を貯めようと思いました。

この間に、選挙中に秘書としてお世話になった川村則子さんに、お礼として木の皮で織ったアッドシの反物《たんもの》を着物一枚分さしあげました。これは妻のれい子の発案で、二人で札幌に出かけて手渡しました。アイヌらしい感謝のしるしと思います。選挙のために使った唯一の個人的支出がこれでした。

個人所有で運営していくと決まった二風谷アイヌ資料館の館内に展示する物を自宅から運び出したり、展示ケースを買って並べたりして充実した毎日です。

夜には懸案のアイヌ語辞典のために、アイヌ語を思い出しては一言一言メモを取り、少しずつ積み重ねていきました。

十一月になると東京の社会党本部から電話があり、党の国会議員たちでつくったアイヌ対策特別委員会の副委員長になれとのこと。こんなに気楽に働いているのに肩書などいらないのだが、と思いましたが、アイヌ民族のためになることならばなんでもやることにしていますから仕方ありません。

この委員会の初会合が十一月二十七日に東京で開かれ、国会議員の方々を前に、アイヌ民族に関する法律制定などを要請しました。

こうしてわたしの人生でも最も忙しかったと思われる年が終わり、平成五年になりました。多少はゆっくりできるかと思っていましたが、そうはなりませんでした。

たしかに町会議員という公職を離れたので、人の顔色を気にする必要はなくなりました。議員時代は大なり小なり「次の選挙」というものを意識していましたし、これはやってみないと分からないことかもしれませんが、町議でいたあいだは、町の人ににこにこしていると「次も当選したいからだろう」と言われ、さりとて知らん顔をしていると「頭《ず》の高い生意気な奴だ」と言われたりするものです。そういうことがなくなっただけほっとしていたことは事実でした。

そんなことはともあれ、この年は二十数回の講演や二風谷アイヌ資料館の世話だけではなく、「世界先住民族会議　二風谷フォーラム'93」という一大イベントがあったのです。

国連の「世界先住民族年」という年を記念するもので、北海道で一番アイヌが多い町、平取町二風谷で開こうということになりました。

わたしはこのフォーラムの実行委員会資金担当ということになり、またまた忙しさに輪をかけることになってしまったのです。

平取町が発行した『語りつぐ平取』という本の二百四十五ページにそのときの様子が載っていますのでちょっと引用します。

平成五年（一九九三年）は、国連が決議した国際先住民年でした。

これを記念して、十二カ国、二十二民族を招いて「二風谷フォーラム'93」が開催されました。

萱野茂さんは、その催しについて、次のように話しています。

「わたしども二風谷アイヌが中心となって企画を立て、各国の先住民族に呼びかけたところ、国別では十二カ国、二十二種族の先住民族が足を運んでくれました。八月十九日から二十二日までの四日間、山の中の二風谷村へ延べ四千人以上の人びとが集まり、先住民族・非先住民族を問わず、語り明かし、交流を深めました。わたし自身は講演のなかで、先祖が奴隷として強制的に連れ去られた話や、父がサケを捕ったために逮捕された様子、アイヌ語が村内でどのくらい日常用いられているか、などを述べました」

このときに二風谷まで来てくださった武者小路公秀先生に、締めくくり講演をしていただきましたが、講演のおしまいに先生の口からわたしとしては驚くような提案が飛び出しました。

その提案は、「本会の名においてアイヌ民族萱野茂さんをノーベル文学賞候補として推薦する。ご賛同の方の……」。

言葉が終わらないうちに会場の二風谷小学校講堂のなかが割れんばかりの拍手になりました。

ときあたかもグアテマラのリゴベルタ・メンチュさんがノーベル平和賞を受賞されて

二風谷まで来られたことでもあり、ノーベル賞のことが新聞にしばしば掲載されていた時期でもありました。

これには後日談がありますが、本多勝一さんが日本ペンクラブに働きかけて、ノーベル文学賞に推薦したやに聞き、九月二十七日付の北海道新聞の社説に「萱野さんにノーベル賞、ほんとうならいいなあ」などと書かれました。

その年、わたしはノーベル賞ではありませんが、北海道文化賞を受賞することになりました。受賞祝賀会があった十一月二十八日の日記にわたしは「次はノーベル賞だ、夢はでっかく、努力は普通に、賞を欲しいのではなく、いい仕事をすれば賞は後から追いかけてくるものよ」と書きました。

個人的には右の文は、ある意味で本音でありました。あの賞、この賞、とたくさんの賞をこれまでいただきましたが、自分で申し出た賞は一つもないし、今までと同じに好きなことを一つずつ積み重ねていこうと思っています。

参議院選挙が終わってから、アイヌ資料館の講堂の工事は順調に進み、資料館の正面向かって左側に増築していた一階建て五十坪ほどの建物が平成六年五月に完成しました。そこに折り畳み式の椅子二百五十脚を買い整えて講話室とし、雨の日でも修学旅行生らが濡れずに話を聞けるようになったのです。

七月になるとまた大きな仕事がふえました。十八日に大阪人権博物館の人が来て、翌年の夏ごろまでに人権博物館内にアイヌの家を一軒復元してほしいというのです。アイヌの民具もいっしょに復元し、金額は数百万円という申し出でした。

その日の夕食後、れい子とお茶を飲みながら、注文を受けた民具の製作の割り振りなどを相談していたときのことです。れい子がぽつりと言うのです。

「あなたの健康は元通りによくなったし、講話室もできたし、一年分の民具作りの注文も来たし、今なら国会議員になってもかまわないかもしれないよ」と。

なにを今さら、と聞き流しましたが、その翌朝、びっくり驚くことになりました。

午前十時すぎに、二年前の選挙のときに秘書役としてお世話になった社会党の滝口亘さんから、今日は留守にしないほうがいい、と電話があり、なんだろうと思う間もなく、社会党の池端清一衆議院議員からも電話がかかってきました。松本英一議員が亡くなったため、わたしが繰り上げ当選で参議院議員になるというのです。

池端さんは、同僚議員が亡くなったのだから、おめでとうとは言えませんが、とりあえずお知らせします、と言いました。

それを聞いたとたん、わたしは前夜のれい子の一言を思い出し、まさにカムイイタㇰテ（神は自分の言葉を人間の口を借りて言う）だったなあと感心したものです。

さてこの繰り上げ当選のニュースが流れると同時に、お祝いの電話がひっきりなしに鳴り、テレビの大型中継車までが訪れてきて、時ならぬ取材攻勢が始まりました。電話ばかりか、祝電やら祝いの酒や生花やで玄関先から家中が足の踏み場もないほどになりました。

しかし、亡くなった先生があったればの繰り上げ当選なので手放しで喜べるものではなく、祝いの言葉もそれを受けるわたしのお礼も控えめでした。

少し落ち着いたあと気になったのは、松本先生の告別式に出席するのかしないのか、ということでしたが、慣例として行くものだと聞かされました。

二十六日朝、千歳空港で滝口さんと合流し、福岡空港へ向かいましたが、会場で、松本先生が亡くなったためにお前が、などと白い目で見られるのではないだろうか、と正直心配でした。しかし、これはまったくの杞憂《きゆう》であり、内心恥ずかしく思うことになりました。

喪主の松本龍衆議院議員らが丁寧にわたしを迎えてくださり、そればかりか献花のときには喪主の次にわたしが呼ばれたほどだったのです。

告別式が終わり外に出ると部落解放同盟会員の方々が次々にわたしのそばに来られ、英一先生が亡くなったのは本当に悲しいが、差別という同じ痛みを知っているわたしが繰り上げ当選になったのは救いだと、述べました。

八月八日の初登院の日に当時の村山富市内閣総理大臣にも会うことになり、お土産はわたしが自分で彫ったドキパスイに決めました。アイヌ民族特有の神事の用具で、村山首相に渡すときに民族の願いを伝えようと考え、心をこめて彫り上げました。

さて初登院当日です。午前十時に社会党本部で当選証書をもらい、池端さんが案内をしてくださり、参議院の建物に入ると、すごいカメラの放列が待っていました。一歩足を踏み入れたわたしに向かって、パシャ、パシャ、パシャとカメラのフラッシュが光り、テレビカメラのライトも強烈に輝いて、まぶしくてまぶしくて目が開けられないほどでした。

日本の憲政史上で初めて、アイヌ民族出身の国会議員が登院したからだったのでしょう。

参議院の事務室で女性職員から「おめでとうございます」と言われて背広の左襟に議員バッジをつけてもらったものですが、そのあとすぐにあった記者会見では緊張しすぎて、何を聞かれ何を答えたか、まるで覚えていません。

午後一時四十分から村山首相に会えるということで、池端さんと野村義一さんの三人で総理官邸に行きました。車を降り、官邸内に入るとさっそく、あれっ、なにか違うという感触が足から伝わってきました。それは参議院の絨毯《じゅうたん》との厚さの差で、官邸の絨毯はたぶん倍以上はあったでしょう。山のことしか知らないわたしは、密林のなかの厚い苔《こけ》の上を歩くような柔らかい感じがしたものです。

広い部屋に通されるとまもなく、村山首相が執務室から出て、にこやかな笑顔でわたしたちに近づいてきました。緊張を和らげようとしてくれたのでしょう、開口、「ほーっ、萱野さんの眉毛も長いねー」と言われたのでわたしもすかさず自分の眉毛を引っ張りながら「はい、眉毛だけは総理大臣並みです」と答えました。どっと笑い声が起こったところで、ドキパスイを取り出し、「この道具はアイヌの願いを神に伝えるときに用いる大切なものです。アイヌ民族の願いである新しい法律が一日も早く制定されますようお願いします」と言って渡しました。

野村さんも、社会党がアイヌ民族の声を国会へ届けようとしていることへのお礼と、法律の早期制定を陳情しました。

肩のこらない、なごやかな会見ではありましたが、わたしたちが背負っている問題についてはきちんと要望したつもりです。

次に会うのは、当時官房長官をしていた五十嵐広三さんです。昔から一番頼りにしていた政治家に長官執務室で会見しましたが、なにしろ三十数年来お世話になった大恩ある方とこんなところで国会議員として挨拶をすることになり、感無量です。何かをしゃべると涙が出そうになるので言葉もなく、ただ、汗びっしょりになっていた手で握手をしました。

五十嵐さんは「よかったなあ、これでウタリとの約束を果たせて、僕の肩の荷を一つ下ろせた。しかし、これからが大変だよ。力を合わせて頑張りましょう」と笑顔を見せたものです。

参議院議員会館の三〇一号室がわたしに割り当てられました。松本先生が長年使っておられた部屋だそうです。窓から外を見ると国会議事堂が広い道路をへだててすぐ左側目の前です。

椅子に腰掛けると秘書室に背を向ける位置になっていることに気付き、机の向きを変えてもらいました。

翌日は、国会の委員会室や議員図書室に案内されました。議員図書室は、資料を頼めばすぐに届き、個室で読める大変に便利な場所です。

池端さんにお願いして、小林順子さんという方を事務所の秘書に登録してもらい、政策担当秘書は滝口亘さんにお願いしました。地元担当秘書はわたしの次男の志朗に決め、なんとなく国会議員らしい陣容が整ってきたものです。

このあと、すぐに国会がお盆休みに入ったので二風谷に帰り、まっさきに貝澤正さんの墓前で「正さんの遺言が正夢になりました」と報告しました。この報告も、木でつくった墓標の近くで火を燃やし、火の神を仲介に頼むというアイヌプリでおこないました。

アイヌ民族出身の初めての国会議員という格好の話題とあって、各報道機関から取材の申し込みはずいぶん来ました。わたしたちの存在や状況を知ってもらう絶好の機会ですから、どんなに忙しくても疲れていても、「報道機関はアイヌの味方」と思って応対するようにしました。

わたしにとって初めての国会は九月三十日に始まりました。本会議開会前、新議員としてわたしが紹介され、自己紹介の機会を与えられたので前のほうへと出ていきました。数分の時間しかなく、ほんとうに簡単なものでしたが、「北海道から来たアイヌ萱野茂です。丸木舟に乗って川を下り、電車で飛行場へ行き、やっとの思いでここへ来ました。どうかよろしくお願いします」とあいさつをして席に戻ると、東京出身の若い議員がそばに寄って来て「萱野さん、ほんとうに丸木舟に乗って来たのですか」と尋ねました。

どうも言ったことを真に受けたらしく、これは冗談が利きすぎたかと思いましたが、その一方で、いかにわたしたちのことが知られていないかということも改めて分かりました。

開会式ではアイヌとして、ひそかに静かにほかの議員たちと違うことをやりました。

それを初めてここに記します。

国会は開会式に限り、衆議院議員も参議院議員も参議院本会議場に集まり、全席を自由席にして天皇を迎えると教えられました。そこでわたしはその後ろには誰もいない、最後列の席を選んで座りました。

議長や常任委員会委員長らは燕尾服《えんびふく》姿で議長席の近くの通路に並び、天皇が入って来られると最敬礼で迎えます。

天皇が玉座に着くと、参議院議長が玉座の前の数段の階段を上って詔書を手渡し、そのまま後ずさりして元の席に戻ります。それから天皇が詔書を読み上げます。

そのあいだ中、両院の議員たちは深々と最敬礼していましたが、わたしは後ろに誰もいないことをいいことに、最初から最後まで一度も頭を下げませんでした。

誰も見ていないだろうと思っていたら大間違いで、ずっとわたしを監視していた男がいました。それは北海道新聞の記者で、あとでわたしに「萱野さんは一度も頭を下げませんでしたね。どうしてですか」と聞いてきました。

内心ぎくりとしましたが、それはおくびにも出さずに、「天皇の顔をちゃんと見たかったから頭を上げていただけだよ」とあっさり答えたものです。

その記者は、「まさか、そうではないでしょう」とにやにやしながら、心の底にある考えを探るような目でわたしを見ていました。

わたしの考えというのは次のようなものでした。大和民族に迫害されてきたアイヌ民族の苦しみは並大抵《なみたいてい》のものではなく、アイヌ語で埋まっていた北海道の隅々まで侵略したのに、大和民族から、いまだに一言の詫びの言葉も聞いたことがありません。明治時代になってからも、天皇の名において国有林とか御料林とか御料牧場団地とかの名称で、アイヌたちが数千年の昔から暮らしてきた肥沃《ひよく》な大地を取り上げ、不毛の地へと足で蹴散らすように追い出してきたのです。木を伐るな、鹿を獲るな、シャケも捕るな、と人間として生きる権利を奪われたアイヌ民族の一人として、頭を下げる気には毛頭なれなかったというのが本音でした。

その記者は、そんなわたしの心の底を見破っていたのでしょう。

この日だけでなくその後も国会の開会式では、最後列に席を取り、見上げるのでも見下げるのでもなく平等な目の高さを保ち、アイヌモシㇼ（アイヌの静かな国土）の代表としての姿勢と気持ちを貫き通したのでした。

アイヌ語が国会に響く

国会では、当時の横路孝弘北海道知事に助言をいただいた「内閣委員会」と、わたしの希望する「環境特別委員会」に所属することができました。内閣委員会は長年の懸案である「アイヌ新法」を扱う委員会だったのです。

質問の機会は思いのほか早くやってきました。平成六年十一月九日の環境特別委員会で、社会党の持ち時間五十六分を全部わたしがまかされたのです。すべてアイヌ語で質問するつもりで委員会理事や委員会事務局の方などにも相談しましたが、アイヌ語の通訳者がいないこともあって、冒頭の挨拶の部分だけわたしがしゃべり、和訳を付けることになりました。

初質問とあって北海道からたくさんの報道陣が事務所に押しかけてきており、質問の準備は、宿舎として社会党が借りあげていたマンションでおこないました。滝口秘書と内容を相談し、できた原稿を小林秘書がワープロで清書します。質問時間と答弁の時間を考えながら、何回も原稿を練り直していきました。

そして当日、わたしはアイヌ語で、

「ニシパウタラ　カッケマッタラ　シネイキンネ　コンカミナ
ネプクネワ　ソモネヤッカ　ニシパエウタラネ　クキカネワ　クコロウタリ　コロイラウェ　シペッテッパクノ　クネプキルスイナ
エンカオピュキワ　ウンコレヤン」

と語りかけ、委員会の先生方は静かに耳を傾けてくれました。

この瞬間、日本の憲政史上で初めてアイヌ語が国会に響き、その言葉がそのままカタカナで議事録に永遠に記録されたのです。

このアイヌ語の意味は、「紳士の皆様、淑女の皆様、ご一同様にごあいさつを申し上げます。何者でもないわたしではありますけれども、皆様の末席に座らせていただき、アイヌ民族の願いである新法制定に向けて力を注ぎます。先生方のお力添えのほどをお願い申し上げたいと思います」というものでした。

続いて二十四日には、内閣委員会での初質問があり、そこでは、岡野裕委員長の配慮で、アイヌが和人から受けてきた同化と差別の歴史をかなり長いアイヌ語で訴えることができました。

「(北海道旧土人保護法で定める) 旧土人とはアイヌのこと、それはわたしのことですか」というわたしの質問の答弁者は、かつて旭川市長であった五十嵐官房長官、わたしがアイヌ民具を作りながら細々と暮らしていたころに世話になった旧友でもあり不思議な縁を感じたものです。

昭和五十九年にウタリ協会が「アイヌ新法（案）」を決議してから十数年、野村理事長を先頭に政府に何度も新法制定を要請してきましたが、何の返事ももらえていなかったのが実情です。わたしが参議院議員になったとき、アイヌにとって幸いだったのは村山内閣の誕生で社会党が与党になり、五十嵐先生が官房長官に就かれたこと。そして、アイヌ新法の与党プロジェクト（わたしも委員の一人である）が推進役を果たしてくれたことでした。

五十嵐官房長官のもとで「ウタリ対策のあり方に関する有識者懇談会」が平成七年三月につくられ、その委員には、有名な作家の司馬遼太郎さん、アイヌ民具の展示でお付き合いのある国立民族学博物館の佐々木高明館長など、それぞれに功績のある方々が選ばれました。事務局担当である内閣内政審議室の渡辺審議官や島田審議官からは、そのつど詳しい経過報告を受けていたので、出される報告に期待したものです。

翌平成八年四月に出された報告書には、アイヌ民族への支配と差別の歴史を認め、アイヌを先住民と呼称し、民族施策としての立法措置も記述されていて、これでアイヌ新法に一つの道筋が開けたのです。その後、ウタリ協会でもいろいろな議論はあったようですが、五月の総会で全会員の理解が得られたことにわたしはほっとしました。
また、これまで「ウタリ福祉」は北海道のアイヌにしか適用されていませんでしたが、新法が制定されれば差別や生活苦などで北海道を離れて住む多くのアイヌたちにも、希望の道が開かれるであろうと思いました。

ここで話はさかのぼりますが、五十嵐広三さんとの不思議な縁をお話ししたいと思います。

昭和三十四、五年ごろ、被差別部落の福祉向上などのための隣保館という施設に準じたものを二風谷に建てようということで、地元の貝澤正さんが中心になり、隣保館建設委員会を組織しました。そして昭和三十五年に、当時の北海道知事であった町村金五さんの力添えもあったのか、二風谷に生活館が建ちました。

わたしは昭和三十四年に山仕事を辞めて、家で彫り物をして食べられるようになっていました。そこで、せっかく生活館も建ったことだし、地元の若者たちに、出稼ぎに行かずに家で仕事をしようという提案をしました。そのころは北海道観光ブームで、土産物などを作っても売れ残りのない時代でしたから、手っ取り早く売れる熊を彫ろうということになりましたが、二風谷には伝統的な熊彫りというのがなかったので、生活館に先生を呼んで、基礎から学ぼうということになりました。

そのころ新聞に、旭川市の五十嵐広三さんという米穀商が、市内の川村カネトアイヌ記念館のそばに民芸センターというものを建てたという記事が載りました。アイヌの彫刻家砂沢ビッキによるデザインの馬車の金輪《かなわ》を利用したテーブルを置いたり、熊の檻を模した窓を付けたり、面白いデザインの建物になっているとのことでした。

五十嵐さんとはまったく面識はなかったのですが、貝澤正さんと相談をして、平取町役場の町民課長を連れて三人で、その民芸センターを訪ねました。めいめいが事務の人に名刺を渡すと、「今、社長はちょっと手が離せないので、お待ちください」と待たされて、座っていました。その間、小豆色のジャンパーを着た一人の若者が、てきぱきとその辺りを動き回っていたので、わたしと正さんは、「よい若い者だなぁ、あの若い者、二風谷へ連れて帰って二人で使ってやるべや」などと言っていたのでした。

ところが、しばらくして「お待たせしました」と言って、そばへ来て座ったのがその若者、五十嵐さんだったのです。まさか五十嵐社長がそんなに若い人とは思いも寄らなかったので、これにには驚いたり、笑ったりで、話もいっそう弾みました。

「二風谷に生活館というものができて、そこで熊彫りをしたいので、講師を一人派遣してほしいのですが」と言うと、「いいですよ」というわけで、そこにいた千里敏美さんという旭川アイヌの熊彫りの上手な人を紹介してくれて、「千里君、二風谷へ行って指導してくれや」と、その場ですぐに決まりました。

それ以前から五十嵐さんは、二風谷産のアッドシ織りを、旭川の民芸センターで加工して売るために、買い入れてくれており、そうした縁もあったのです。

昭和三十六年の寒い時期、千里さんが二風谷へ来てわが家へ泊まり込み、生活館で指導を始めました。当時の入門者は、貝澤和一さんや、貝澤時男さん、川奈野武敏さん、貞美さんなどでした。そのときは丸ノミや三角ノミなど、熊彫りに必要な彫刻の道具を分けてもらったり、作ったものを下手でもいいから買ってもらうことのお願いをして帰って来ました。二百六十ページから二百六十一ページで触れた木彫りの講習会とはじつはこの千里さんの講習のことです。こうして五十嵐さんとの交流が始まり、二風谷はそれ以来、五十嵐さんにうんとお世話になってきたのです。

昭和三十八年四月に、五十嵐さんは三十七歳の若さで旭川市長に当選しました。そしてその直後、仙台で開かれた全国市長会の席で、五十嵐さんは、「日本には北海道のアイヌ民族を対象とした『北海道旧土人保護法』という差別的な法律がある。全国の市長会の名において、廃止することを国に働きかけましょう」と言ったのです。

それが新聞報道されると、ウタリ協会はあわてました。アイヌを差別して作られた旧土人保護法を、ただ単になくすということでは、ただ証文を破り捨てるようなもので、法律上、少数民族としてのアイヌ民族の存在を認めるものが何もなくなることになってしまいます。そこで、旧土人保護法に代わって、アイヌ民族の生活安定のためになるなんらかの新しい法律が必要だ、とウタリ協会は動き始めました。それがアイヌ新法の制定へとつながっていくわけですが、その発端は五十嵐さんが開いてくれたわけです。

昭和四十年ごろのこと、札幌の商工会議所で、わたしがアイヌ細工についての講演をすると、旭川でもやってくれと呼ばれて講演に出かけ、市長であった五十嵐さんから、「今日の講演、大変良かった。これ、小遣いに」と言って、講演料のほかにぽんと一万円をもらいました。当時、一万円は大金でしたから、無駄遣いして忘れてはいけないと思って、それに八千円くらいを足して、茶色のオーバーを買いました。そのオーバーは今でも持っています。

五十嵐さんは市長を三期務め、四期目半ばで北海道知事選に出馬しました。わたしも応援のため、当時の社会党の機関誌に対談を載せてもらったこともありました。また五十嵐さんが何かのときに、わたしのことを「古い友人だ」と言ってくれたことがあり、ありがたいことだと思いました。

五十嵐さんは知事選には二度落選しましたが、その後衆議院選挙に出て当選し、平成になってから細川内閣、村山内閣で、建設大臣と官房長官を務めました。

五十嵐さんが建設大臣だったときに、わたしは二風谷ダムの建設差し止め訴訟をしていましたから、皮肉なことにダムをめぐる立場は正反対なものでした。あるとき、五十嵐さんに頼まれて東京都内のホテルでそっと会ったことがあります。五十嵐さんは、

「大臣になるとお付きがうるさいので、抜け出してくるのが大変だった」と言いながら、喫茶店でお茶を飲みながら、ダムの話をしました。

五十嵐さんは、わたしとの長い付き合いもあったので、自分の顔を立ててくれれば、という考えもあったのでしょう。わたしは大いに迷いました。ここで判子を押すことにすれば、五十嵐さんの顔を立てることはできるけれども、弁護士さんと、振り上げた拳骨を勝手に一人で下ろしてはならない、という約束をしていたのです。結局、申し出は断りましたが、五十嵐さんは、無理なことは言わず、ただにこにこして、わたしの立場を聞いてくださいました。

五十嵐さんとは官房長官のときにもお会いしたことがあり、わたしが、「先生、官房長官たら、どういう仕事よ。田舎で言ったら、市長がいて、助役がいるけれど、その助役みたいなものかい」と聞くと、五十嵐さんは「うん、まぁ、なぁ」とにこにこ笑っていました。田舎のことしか知らないわたしは臆面もなくそんな質問をしたわけですが、官房長官といえば内閣の要、内閣の情報部の部長であるわけです。今になると、恥ずかしいやら、おかしいやら、そんな思い出もあります。

そののちわたしが参議院議員になってから国会で、官房長官の五十嵐さんに、「疲弊しきった二風谷を救ってくださった五十嵐さんと、こういう場で会うのは違和感もありますが、よろしくお願いします」と言いながら、質問に立ったこともありました。わたしがアイヌ新法についての質問をしたときには、五十嵐さんから電話がきて、「今日の質問に対しては、議事録を見ればよく分かるけれども、きちっとアイヌ新法制定に向けて、頑張りましょう」と言ってくださいました。

アイヌ新法制定のいきさつについて、書いておきましょう。五十嵐さんの全国市長会での発言がきっかけとなって、ウタリ協会は新しい法律を勝ち取ろうと決め、北海道議会へ陳情書を出しました。北海道議会は昭和六十三年、その陳情を各会派満場一致で採択し、国へ上げました。それから数年たって、わたしが突然、国会議員になったわけです。

道庁からの陳情書を受け取ってから、内閣委員会で三十七回会議を開いていたけれども、一歩も進展していないという報告があり、驚きながら聞きました。それからアイヌ新法制定に関する特別委員会が設置され、そのときに各会派から委員が出て、わたしも当時の社会党から委員として出ました。

平成七年には、先に書いた有識者懇談会が設けられ、翌年春に答申され、平成九年になってから、ようやくアイヌ新法が制定されました。国会という所は、小回りがきかないし、急がない所で、委員会を設置してから一年、委員会の答申を受けてから一年、そうしてやっと法律ができました。法案が委員会に付託されて、委員会で付帯決議があり、わたしがアイヌだからというので、各会派からの好意によりその案文をわたしが提案し、それも各会派全会一致で通りました。そして本会議にかかり、新社会党の二人の議員だけは意に添わないとして退席されましたが、他の各会派はそろって出席し、まず旧土人保護法を九十八年ぶりに廃止することの採択を取り、それからアイヌ新法制定に関する委員長報告があり、全会一致で決まりました。

アイヌはアイヌ語で「人間」という意味の言葉です。ただし、本当に行いの善い人間だけをアイヌと呼びます。丈夫な体を持っているのにちゃんと働かず、雨漏りのする家で暮らし、食べるものもないような生活をしている男がいたら、アイヌとは言わず、ウエンペ（悪いやつ）と言います。アイヌネノアンアイヌ、エネプネナアニ（人間らしい人間であれ、立派な人として生きなさい）というのがわたしの母の教えでした。

かつては、アイヌという言葉を、一つではなく、二つも三つも重ねて呼んでもらえるような人間になれ、と誇りを持って言われたものでした。それが、大和民族による支配と差別が続いた結果、子供が泣くと「アイヌが来た、アイヌにやるぞ」というように、アイヌという言葉は悪口にすり替えられていったのです。わたしは昭和十四年、小学校を卒業してから、山の飯場暮らしをしていましたが、「アイヌ」と言ったとか言わないとかといって、とっくみあいの喧嘩《けんか》になるのを見たことが何度もありました。近ごろは、本を書いたり、いろいろな場面で話したりすることによって、アイヌたち自身も、少しはアイヌという言葉の意味を理解してくれたように思います。しかし現在でも、アイヌという言葉を、大っぴらに、言ったり聞いたりしない風潮は残っています。

二風谷では、アイヌの人口が多いので、少年時代にアイヌということでいじめられたことはありませんが、隣村の荷負の川上勇治さんは、「二風谷はアイヌ天国だ、荷負のアイヌはどんなにいじめられたことか」と言います。二風谷アイヌは相手の目を見て話すことができますが、ほかの村のアイヌは伏し目がちで、人の顔をまともに見て話せない様子を見ると、悲しくなることがあります。

昭和二十一年、静内で設立総会が開かれ、北海道アイヌ協会ができました。わたしは貝澤正さんに誘われてその総会に参加し、それ以来最近まで毎年一回、欠かさず出席してきた一番古い会員です。

アイヌ協会は昭和三十六年、アイヌという言葉があまりにも差別用語として使われているため、北海道ウタリ協会に名称を変更しました。そのときにわたしは、「いずれアイヌ協会に戻るであろうけれども」と言って、中立の立場を取りました。平成十五年の総会では、もとのアイヌ協会という名に戻そうという提案がありましたが、まだ早いということで否決されました。

ウタリというのはアイヌ語で、同類、親戚、身内という意味です。日本人のことは、シサム、シサムウタラといいますが、それは、シ＝わたし、サム＝側、ウタラ＝仲間、つまり隣の仲間、よき隣人ということです。その理由は、アイヌが石器や土器を使って生活をしているときに、南の国から、鉄の鍋や鉞、鉈、漆塗りの道具などを持ってきた、それを見て、よき隣人と呼んでいたのです。しかしそのうち、その隣人も数が増えると、だんだんとアイヌをいじめるようになり、アイヌは日本人を呼ぶときに、ウェンシサム（悪い隣人）というようになりました。この本を読んでくださっている方々は、ぜひよき隣人に戻って、アイヌ民族に対して理解を深めてほしいと思っています。

参議院議員の任期切れが近付き、わたしが再出馬するかどうかというときになって、五十嵐さんからは「また出なさい」という助言を頂きましたが、どうするべきか大いに迷いました。すでに七十二歳でしたから、もし当選して六年の任期を務めると七十八歳になってしまいます。これからの一年一年は、若いときとは重さが違う、すごく大事な一年になると思って、最終的に、平成十年の三月ごろに、出馬しないことに決めました。北海道に戻る予定だったある日、北海道新聞の記者が事務所に来たので、「これから六年務めたら七十八歳だ。家へ帰って母ちゃんの顔を見て、お前誰だった、そんなようなことになっては嫌だし、とにかく辞めるわ」と言うと、「今日の北海道の夕刊に載せていいかい」と言われましたので、「いいよ」と返事をしました。

その日、千歳空港に降りると、そう多くはありませんが、テレビカメラや新聞記者が待っていて、「萱野先生、お辞めになると聞いたのですが、本当ですか」と聞いてきました。「北海道新聞の夕刊に出るとかって聞いたっけなぁ」と言うと、「これです」と新聞のコピーを持って待っていたので、それを立ち読みしました。

ふとそこで思いつき、「年が年なのもあるけれども、足元が明るいうちに村へ帰れというのが狩猟民族の教えよ。だから俺も足元が明るいうちに村へ帰りたいんだ」とさりげなく言いました。次の朝、朝刊には、「狩猟民族は足元の明るいうちに村へ帰る、萱野茂出馬取りやめ」と報じた記事が載って、それからというもの、新聞やテレビ、週刊誌などに、その言葉が使われました。

わたしはまだ現職でしたから、東京へ戻ると、若い議員たちは喜んで、「萱野さん、いい言葉だったね。あの人にも聞かせてやりたい」などと、年寄りの議員を指して言っていました。北海道新聞の卓上四季にも、萱野茂の名言として「足元の明るいうちに」という言葉が載ったことがありましたが、これは名言と思って言った言葉ではなくて、実際の生活のなかから出てきた言葉なのです。

山仕事では、夏でも秋でも、午後の二時には、その日に泊まる場所で、野宿の準備をしたものです。夜になったら水を汲んでも、虫が入るのも見えませんから、日暮れ前、明るいうちに夕飯も済ますようにしました。まさに、「足元が明るいうちに」というのは、山仕事でも鉄則でした。

わたしが国会にいれば、アイヌのためによいこともできるとは思いましたが、その一方で民族文化を残すための仕事は、国会にいては十分にできないと、秤《はかり》にかけて不出馬を決めたわけです。

アイヌ新法もできたことだし、これを育てていくのは次の世代だ、と判断したので、わたしの村に帰りました。

議員生活雑録

選挙から二年後の繰り上げ当選だったため、議員生活は平成六年七月から十年七月までの四年間という短いものでしたが、ほかではできない、珍しい体験ばかりでした。何でもないこともありますが、そのいくつかを、ちょっと紹介したいと思います。

東京暮らしが急に決まったため、最初の八月、九月は慣れないホテル住まいとなりました。十月から社会党が平河プラザというマンションを借りてくれて、月十六万円の家賃のうち、十万円は党が負担し、残り六万円をわたしが支払うということになりました。

東京・麹町の参議院議員宿舎にようやく空きができ、引っ越すことができたのは翌年秋のことです。この宿舎はベランダ、物置を含めて五十坪ほどあり、一人暮らしには十分な広さです。ベッドを置き、机と椅子を二組み入れました。一組みは国会議員としての仕事用、もう一組みはアイヌの叙事詩「ユカラ」を日本語に翻訳するための専用机です。

こちらの机には、二風谷のわが家の書斎と同じようにテープレコーダーを置きました。そのテープでアイヌ語のユカラを聴きながら毎日少しずつ訳していくのです。

言うまでもありませんが、国会の委員会でわたしが質問をする前の晩は、質問の持ち時間に合わせるために原稿を声に出して読みながら、推敲《すいこう》に推敲を重ねて文章を練り直しました。

妻のれい子は初めから、わたしの東京暮らしについて来る気はまったくありませんでした。その口実は、冬になれば二風谷の家の水道管が凍って破裂する、近くに三人の子供らと五人の孫が住んでいる、だいたい、ポチとペロという二匹の飼い犬はどうするのだ、ということでした。

ポチは子犬のときから育てた犬ですが、ペロのほうは、札幌にいた朝日新聞の記者が飼っていた犬です。

もうずいぶん前のことですが、ある日、その記者から電話がかかり、「東京に転勤になったが、飼い犬のやり場がなくて困っている」とのこと。

「ふーん、困ったなあ。その犬を俺がもらわなかったら、どうするのよ」

「仕方ないから保健所行きになるしかないんだ」

「ほう、そうか。保健所ったら犬の就職先かい」

「なに言ってるの萱野さん。保健所連れてったら殺されるんだよ」

こういう話を聞いて助けなければアイヌ精神に反すると思い、「すぐ連れてこい」と受け取ったのがペロです。

それから十年くらい過ぎてからのこと、その記者の子供が二風谷に遊びに来ました。幼いころペロと一緒に育ったその子がペロに再会する場面を、わたしは遠くからそっと見ていました。

もう少年に育った子供が近寄ると、ペロがしっぽを大きく振りながら飛びついて喜んだのを見て、わたしは、あー、引き取っておいてよかったと思いました。

ペロは老いて数年前に神の国へと帰りましたが、かつての飼い主から年に一回、ナシやリンゴを送ってくるので、ペロからの贈り物と思いながら食べています。

議員になってから二回目の質問は平成六年十一月二十四日の参議院内閣委員会でのことでした。この日は、わたしがアイヌ語による質問をおこなうということで、報道関係者が六十人はいたでしょう。普通のときには数人しかいない新聞記者やテレビカメラの人たちが大勢いたのに力を得て、思い切り言いたいことを言って意気揚々と委員会室から引き揚げました。

エレベーターを降り左へ歩いて二十メートルあまり、自分の部屋ですからノックせずにすっと入り、数歩奥へ歩いたそのときです。後ろから「萱野先生、萱野先生」と声がかかりました。ふり返ってみると入り口近くにいる秘書の顔が違うではありませんか。これはいったいどうしたことか。じつは自分の三〇一号室と間違えて一階下の二〇一号室に入ってしまったのでした。

意気揚々の直後の意気消沈、とまではいきませんが、なんともバツの悪いこと、この上なしで、いま思い出しても、おかしいやら恥ずかしいやらの出来事でした。

時は平成七年一月十七日午前七時すぎ、麴町の宿舎前でタクシーに乗り、東京駅へと向かうと、運転手が「大阪の方で地震があって死者が出ているらしいです」と言います。ラジオのスイッチを入れてもらうと、どの放送局も地震の報道を大声で繰り返しており、死者は五百人になりそうだとの内容に、これは大変なことになったと思いました。

この日は、参議院環境委員会の議員たちが、富士山を世界文化遺産として申請するための現地調査に行く日でした。

しかし、十五人のはずだった委員たちは五人しか集まらず、篠崎年子委員長もどうするかと迷っていました。キャンセルした委員のなかには、地震のために地元に戻った議員もいたようです。

東海道新幹線は名古屋まで往復運転をしているとのことで、予定どおり静岡まで行くことに決定、車内に乗り込みましたが、列車内のわたしたちにも次から次へと地震の被害の大きさが伝えられてきました。

被害を案じながら、静岡駅で降り、富士山の西側のあまり広くない湖の〝逆さ富士〟の観光名所になっている場所に立って、係の方から説明を受けました。青い空に八合目から上は雲をかぶった富士山は本当に美しい姿でわたしたちを見下ろしていたものです。

一通りの説明が終わったあと、わたしは質問を始めました。

——一年にどれくらいの人数の方が登山されるのですか？

「はい、二十四万人から二十七万人です」

——そうですか、大勢ですね。して、その人たちの終末処理、つまりトイレはどうしていますか？

「はい、全部垂れ流しです」

その返事を聞いたわたしはわが耳を疑うほど驚きました。このとき口には出しませんでしたが、アイヌ民族はこのような話を聞いたときに、鼻の穴と口を両方の手でふさいで驚きを表します。なぜそうするかと言うと、驚きのあまり魂が鼻や口から飛び出すのを防ぐためです。

わたしは少しばかり語気を強めて、三十万人近い人が山の上で垂れ流しをしていながら、世界文化遺産にしたいとは恥ずかしいことです、早急になんらかの手を打つことを考えてほしい、と言いました。

ほかの先生方も、そうだ、萱野議員が言うとおりだと言ってくださいましたが、こういう場合の援護の言葉はずいぶん力になるものです。

国会議員の仕事も忙しくなり、富士山のトイレのことは忘れていましたが、およそ一年がすぎた平成八年一月だったと思います。同行してくれた係の方がうれしそうな顔をして、参議院議員会館のわたしの部屋を訪れました。鉛筆よりも少し太いくらいのガラスの試験管を手にしています。

「ご覧ください。一年前に発言してくださったお陰で、富士山にトイレができました。静岡県側は環流型、山梨県側は熱処理型です」と言うではありませんか。

試験管の底に小指の先の一節分余りの黒い粉が入っており、これが熱処理型トイレで処理された大人の大便二回分ということでした。

仮にわたしが一市民として富士山のトイレを要求する発言をしていたとして、これにまともに取り合ってくれたでしょうか。そう考えると、国会議員の言葉の重みを改めて感じた一齣《ひとこま》でした。

それにしても富士山を神と仰ぐ人たちもおられたであろうに、垂れ流しを続けていたとは、山への考え方にアイヌと日本人とのあいだで大きな違いがあることを知りました。

かつてのアイヌには用事もないのに山に登るということはありえないことで、例をあげると、わたしが暮らしている近くに登山口がある幌尻岳《ぽろしりだけ》に登った者は長生きしない、と戒められていたほどです。やむをえず山に登るときは下で用を足し、山の上を汚さないようにするのがアイヌ民族の心得の一つでありました。

なにはともあれ、アイヌ民族出身の国会議員として、アイヌの心を表した発言の結果を、一年すぎて知らされたときのうれしさは、今も忘れることがありません。

国会議員は、当選したときに国会の女子職員が背広の左襟につけてくれる議員バッジが唯一の身分証明です。

議員の部屋を訪れようとする場合、議員会館の受付で来意を告げて各議員の秘書から許可がもらえれば、初めての人でも中に入れます。

議員になって一年もたっていない平成七年四月二十五日、まったく見ず知らずの人が「アイヌの民具を買ってほしい」と訪ねてきました。持ってきたものは、なんとアイヌの刀三丁です。本物だったので買いましたが、そこで考えたことは、これならば日本刀を持っていても入館できるな、ということです。国会議員の会館といっても案外不用心なものだと思いました。

国会で何をどのように質問するかというのは非常に大事なことですが、有権者から持ち込まれる情報はときに宝物のようなものとなります。ある日のこと、茶封筒に入れられた一冊の本がわたしの部屋に配達されてきました。

開けてみると、全国の警察学校で使用中の教科書です。ページを繰っていくうちに、アイヌ民族として無視できない、驚くべき旧態依然たる記述があることに気付きました。なんと、「わが国は単一民族国家であり、民族は一つ、言葉も一つ、従って非常に治めやすい国である」と書いてあるのです。それに比べてアメリカは、言葉も肌の色もさまざまな多民族国家であるがゆえに云々、などと書いてありました。

これは、国会質問で国から一本とれると思い、さっそく内閣委員会で質問すると通告をしたところ、驚いた警察庁の役人たちがわたしの部屋へ入れ代わり立ち代わりやって来ました。

質問通告を受け取ったその日のうちに全国の警察学校に指示を出し、その教科書は回収したうえ二度と使わないというのです。もちろん、その代わりに質問を取り下げてほしいというわけです。

しかし、質問をやめてしまっては議事録にも記録が残らずうやむやになってしまいます。匿名で本を送ってくださった方もわたしの行動にがっかりすることでしょう。

そう考えたわたしは通告どおり質問をすることにしました。左手に本を持ち、ページを示しながら、「昭和六十一年十月に中曽根首相が日本は単一民族国家と発言し、アイヌ民族から抗議を受けた。にもかかわらず相も変わらず警察学校がこのような教科書を使っているのはなぜか」と訴えました。今国側の答弁は理由の説明がなく、「この教科書は質問通告があった日に回収した。今後は使わない」の一点張りでしたが、とにかく警察学校教科書からこの記述がなくなり、国会の記録にも残すことができたわけです。

国会議員だった四年の間に外国へ二度旅行しました。一回目はフランスを中心に周辺数カ国を回りましたが、自分の荷物に触ったのは麹町の議員宿舎から身の回りのトランクを出したときだけでした。あとは数日間の旅行中、何も手にすることなく、お付きの人に何から何まで全部面倒を見てもらいました。

それればかりでなく、どの空港に行っても一般客とは違う通路から貴賓室へ通され、現地の日本大使館の方々がその国の気候風土を説明してくれます。日本の大使とか領事とかのお出迎えと接待があり、わたしが見たことも聞いたこともないような、おいしい食べ物と、客を退屈させない一流の話術でもてなしてくれます。

こういう待遇を受けて感謝もしましたが、同時に、「国会議員は大事にされすぎる。これだから一回やったらやめられなくなるんだなあ」と思ったものです。

それに、ああした旅行は楽しいけれど自由がなく、よかったのと窮屈であったのと半々でした。買ってきたモンブランの万年筆と手提げかばんを大切に使っています。

議員会館と参議院本会議場との間は歩いて行き来のできる地下通路でつながっています。その地下通路から少し脇に入った本屋の奥においしいそば屋があることを教えられ、昼どきに一人で行って行列の後ろで立って待っていました。わたしを見た店の人が近付いてきて小声で「先生方は忙しいので並ばないで、すぐに席に着いて注文していいのですよ」と教えてくれました。それが一回目のときで、次からは行列の横を通って席に座るようになりました。

最初のうちは、行列している議員秘書やそのほかの方々に申し訳ないと内心恐縮していましたが、会議に遅れないために、何分以内で食べ終わる、と計算できる上においしくて、大変ありがたいそば屋でした。

わたしは、二風谷の家にいるときは、初雪がちらっと降るころに「三馬印」の半長の長靴を一足買い、翌年の夏を越して秋までずっとその長靴を履いてすごします。

ところが東京暮らしが始まってからはそれが一変しました。「通勤」するために普通の革靴と、もちろん靴下も履きます。それも靴下はきれいに洗濯したものを毎日履き替えます。

実を言うと、「東京は蒸し暑いので臭《にお》ってはいけない。二日続けて同じ靴下は履かないでください」と秘書が教えてくれたとおりを守ったのです。

というわけで足元には特に注意をしていたのですが、ある日の委員会の最中に、なにやら右の靴の中にゴミのようなものが入っている感じがして気になります。そーっと靴を脱いで中を見てみましたが、なにも入っていません。おかしいなと思って足の裏をさすってみると、靴下に大きな穴が開いて破れた部分の生地が丸まってしまい、ゴロゴロとした感じがしたのでした。

おまけにその日の昼食後には左足にも同じ感触があり、靴を脱ぐと同じような穴が開いていたのです。なんと仲の良いことよ、と左右の靴下に妙な感心をし、その靴下は捨てず、二風谷に持ち帰って妻に見せたものでした。

ボロ靴下を捨てなかったのは、アイヌは、山や川に出かけた先で使えなくなったものでも捨てないで持ち帰るからです。置き去りにすると持ち主に悪さをすると信じられているのです。

自然を汚さずに済むこのアイヌ精神は、現代に生きる人にもぜひ見習ってほしいと思うのですが、いかがでしょうか。

麹町の議員宿舎の一階に議員用の食堂があり、大いに利用させてもらいました。繰り上げ当選してから一年余りたったある日の夕食、当時社会党書記長だった久保亘さんと一緒になりました。そこで会うのは初めてでしたのであいさつをすると、久保さんは「ところで、萱野君は本会議の質問には立ちましたか?」と尋ねるのです。

委員会での質問はわりあい簡単にできますが、本会議での質問は党を代表して政府をただすことになるわけですから、めったに回って来ないし、議員にとっては晴れ舞台です。

そこで、「わたしなどはまだ議員になったばかりだし、北海道に帰るまでに順番は回ってこないでしょう」と返事をしました。

久保さんは「そうですか、本会議質問の写真を村へ送ると喜んでもらえるのになあ」と言ったきりでした。

その話はそれきりでしたが、一カ月ほどのちに、わたしに本会議での質問役がとつぜん回ってきたのです。

質問の持ち時間は二十分間。前夜は質問原稿に何度も手を入れ、声を出して読んでみてはまた修正して、ちょうど時間内に収まるように字句の修正をしました。

翌日、いよいよ本会議場での質問が始まります。参議院議長から「萱野茂君より質問の通告がありましたので、これを許します」と呼びかけがあり、演台に進んで議長に一礼。原稿台に原稿を載せて高さなどを調整してから、一歩下がり議場に向かって深々と頭を下げます。ここで議員からの「ガンバレ」のかけ声と拍手を待ってスタートです。

肝心の質問は不良債権に関するものでした。村山富市総理大臣に何度か顔を向け問いただすなど、余裕がありそうに見えたとのことですが、とんでもない。本人は緊張の極みでした。

在籍した四年間で本会議質問はこれ一回のみでした。たぶん、与党の大物だった久保さんが食堂での話を覚えていて取りはからってくださったのだと思いますが、久保さんは残念なことに平成十五年六月に亡くなり、真相は聞きたくとも、もう聞くことはできなくなりました。

わたしの旅と先住民族

わたしが初めて外国旅行をしたのは、今から四十年ほど前の昭和三十八年ごろでした。当時、わたしの弟の貝澤輝一が建築関係の仕事をしていましたが、一年に二十五軒もの建前をするほどアイヌの家の建て替えで忙しかったのです。そのころ、弟と取り引きのあった静内の建材屋が、よほど儲かったのでしょう、われわれを台湾旅行に招待してくれました。

そのとき、「自分はアイヌだ」といつも言っているのに、初めて見るわたしのパスポートには日本人と書かれていて、驚きとショックを受けたことをよく覚えています。台湾へは、三十人くらいの団体で、男衆は夜の観光へもあちこち出かけていましたが、わたしと去場の大工さんだけは意気地がないので、いつも二人で別行動をしていました。

その大工さんと、日光の華厳の滝よりも高そうな滝がある観光地に行きました。バスの降車場から滝壺まで一キロくらいはある道を、日本なら中学生くらいの男の子たちが、トロッコ一台に観光客一人ずつを乗せて押して上げていました。滝のそばに、眉毛と眉毛をつなぐような入れ墨をした先住民のおばあさんがいて、わたしと大工さんはそのおばあさんのそばに座り、いろいろな話を聞きました。おばあさんは孫にでも会ったような気持ちがしたのか、すっかり喜んで、自分の首に掛けていた猪《いのしし》の牙を連ねた首飾りをわたしにくれました。

十七、八年昔に、中国へも行ったことがあります。このときは考古学者の吉崎昌一先生と一緒だったと思います。どのように行ったか覚えていませんが、雲南省の山の中の村へ行きました。車を降りてからだいぶ歩いて、道がちょっとしたカーブになって先の見えない場所で、そこまで案内してくれていた村人のうちの一人が走り去り、しばらく待っていると、村人たちが笛や太鼓で出迎えてくれました。

そうしてその村の少数民族の方々と対面式をして、家へも招待されました。とうきびや、粟《あわ》も見ましたが、北海道のアイヌが作っている粟の穂は、親指と人差し指で丸を作った太さで、長さは十センチほどもあって大きいのですが、雲南省のその場所で作っていた粟は、せいぜい中指くらいの太さで、長さもそんなにないものでした。その場所で、わたしたちは、大事なお客さんだということで、豚肉をごちそうになりました。

雲南省ではほかの村へも行きました。家々の間に竹の樋《とい》がひいてあって、樋には各家庭の所で少しの傷が付けてあり、各家に水が配られるような仕掛けをしているのも見ました。これなら北海道からホースを持ってきて、蛇口を付ければ便利だろうなぁ、と思った覚えがあります。トイレは男女共同で、仕切りの壁はなく、下の踏み板に、しゃがんだときに汚物が当たらない程度の狭い穴が開いていました。公衆トイレは斜面になっていて、小便は流れ、大便をすると踏み板の下へ豚が来てそれを全部始末してくれるという所もありました。

そこから舟に乗って行った場所では、高さが百メートルから二百メートルもあるような崖《がけ》に赤いペンキで絵が描いてありました。カエルが水の中から飛び上がってくるような絵でしたが、足場を掛けられるような所もなく、崖の下は川が流れていたので、どうやってそんな絵を描いたのだろうと思って見ていたら、昔、その高さまで土を積み上げて、絵を描いたら少しずつその土を崩していったのだと聞きました。舟に乗って行くとさまざまな形の岩があり、崖が、犬や人間や馬などの姿に見え、わたしならこういう名前をつけたい、などと思いながら見ました。

そのときの若い中国人通訳さんに、帰国の際、わたしが履いていた登山靴と上着をプレゼントすると、大変喜んでくれた思い出もあります。ある家でおじいさんが煙草を吸っていたのですが、見ると竹のキセルを使っていました。おじいさんに、「そのキセル分けてくれますか」と聞くと、「いいですよ」と言うので、いくらかのお金を出して、そのキセルを譲ってもらい、それも資料館に展示してあります。ある店へ寄ったとき、豆を量り売りするために、升《ます》の代わりに貝殻の容器を使っていました。「それをください」と言うと、店の人は豆を量ってくれましたが、「いや、豆ではなくて、その貝殻が欲しいんです」と言って、それも譲ってもらいました。

わたしはよその国へ行ったら、鉄などでできた物は持って来ないようにしています。竹や貝殻など、その土地に、自然にある材質でできた物であれば、補充できるのではないかと考えて、収集しています。鉄でできた物だとか、現地で、その後、復元できないような物は、差し上げますと言われても、それはその国の物ですからその場に置いてくださいといって、もらうことはしません。わたしが分けてもらってもいいであろうと考えているのは、復元可能な、無尽蔵にある材質でできた物です。それは、自分なりに、少数民族としての約束事と考えて歩いています。

中国、ロシアの黒竜江流域に暮らしているナナイ族（中国名ホジェン、ホーチャ。川を挟んだ中国側とロシア側とで呼び方が違うようです）の方々との交流もありました。当時はソビエト連邦共和国といっていたロシアで、黒竜江を下り、ナナイ族の村へ行きました。そこでご飯をごちそうになったときに、鹿かなにかの動物の脛《すね》の骨を削って作った箸が出ました。貝澤正さんが、「この箸一膳欲しいんですけれども、いいですか」と聞くと、「いいですよ」ということで、正さんがそのように口添えをしてくれて、譲っていただいた箸がアイヌ資料館に展示してあります。黒竜江を船で渡り、泊まった所では、チョウザメの卵、キャビアを山ほどどんぶりに盛って出され、脂っ気がなく軟骨のようなサメの肉の汁物と、パンとをごちそうになりました。

夜になると大嵐になって、停泊してわれわれが寝泊まりしていた船は漁船のようなあまり大きくない船でしたから、とても揺れました。夜中に小便をしたくなって目が覚めましたが、アイヌは川に小便をしてはいけないとされていて、わたし自身そうするのは嫌だと思っているので、嵐の中で一枚の歩み板を渡って、陸に上がって用を足しました。

ロシアの博物館で、幅二十センチ、長さ四十センチほどの蓋物の容器を見ましたが、その表の紋様は、アイヌ紋様にそっくりでした。またアイヌではアマッポとかクワリと呼ぶ仕掛け弓の構造も、ナナイ族の狩猟用具とそっくりでした。わたしが見た限りでは、世界中で、あの仕掛け弓は、アイヌとナナイ族にしかない、共通のものであろうと思っています。ナナイ族のなかには、「四代前はアイヌです」という方もいました。アイヌは、北海道から樺太へ渡り、樺太から氷の上を通って、黒竜江流域のナナイ族との交流があったのでしょう。

二風谷のアイヌ資料館が平取町から独立した平成四年の夏ごろ、カナダへ行ったときに、新井利男さんというカメラマンと知り合いになりました。そのときに、ナナイ族の生活文化を描いた絵の写真を見せてもらいました。その絵の行き場所を探しているというので、それなら欲しいと、その場で譲ってもらうことを決めました。それから別の折に東京で新井さんに会ったとき、その何年か前に開いた「中国の淡水魚展」で展示したチョウザメの剝製を引き取ったが、買い手もなく困っているというので、それもわたしが買い受けました。今は資料館に、世界の民族資料とともに展示され、人気の展示物となっているチョウザメですが、わたしの資料館に展示しているものでは一番高価なものです。

今から二十年ほど前に、世界の先住民族の民具を、それらが所蔵されている場所から本来の場所へと里帰りさせるという国際会議が、スウェーデンのヨックモックで開催されるという案内が来ました。そこに出席することになり、私が書いたアイヌ民話集の『炎の馬』の英訳本を出すときに、翻訳をした岩崎まさみさんに、通訳として付いて来てくれるよう頼みました。岩崎さんはそのとき、カナダの先住民族でバンクーバーの近くの島から来たグロリアさんという女性と知り合いになったのがきっかけでその後カナダに出入りするようになり、カナダ人のボーイフレンドを見つけて結婚したのでした。

グロリアさんは、一年に一回おこなわれる先祖の祭りに使うお面が、かつて侵略者に悪い習慣として取り上げられたままになっているため、それを自分たちの元へ返還させようという運動をした人でした。今はそのお面は返還されて博物館に収められています。その博物館に、妻れい子が刺繡をしたアイヌの着物をお土産に持って行ったこともあります。

ヨックモックへ行ったのは、チェルノブイリの原子力発電所が爆発した二カ月後の昭和六十一年六月のことでした。十数カ国の先住民の人々と一緒に、大型バス二台で案内してもらいました。するとわたしたちが乗ったバスのエンジンから煙が噴き出し、降ろされたわたしたちは草原に座ったのですが、向こうでは、蚊を模した土産物があるほどに蚊が多く、またチェルノブイリの爆発で土が汚染されたと聞いていましたから、なんとなく尻がくすぐったいように思いながら、次のバスを待ちました。

飛行場から、一時間半以上か、二時間か、どのくらい時間がかかったのかはよく覚えていませんが、ある建物のそばにバスが停まりました。一軒が二風谷の資料館二つ分くらいの大きさでしたから、百坪ほど、そう大きくはない建物が、二棟か、三棟ありました。そうしてスウェーデンの少数民族サーミ族の方が、「皆さん見てください、わたしたちサーミ族は、二カ月前までは、トナカイを獲ってきて、この工場で肉は食料にし、皮は加工して、お土産を作って生計を立てていました、それがチェルノブイリの原子力発電所の事故で、この辺りも汚染され、トナカイは汚染された苔を食べるので、トナカイの肉そのものも食べることができなくなりました。今ではこの工場を使うこともできないし、わたしたちは生活に困窮しています」と言いました。

それから十数年後、その土地の人が二風谷のわが家を訪れました。「山はきれいになりましたか」と聞くと、「萱野さん、原子力発電所の爆発によって、われわれの山は汚染されました。あれは、五年や十年、百年や二百年ではきれいになりません。原子力発電所は、つくるのはいいけれども、爆発の恐れはゼロではない。恐ろしいことですよ」と言われました。

ですからヨックモックへ行って以来、わたしは講演のたびに「原子力発電所の恐ろしさというのは、自分を含めて、天に向かって唾《つば》を吐いているのと同じであり、その唾はいずれ顔に戻ってくるかもしれないが、戻らないことを願いながらこの話をします」と言って、ヨックモックへ行った経験談と、原子力発電所の爆発した恐ろしさを言い続け、書き続けてきています。

原子力発電所というのは、トイレのないマンションと同じようなものです。原子力発電所から出たいろんなゴミを、捨てる場所もありません。わたしは、国会にいたときに、内閣委員会で、茨城県東海村での爆発事故の調査にも行ったことがあります。コンクリートでできたような、厚さ三十センチくらい、重さ四、五トンとかの蓋が、飛び上がって天井に穴を開けて、屋根にもう一回ぶつかって落ちてきたという現場も目の当たりにして知っています。ですから原子力の事故の恐ろしさを思い、これより電気は明るくならなくてもいいし、便利にならなくてもいいから、子や孫に無傷の地球を渡しましょうということを言い続けています。

サーミの村へも案内してもらいました。寒い所であまり木が伸びないので、昔つくられたサーミの家は、立ち木を組んだ上に、一尺（約三十センチ）以上の厚さの苔を載せてあって、遠くから見ると苔の固まりがあるように見えました。そうした家が点在している間に、土台付きの窓が付いたしっかりした家がありました。それらの家は、スウェーデン政府が昔ながらの家は不衛生だと言って新しい「良い家」を建てたというわけですが、サーミの人たちにとっては、寒い家だそうです。その新しい家のそばにおじさんが一人、テントを立てて、いろりの火にあたって座っていました。

そのことをアイヌの場合に重ね合わせて考えると、昭和十二、三年ごろに、北海道でも、アイヌの家は不衛生だからと言って、土台付き、白壁、一重の床やガラス窓、そうした家を、沙流川流域の、荷菜《にな》、二風谷、荷負、ペナコリ、長知内《おさちない》などに新しい家を建てて、アイヌの人たちが入れられたのに似ています。見た目はいいけれども、寒かったためか、あまり良い暮らしはできなかったようです。

外国から来たわたしたちに、サーミは昔はこうであったが、現在はこうだよということを見せるべく、家のなかも案内してもらいました。苔でつくった家に住んでいる人もいましたし、新しい家に住んでいる人もいました。家に入ると、神棚のような所に、高さ十五センチ、幅三十センチ弱の石が、ご神体として祀られていました。何代も前から祀っていたものは政府に取り上げられたので、新しい石を持ってきて祀っているのだと聞きました。外へ出て辺りを見ると、いま見た石ころと同じような石が、苔の間に点々とありました。その石の色が、トナカイの毛色にそっくりなのです。

狩猟民族の考え方として、獲物の色と同じ色の石があちこちにあることで、石の陰から陰へ移って獲物を狙い、近付いてから弓で射ることができるわけです。ですから石そのものを神様として祀るに値すると、サーミの人々は考えたのではないか、とわたしは思うのです。それと同じように、アイヌは、狩りのときに身を隠してくれる立ち木を、神様として扱っています。

それからサーミの人々は、ホテルの従業員でも、民族の印ということなのか、アイヌが昔、マキリを腰に下げていたように、男の人も、女の人も、立派な彫刻をした鞘の小刀を下げていました。女性の下げる小刀の鞘は真っ直ぐで、男性の下げる鞘は曲がっていました。

またヨックモックには、キリスト協会の支部がありました。二十畳くらいもある大きな建物ですが、これも木の骨組みに苔を積んだものです。協会の正面には十字架が下げてあり、床は木の枝の上に、トナカイの毛皮を敷き詰めてありました。明治の初めごろから二風谷のアイヌの村へも、キリスト教の布教のために、バチェラーさんやいろいろな宣教師が入って来ていましたから、キリスト教というのは世界中に広まっているのだなと改めて感心しました。

ヨックモックの会議場の横に、サーミ族の資料館を建設中でしたが、サーミの言い伝えで、工事中の建物に入ると、建ってから入れないというジンクスがあるそうで、入らないほうがもう一度来られるであろう、と言われたのでそこへは入りませんでした。

スウェーデンでは、トナカイの耳に傷を付けて、傷を付けた場所によって所有者の印としていました。その傷を付けるために、何百頭もいるトナカイに、ぱっと掛け縄を掛けて次々に捕まえます。その場面をわたしは写真に撮りました。それから港に舟が停泊している様子も写しました。のちに、数人の写真の専門家に見せると、これは何々展に入選すると言って、トナカイと港の二つ、同じ写真を指さして、ほめていただいたこともありました。

二回目にスウェーデンへ行ったのは、学者たちとともに、調査のためでした。そこでノーベル賞の授賞式をする建物の庭に、御影石のような石でできた畳十畳ほどもある大きな帆立貝形の飾りがあったことを覚えています。わたしが「ノーベル賞をもらうぞ」と言うと、農学博士で湿原の研究をしている辻井達一先生や五、六人同行していた学者の皆さんが、それぞれ自分は何の賞に該当するだろうかという話をして、「萱野さんはきっと該当するから、頑張れ、頑張れ」と言って大笑いしたものでした。

二十五年くらい前のこと、アラスカのイヌイットの村、ポイントパローの市長さんが、わが家へ来たことがあり、「市長さん、俺、遊びに行きたいから、招待してくれや」と言うと、招待状が来て、旅費は持てませんが、市で滞在し、行動する範囲内は面倒をみましょうとなっていました。貝澤正さんを団長に、鵡《む》川《かわ》で町会議員をしていた大川原守義さんほか、大人ばかり十数名で行きました。

ちょうど白夜の季節で、日が暮れないので眠れずに寝返りを繰り返していると、大川原さんが、「茂さん、どうしてそんなにアイヌ好きなんだ」と聞いてきたので、「俺もある時期はアイヌから逃げた。しかし逃げてばかりいては、民族の言葉も失われ、文化も物もなくなることに気付いたので、俺はアイヌに戻ったんだ。アイヌ嫌いな気持ちも分かる。三十年前に経験したことだ」と、一時間くらい話すと、大川原さんは黙って聞いていましたが、私の言うことを理解してくれたのでしょう、家へ帰るとすぐに、鵡川にウタリ協会の支部をつくりました。それまで鵡川には支部がなかったのです。現在、北海道ウタリ協会五十数支部あるうちの、鵡川は四十何番目かの支部です。

いつまでたっても暗くならないので、午後六時くらいに夕飯を食べなければならないものを、うろうろしているうちに十時、十一時になってしまいます。明るいので店でも開いていそうに思いますが、どこもみな寝ている時間で、食べる物がありません。誰かかれか持っていた物を集めて、次の朝まで、飢えをしのいだこともありました。

　ポイントパローでは、家の中に、二十センチ角ぐらいのやや黒ずんだ鯨の肉がごろんと置いてあり、扇形の刃物と、塩と鯨の脂が置いてあって、めいめいに刃物で削って食べます。どろっとした鯨の脂を付けて食べるのは、塩味が足りなくてあまり口に合いませんでしたが、塩を付けて食べるとおいしいものでした。それがあまりにおいしいので、通訳さんが、話すのが仕事なのに家の中に入るなり肉を食べ始めたと言って笑ったこともありました。家の外にはがらがらと、肉の付いた骨が転がっていたのも見ました。

　穴を掘ってつくった六畳ほどの大きな室もありました。外の表土は、上の十センチくらいが溶けていますが、その下は凍っているようで、室の中も霜で真っ白でした。この天然の冷蔵庫に、肉や魚を入れておいて、必要なときに出して食べます。

　バンクーバーへの戻り道では、鮭をたくさん捕っている所にも案内されました。筋子《すじこ》は食べないので、日本の業者が筋子を加工する人たちを派遣して、塩漬けにしたりしていました。

　新田次郎の『アラスカ物語』に、先住民族の人々は、身内同士の血族結婚が進むといけないので、よそから男のお客さんが来ると、そこの親父さんは鉄砲を持って山へ行ってしまい、お客さんの種をもらうのだと書いてありました。一緒に行った貝澤正さんの所に、女の人が来たのだけれどお断りした、と言っていました。わたしは「俺の所へは来なかった。残念だなぁ」などと冗談を言いましたが、村々が離れた土地の人々にとっては、生活の知恵の一つであったのかもしれません。アイヌの場合は、山の向こうか、川の向こうから、お嫁さんをもらうことに決まっています。

ポイントパローへ行ったときには、アザラシの毛皮の手甲を、自分へのお土産として買って来ました。

またトランポリンの芸を見せてもらったこともありました。英語と地域のイヌイット語で勉強している様子も見せてもらい、アイヌ語教室を開くきっかけにもなりました。

思い出に残る旅といえば、吉崎昌一先生からある朝電話が来て、いきなり、「萱野エカシ、カナダへ行くか」と言われたことがありました。わたしが「パスポートが切れちゃって、ないもの」と言うと、「何日の何時に道庁で待っているから」と言うので、道庁の二階で吉崎先生と会い、パスポートとビザをもらって、二人でカナダへ行きました。吉崎先生は、鮭の孵化《ふか》放流事業をおこなっていたことが認められて、バンクーバーの近くの島に孵化場ができた、カムバック・サーモンというお祝いの催しに参加することになったわけです。

バンクーバーからヘリコプターで行くことになって、わたしと吉崎さんとは別々のヘリに乗り込みました。わたしと現地の水産大臣とが乗ったヘリは、ぱっと舞い上がったのですが、英語でなんだかかんだかと、操縦士が交信した末に降りてしまいました。あとでそのわけを聞くと、ドアの鍵が掛かっていなかった、というので驚いたものでした。再び飛び立ったヘリに十五分ほど乗って、孵化場へ着き、わたしはドキ（杯）とドキパスイ（捧酒箸）だけは持って行っていましたから、無事にたくさんの魚が戻って来ますようにと、アイヌ語でお祈りをして、日本語に言い直し、それを吉崎先生が英語に通訳しました。そこで水産大臣が「今日放流した魚が、全部日本へ来るようにと、お祈りしたのではなかろうか」などと冗談を言ったので大笑いになりました。

バンクーバーの町から車で十五分ほど行った所に大きな川があって、ビーバー堰《せき》というのがあって、ビーバーが河原の木を川のほうへ倒して作った巣があり、そこで子供を育てるということでした。ビーバー堰のために、河原に立ち木が残してあるのだということを聞き、それほど自然が大切にされているのかと驚き、うれしく思いました。そしてなんとか二風谷の若者たちを、こういう所へ連れて来たいものだとも思ったものです。

アイヌ語教室の子供たちをカナダへ連れて行こうと計画していると、ある新聞記者が、何か招待状があったほうがよいと言うので、もうカナダの人となっていた岩崎さんを通じて、バンクーバーの大学の先生の名前で招待状をもらい、その招待に応じた形で、子供たち十数名を連れて、カナダへ行きました。服装が統一されているわけでもない、その辺りを走り回っているような子供たち十数人を連れて、バンクーバーへ降り立って、岩崎さんに面倒を見てもらい、大学の先生には案内をしてもらいました。

子供たちがすごく驚いたことは、町なかに煙草の吸い殻の一つも落ちていないことや、自動販売機がないので空き缶も転がっていないこと、緑のきれいなことなどでした。そうしたことを一緒に見て、勉強して帰ってきました。それがご縁で、カナダへは次々と二風谷から若者たちを連れて行きましたし、わたしももう七回も行っています。子供たちは、カナダへ行って、いろいろな民族がそれぞれの風習を大切にしている様子を見て、日本人がいるのも当たり前、アイヌがいるのも当たり前だ、と思うようになったようです。

あとがき

『アイヌの碑』という自叙伝的な単行本を、朝日新聞社から出したのが昭和五十五年。そののち朝日文庫の一冊となって今でも版を重ねていますが、刊行から二十五年の歳月が流れ、わたし自身の上にいろいろと大きな出来事がありました。昭和四十七年に開館した二風谷アイヌ資料館の展示物は新設された平取町立二風谷アイヌ文化博物館へ移管しました。

この町立博物館の開館は平成四年四月二十五日で、同じ日に、わたし個人の経営の「萱野茂二風谷アイヌ資料館」を開館し現在に至っています。

その年初めに当時の社会党から声がかかって、思いもしない参議院議員候補として全国を駆けめぐり、七月の投票日に次点で落選。それから二年間は、国会議員は落ちたし、町議でもなし、自由とはこんなにいいものかと思う日々が続きました。

ところが、平成六年七月、社会党の松本英一参議院議員が亡くなられて繰り上げ当選、寝耳に水とはこのことかと思うほど驚きながら、東京へ単身赴任し、めったに経験できない国会議員を四年間務め、「北海道旧土人保護法」を廃止し、新たに、「アイヌ文化の振興並びにアイヌの伝統等に関する知識の普及及び啓発に関する法律」(俗にアイヌ新法）と称せられる法律の制定に努め、それを土産に二風谷に帰ってきました。その後は思いのままに書き、あるいはしゃべり、その副産物的なものとして、人の葬送、熊送り、器物送りなどアイヌ文化と神々について書いた論文が、総合研究大学院大学に認められ、学術博士という称号もいただきました。その論文は、東京の小峰書店から、『五つの心臓を持った神』という題で、一冊の本になり、論文らしからぬ面白い読み物として好評を博しております。

さて本書の内容ですが、題名になった、イヨマンテの花矢という七十数年昔の記憶に戻り、二風谷小学校の奉安殿に頭を下げなかったためにわたしを含め、どれくらい多くの子供たちがなぐられたことか。そのことを振り返りつつ、校歌を作詞していただき、校旗を寄付するなど、小学校とのかかわりを書きました。

木彫りとの出会いや民具との五十年など今も大好きな民具との交歓をなつかしく思い出し、ユカラとウウェペケレの訳についての裏話やアイヌ研究の学者たちとの交流、尊敬する先輩である貝澤正さんを、アイヌ風習によるお葬式で送ったことなども記しました。

何はともあれ、学歴としては、山の中の二風谷小学校（国民学校）卒の一人のアイヌが、半世紀かけて、アイヌ文化の資料館を二館開き、市販された著書は約七十冊、そのほか非売品の金成マツ筆録、萱野茂訳・注の『ユカラ集』二十七冊目が、つい最近出たばかりです。

してみると、人は時として、学歴などに関係なく努力次第でかなりの足跡を残せるものだと、自画自賛しています。

ともあれ、一人でも多くの方がこの本を読んでくださり、二風谷に来られ、わたしの仕事の一つひとつを確かめ、アイヌ民族を理解してくださるよう念じます。

百人の評論家よりも、一人の実践者が大切と信じての五十年でした。言葉こそは民族の証、アイヌ語が錆びつくことなく将来ともに、民族の言葉として光り輝くことを願うものです。

おしまいに、わずらわしい編集作業に携わってこの本を世に送るためにお力添えを賜った鈴木雅人氏に、心から感謝を申し上げる次第です。

平成十七年十月十八日

萱野　茂

解説

父・茂の記憶

萱野志朗

本書の原本である『アイヌの碑』を単行本で読んだのは、私が二十一歳の時で東京都田無市（現在の西東京市）のアパートの一室であった。印象的な部分は、父・茂（以下「茂」と記す）がケナシパオマナイで、茂の祖母と一緒に両手と顔を洗った話。「『しめるが大きくなり、フチ（祖母）は死んでしまう。自分が死んだあと、この沢を通ったときには、フチと一緒に顔を洗った沢だったなあと思い出してくれ』」（本書17p、以下同）と。茂の祖母「てかって」は、「しげる」と発音できず「しめる」と呼んでいたようだ。てかってフチの望みは叶い、茂がケナシパオマナイを通る度にフチを思い出す、と書いている。また、茂が小学校三年生の運動会（六月十五日）の昼休みに、買ってもらったばかりの白い帽子に友人の手が触れて、皆で覗き込んでいた井戸に落ちていく場面だ（68p）。本人の無念さが伝わってくる。

ここ数日間で本書を四十一年振りに読み返してみた。どの項目の話でも日時と場所や人名が正確に記されていることに改めて驚かされた。アイヌ民族の大多数は記憶力に優れており、茂もその一人だ。その例を、いくつか挙げてみたい。

まず、一九四一（昭和十六）年〜一九四二（昭和十七）年のふた夏、測量作業員を務めた話の項（106p）。北海道庁職員の菅原勇さんは二十五〜二十六歳で士官学校出の少尉、そして茂と坂本三太郎さん村井さん藤島さん福原さんの六人で国有林と民有林との境界線を測量する仕事だ。この時、山の案内人を務めたアイヌ民族の坂本三太郎さんから茂は狩猟の心得や魚獲りの方法や獲物である鱒《ます》の運搬の仕方などを教えられた、としている。ある意味、茂は会うべき人に会いアイヌ文化の重要なエッセンスを吸収している。貴重な体験だったものと推測する。

二つ目に、茂の父である清太郎（アイヌ名：アレㇰアイヌ）は、アイヌの風習を熟知し実践していたエピソードがあるので、紹介したい。その年に初めて鮭が獲れた時に行う儀式の様子だ。

「鮭を俎板《まないた》に載せて（中略）アイヌ語で、

『今日はこの家においでくださって、ほんとうにありがとう』

と言います。次にいろりの火に向かって、火の神に、

『今年になって今日はじめて鮭を獲ってまいりました。どうぞお喜びください。この鮭このものは、わたしども人間が食べるばかりでなく、神々と共に食べ、そして虫のように小さいわたしの子供たちとも食べるものです。どうぞ今後たくさんの鮭が獲れますよ

うお守りください』
とお祈りするのです」(31p)
と。茂の父・清太郎は、その年さいしょの鮭を横座に据えてお祈りを行い、鮭は人間だけでなく神々と共に食します、と言っている。これらの儀式と祝詞《のりと》から考えて、鮭を司る神が猛禽《もうきん》類を含めた動物や人間にお与えくださった鮭をいただきます、と敬虔《けいけん》な気持ちで行っていることが分かる。この後には、その鮭で鮭汁を作り、近所のおばあさんたちに振る舞った、とある。

三つ目に、カムイ・イピリマ(神の耳うち)の話を紹介する。茂は一九四三(昭和十八)年の冬、家族みんなで長知内《おさちない》沢の奥で炭焼きをしていた。ある冬の朝、木炭用の木材を伐る鋸《のこぎり》や鉞《まさかり》がばらばらに散らばっていたのを見て、茂の父・清太郎は、枯れ枝を集めて火を焚きカムイノミ(神への祈りの儀式)としてオンカミ(祈りの動作)をした。『神がこのようにアイヌの道具を散らかしたことは、きっと何か変わりごとの前兆をこっそりアイヌにだけ知らせてくれたものと思います。今日は仕事を休んで謹慎しますので、どうぞわたしどもをお守りください』」(114p)と。これは狐の仕業だったらしくカムイ・イピリマと呼ばれ、それから間もなく、近くの小川さんの木炭焼き窯の屋根が焼け落ちた、とのこと。

四つ目に、アイヌ民族は本当に正直なエピソードを紹介する。

「昭和二十二年七月三日の夜の九時ごろ、貝澤前太郎、貝澤留市、そしてわたしの食糧集めの三人が、荷負小学校の前をやみ米を背負って歩いていたところ、巡査の不審尋問にひっかかってしまいました。（中略）巡査は、わたしたち三人にいろいろ質問し、言っていることが嘘でないことがわかったようでした。そして『そうか、まあ、官舎の前へ行って待っておれ、あとで行く』と言って去ってしまいました。
わたしたち三人は仕方なく、米を背負ったまま官舎まで行き、夜の戸外で二時間くらい待っていました」（125 p）
と。その後、巡査は「『アイヌって本当に正直なんだなあ。ぼくに見つけられたと絶対言うな。さあ早く帰れ帰れ』」（125～126 p）と。このように三人が解放された話などは第二次世界大戦後の配給制度の下、飯場の食糧調達係と優しい巡査の粋な計らいが語られている。
五つ目は、一九五四（昭和二十九）年五月末から本州の学校（秋田県、山形県、福島県）を二か月近く回って、アイヌの歌や踊りを紹介する仕事（見学料は児童・生徒から一人十円を徴収）をしたが、蘇武富雄という興行師に騙され、一行七人の賃金を払って貰えないばかりか、茂は会場でのアイヌ木彫りの売上金も蕪武へ貸すはめとなり、茂は十五万円以上の借金を作ってしまった。その借金を返すために、茂自ら同じメンバー七人で学校巡業興行団を組織し、同年九月から二か月間本州の学校を回り、七人への不払いの賃金を支払い茂の借金を返した、という話。しかし、この学校巡業中の空き時間には、その地域の名所や旧跡と博物館を見学し、見聞を広めた話も載っている。茂にとって「まさに和人にアイヌを食い物にされた」ことは残念なことであるが、反面見聞を広める機会を得た、というプラスの効果もあったと思う。

六つ目に知里真志保先生との出会いについて。茂は一九五七（昭和三十二）年八月十五日に平取町役場の会議室で知里真志保先生に会うことができた。知里先生は、アイヌの古老からアイヌ語の録音をするために来ていた。そこで、茂は呼ばれてはいないが役場の会議室へ行き、録音の様子を隅っこに座り見学していた。録音が終わり、録音に協力した人が平村幸作さん宅に集まり懇親会が開かれた。茂は懇親会への同席を許され、知里先生の隣に座った。ビールを注いでもらう時に、茂がコップを傾けると、「『ビールはコップをかしげて受けるものではないよ』と言われました」（157p）と。それ以来、茂はビールを受ける際にはコップを傾けなくなった、としている。知里先生の依頼で茂と二谷一太郎さんと川上安太郎さんの三人は、翌年十一月七日に千歳川のウサクマイ橋から右に入ったナイペツ沢で、ラウォマプ（簗《やな》）とマレプ（鮭獲り鉤）での鮭獲りの記録映画撮影に協力している。撮影の翌日、別れ際に知里先生は茂に次のように言った。「『このたびはいろいろお世話になりました。おかげでいい記録ができました。これからはどんなことでもいいから、アイヌのことに関して聞いたらその内容を書いておいてください。尾籠なことだが、昔の人たちは大便のあと何でお尻を拭いていたかというようなこともです。そしてその話は、いつ、どこで、誰から聞いたというふうにね』と話してくださいました」（159ｐ）と。

七つ目に金田一京助先生との出会いについて。一九六一（昭和三十六）年八月二十六日に、金田一先生が平賀さだもさんを訪ねてきて、ユカㇻ（英雄叙事詩）の分からない部分を聞きに来たのだった。その時に茂も「クマ牧場」に併設されている「ユーカラの里」で一緒に働いていた関係で聞き取りに同席させてもらった。一日の聞き取りが終わって休憩に入った時に、茂はその日の「ユカㇻ」のあらすじをすらすらと話して聞かせた。

「そうしたら先生はほんとうにびっくりしたんでしょう。眼鏡を上げたり下げたりしながら、わたしの顔を見直して、『この若さでこれほどに……。神様はわたしのためにいい人を残しておいてくださった。神に感謝するほかありません』」（172ｐ）と。

茂は、いろいろな人たちに会うことによって、自らを成長させ、アイヌ語やアイヌ文化の伝承保存に尽力した。

そして、「先に死んだほうが幸せだ」の所（135ｐ）は是非読んでいただきたい項である。

最後に、父と私との思い出は数々あるが、思い出したものを挙げていってみる。

私が小学校の低学年の頃、自宅の裏山でソリ滑りをして手がかじかんでしまった。自宅に戻ると父が自分の脇の下に私の手を挟み温めてくれた。

兄と姉と私と父の四人で雪ダルマを自宅前に作っていた時、兄のスコップの先が父の右手の人差し指に当たり、怪我をしたのだが「ひどく痛がって」いた。

私が中学生の頃、父と私は、叔父の車に乗せてもらい、額平《ぬかびら》川の支流の幸太郎沢へ行った。私がよくしゃべるので、「ぶっ壊れラジオ」と言われた。

中学校三年の夏休みに私は地元の大人たちと計七人で日高山脈最高峰の幌尻《ぽろしり》岳へ登った。ところが登山道をそれて沢伝いに下山しようとして、一時遭難したが夕方までに山小屋にたどり着いた。一泊二日の予定が二泊三日となった。翌日、山小屋から平取町振内町へ来たところ、父が我々を探しに来てくれた。

私が高校三年生の時、東京の某大学を受ける際、受験番号が１３５９だった。すると父は、「カブだから勝てる」と言った。おいちょかぶでは、９が一番強いが８も二番目に強い。

ある時、父は「釣りの名人」の話をした。相手が膝まで水に入ったら、自分は腰まで入り、相手が腰まで入ったら、自分は胸まで入る、という話だった。

「お金持ち」と「肥溜め」は、溜まるほど汚くなる、という話。

父は、一九九二年の七月に参議院議員選の比例代表候補として社会党の十一番目に名簿登載されたが十人が当選し、次点だった。ことあるごとに「私が参議院議員になる可能性はゼロではない！」と、言っていた。一九九四年の七月十九日に松本英一氏（十番内の一人）が亡くなり、次点だった父は八月五日付で繰り上げ当選し、アイヌ民族初の国会議員となった。

父は、原子力発電所をアイヌ語で「オコッコアペ」（恐ろしい火）と命名し、「天に唾を吐くものは、ことごとく自分の顔に唾がかかる」と言い、原子力発電所に警鐘を鳴らしていた。二〇一一年三月十一日の東日本大震災で福島第一原子力発電所は電源を失い、原子炉がメルトダウンを起こし、父の予言通り「オコッコアペ」（恐ろしい火）となった。

挙げていけば、父の思い出はつきない。

（かやの　しろう／萱野茂二風谷アイヌ資料館館長）

完本《かんぽん》 アイヌの碑《いしぶみ》

朝日文庫

2021年7月30日 第1刷発行

著 者 萱《かや》野《の》 茂《しげる》

発行者 三宮博信
発行所 朝日新聞出版
〒104-8011 東京都中央区築地5-3-2
電話 03-5541-8832(編集)
03-5540-7793(販売)
印刷製本 大日本印刷株式会社

ISBN978-4-02-262052-1

阿部 岳
ルポ沖縄 国家の暴力
米軍新基地建設と「高江165日」の真実

米軍ヘリ炎上、産経の誤報、ネトウヨの攻撃――。基地建設に反対する市民への「暴力の全貌」と、ウソとデタラメがもたらす「危機の正体」に迫る。

大江 健三郎著／大江 ゆかり画
「新しい人」の方《ほう》へ

ノーベル賞作家が、子供にも大人にも作れる人生の習慣をアドバイス。「『子供のための大きい本』を思いながら」を新たに収録し、待望の文庫化。

遠藤 周作著／鈴木 秀子監修
人生には何ひとつ無駄なものはない

人生・愛情・宗教・病気・生命・仕事などについて、約五〇冊の遠藤周作の作品の中から抜粋し編んだ珠玉のアンソロジー。

ドナルド・キーン
二つの母国に生きて

来日経緯、桜や音など日本文化考から、戦争犯罪、三島や谷崎との交流まで豊かに綴る。知性と温かい人柄のにじみ出た傑作随筆集。《解説・松浦寿輝》

姜《カン》尚《サン》中《ジュン》
生と死についてわたしが思うこと

初めて語る長男の死の真実――。3・11から二年、わたしたちはどこへ向かうのか。いま、個人と国家の生き直しを問う。文庫オリジナル。

河原 理子
フランクル『夜と霧』への旅

強制収容所体験の記録『夜と霧』の著者、精神科医フランクルの「それでも人生にイエスと言う」思想を追うノンフィクション。《解説・後藤正治》